Harry Thürk
Nachts weint die Sampaguita

Ereignisse
Tatsachen
Zusammenhänge

NACHTS WEINT DIE SAMPAGUITA

Harry Thürk

Kampf und Niederlage der Huk
auf den Philippinen

Militärverlag
der Deutschen Demokratischen
Republik

ISBN 3-327-00653-9

3. Auflage (2. gebundene), 1989
© Militärverlag der Deutschen Demokratischen Republik (VEB) – Berlin, 1980
Lizenz-Nr. 5
Printed in the German Democratic Republic
Lichtsatz: INTERDRUCK Graphischer Großbetrieb Leipzig – III/18/97
Druck und buchbinderische Verarbeitung: Karl-Marx-Werk Pößneck, V 15/30
Lektor: Dr. Gertraud Golme
Schutzumschlag und Einband: Kurt Tuma
Kartenzeichnung: Manfred Gneckow
Typografie: Helmut Herrmann
Bildnachweis: Archiv des Autors
LSV: 0239
Bestellnummer: 746 193 9
00750

Das Dorf liegt eine knappe Wegstunde von San Fernando in der Provinz Pampanga. Reisland, Wälder, ein paar Hügel. Dort, wo die Fuhrwerke aus dem zerfahrenen Weg auf die Straße einbiegen, gibt es einen Stein. Keine Inschrift. Wenn der Regen reichlich war, verschwindet er im hohen Gras. Dann sieht man, so wie heute, nur den Kranz aus Sampaguitablüten. Wie eine Krone, die auf grünen, windbewegten Wellen ruht. Man kann den süßen Duft der Sampaguitas schon aus einiger Entfernung wahrnehmen. Die schönste Blume des Landes; sie welkt nur langsam, selbst in der tropischen Hitze.

»Mein Vater liegt unter diesem Stein«, sagt die Frau, die den Blütenkranz geflochten hat. »Heute jährt sich der Tag, an dem sie ihn töteten. Er war ein Huk.«

Sie zupft die Blüten zurecht, streicht mit der Hand über sie. »Die Sampaguita weint in den Nächten, fremder Herr. Für die Toten. Aber niemand sieht ihre Tränen. So wie niemand unsere Tränen sieht.«

Eine Kette Düsenjäger donnert über den Himmel. Weiße Sterne. Aluminiumblitze. Die Frau hat keinen Blick für sie. Ihre Hände nehmen Abschied von den Blüten.

Vor dem Gewitter

»Ich kann es einfach nicht glauben!« rief Maria Flores. Sie hielt den Artikel in der Hand, den einer der Reporter vor Stunden abgegeben hatte. Sie hatte ihn redigiert und für die morgige Ausgabe vorbereitet; nun war er mit dem Vermerk »Zurückgestellt« vom Chefredakteur zurückgekommen. Der Grünstiftvermerk quer über das eng beschriebene Blatt beförderte die haarsträubende Geschichte, die der Reporter da ausgegraben hatte, ins Archiv: ZU WELCHEM ZWECK FOTOGRAFIERT HERR YAMAMOTO BATAAN AUS DER LUFT?

Maria Flores war nicht nur ein außergewöhnlich gutaussehendes Mädchen, sie gab auch nicht so schnell nach. Wenig später stand sie dem Chefredakteur der »Manila Times« gegenüber und verlangte Aufschluß darüber, weshalb die Zeitung nicht von den seltsamen Unternehmungen des Japaners Yamamoto berichten sollte, der in Manila offiziell ein Fotostudio betrieb, sich jedoch viel mehr für die militärischen Anlagen auf den Philippinen interessierte als für die Herstellung von Porträts und Hochzeitsbildern.

Der Chefredakteur, ein weißhaariger, bebrillter Mann von großer Gelassenheit, wich zunächst aus. Es sei nicht angebracht, in der ohnehin gespannten außenpolitischen Situation antijapanische Stimmungen zu schüren.

»Das sehe ich nicht ein.« Maria Flores warf mit einer energischen Kopfbewegung das lange schwarze Haar zurück. Ihre Augen funkelten. »Der Mann ist ein Spion. Auch Sie wissen das längst. Wir haben Berichte aus Davao, wo er Leute als Nachrichtensammler angeworben hat. Wochenlang hat er den Hafen fotografiert, als sei das eine Gebirgslandschaft. Jetzt mietet er ein Sportflugzeug, läßt sich eine Stunde über Bataan herumfliegen und betätigt dabei nach Aussagen des Piloten achtzigmal den Auslöser seiner Leica! Wer schützt ihn? Sie?«

Der Chefredakteur winkte ab. Er blieb ruhig. Maria Flores war jung, sie war begabt, aber sie würde noch manches über die diffizilen Zusammenhänge in der Politik lernen müssen.

»Ich habe keine Veranlassung, Herrn Yamamoto zu schützen«, erläuterte er geduldig. »Beruhigt es Sie, wenn ich Ihnen sage, daß ich die Veröffentlichung des Artikels auf einen ausdrücklichen Rat aus dem Malacananpalast zurückstelle?«

»Es beruhigt mich keinesfalls! In der Regierung sitzt eine nicht geringe Anzahl von Leuten, die mit den Japanern sympathisieren. Soll ich Ihnen die Artikel bringen, die über die Minister Varga und Laurel geschrieben worden sind? Sie tragen ebenfalls den Vermerk ›Zurückgestellt‹. Die beiden engsten Vertrauten unseres Präsidenten Quezon! Verantwortlich für Justiz und Verteidigung! Jeder von uns weiß, daß sie Freunde der Japaner sind!«

»Ja, ja, Fräulein Flores. Aber wir respektieren politische Einstellungen, auch wenn sie uns nicht passen. Von unseren amerikanischen Vettern haben wir den Rat bekommen, die Japaner im Augenblick keinesfalls zu provozieren. In Washington finden komplizierte Verhandlungen über das japanisch-amerikanische Verhältnis statt, wie Sie wissen.«

»Ich weiß, daß Nomura dort verhandelt«, entgegnete sie störrisch. »In dem Stapel der zurückgestellten Artikel befindet sich auch einer vom vergangenen Jahr. Damals hat dieser Unterhändler des Tenno unsere Provinz Davao besucht. Klein-Japan, wie man sie auch nennt! Dort hat ihm ein japanischer Plantagenbesitzer namens Ohta vor Zeugen erklärt, die in Davao lebenden Auslandsjapaner seien auf den Einmarsch der Tenno-Truppen vorbereitet und verfügten bereits über zwei Dutzend Waffenlager. Warum geben die Amerikaner uns die Anweisung, das ebenfalls zu verschweigen? Wollen sie Herrn Nomura vielleicht die Philippinen überlassen? Um ihn zu beschwichtigen, wie die Engländer und Franzosen Hitler in München beschwichtigt haben? Aber die Philippinen gehören nicht den Amerikanern, sie gehören uns!«

»Sie sind eine Patriotin«, sagte der Chefredakteur. »Nur — die Realität zwingt alle philippinischen Patrioten zu Geduld und Zurückhaltung. Denken Sie darüber nach. Wir müssen geschickt taktieren, sonst gewinnen wir nichts.«

Er häkelte noch ein paar allgemeine Phrasen an seine Beschwichtigungsrede. Immer das gleiche, dachte Maria, niemals darf man offen sagen, daß man es satt hat, eine amerikanische Kolonie zu sein, obwohl die Vereinigten Staaten es geschickt verstehen, diesen Sachverhalt nach außen hin zu verschleiern, beispielsweise durch jenen sogenannten Commonwealth-Status, den sie den Philippinen aufgeklebt haben, um dahinter ihre direkte Vormundschaft zu verbergen. Man darf nicht darüber schreiben, wie raffiniert die USA sich einheimischer Mittelsmänner aus der Schicht der Großgrundbesitzer und Fabrikanten bedienen, um den Reichtum der Inseln zu ergaunern. Und erst gar nicht darüber, daß man die unmittelbarste Gefahr von Tokio her kommen sieht, den Faschismus. Er segelt unter der Flagge »Befreiung der Asiaten«, in Wirklichkeit aber will er weiter nichts, als gewaltsam die Nachfolge der Amerikaner antreten.

»Ich bereite einen Artikel über die Verteidigungsfähigkeit der Philippinen vor«, sagte sie, als sie das Büro des Chefredakteurs verließ. »Werden Sie den auch zurückstellen?«

»Schreiben Sie ihn erst einmal«, empfahl ihr der Chef. Er lächelte. Ein alter Herr, der das besondere Vertrauen von Präsident Quezon genoß und die finanzielle Sicherheit, die aus seinen Zuckerplantagen in Zentralluzon kam. Ein süßes Imperium, das seinen Mann ernährte, halb so groß wie der Taalsee südlich der Hauptstadt.

Maria Flores saß nach dem unerfreulichen Gespräch lange in ihrem Zimmer und dachte über das umfangreiche Material nach, das sie in der letzten Zeit über die japanische Konzeption zur Durchdringung der Philippinen zusammengetragen hatte. Eine mühsame Arbeit, die von der »Manila Times« nicht gewürdigt wurde. War das einheimische Großbürgertum von der Aussicht geblendet, die japanische Bedrohung als Druckmittel gegen die Amerikaner benutzen zu können, um für das Land mehr Selbständigkeit zu erpressen? Oder setzten die Hazienderos, die Eigentümer von Grundbesitz und Landsklaven, tatsächlich auf die »Freiheit«, die die Soldaten des Tenno bringen sollten?

Jedenfalls war nicht zu übersehen, daß spätestens seit Beginn der dreißiger Jahre Japan zum Hauptrivalen der USA im pazifischen Raum geworden war. Die Widersprüche zwischen beiden Kontrahenten hatten sich von Jahr zu Jahr stärker zugespitzt, und Japan hatte auf den Philippinen weit mehr Kapital investiert als in irgendeinem anderen Land Südostasiens. Trotzdem gelang es ihm allerdings nicht, den Vereinigten Staaten den Rang abzulaufen. Aber die erreichten Positionen ermöglichten Japan, auf den Philippinen vielfältige politische Manipulationen im Schatten der Wirtschaftstätigkeit zu entfalten.

Da war zunächst die planmäßige Ansiedlung von japanischen Auswanderern. Sie erreichte bis Ende der dreißiger Jahre einen Stand von etwa 50 000. Hand in Hand damit ging eine umfangreiche Propaganda, die das Ziel hatte, Japan in den Augen der philippinischen Bürger als große, befreundete Nation darzustellen, die allen Asiaten zur Unabhängigkeit verhelfen wollte. Gleichzeitig betrieben japanische Einwanderer auf den Philippinen ausgedehnte Militärspionage. Strategische Straßen wurden ausgekundschaftet, die Küstenregionen kartografiert, sämtliche amerikanische Militäranlagen und ebenso die Militärobjekte der philippinischen Hilfstruppen wurden Gegenstand einer intensiven Aufklärung, die günstige Voraussetzungen für eine Besetzung der Inseln durch die kaiserlich japanische Armee schaffen sollte.

Dem Hohen Kommissar der USA auf den Philippinen, Francis Sayre, dem die Aufsicht über das gesamte zivile Leben oblag, ebenso wie den amerikanischen Militärdienststellen war dieses Treiben kein Geheimnis. Es war ihnen bekannt, daß japanische Emissäre mit einigen der reichsten Grundbesitzer und Fabrikanten auf den Philippinen verhandelten, daß sie unter den »vierhundert Familien«, den Spitzen des Großbürgertums, ganz offen verkündeten, größere wirtschaftliche Selbständigkeit sei nicht in Zusammenarbeit mit den Amerikanern zu erreichen. Sie wäre erst dann möglich, wenn Japan die Inseln »von der amerikanischen Vorherrschaft befreit« hätte. Beträchtliche Teile des philippinischen Großbürgertums und der Grundbesitzer sahen in einer Hinwendung zu Japan letztendlich die Möglichkeit, größere Profite einzustecken als unter amerikanischer Aufsicht.

Japan scheute nicht davor zurück, sogar Präsident Quezon zu bestechen, indem seiner Frau ein beträchtliches Aktienpaket des Mitsui-Konzerns geschenkt wurde. Überhaupt bemühten sich die Japaner, die philippinischen Intellektuellen, Studenten, leitenden Angestellten und Polizeibeamten auf ihre Seite zu bringen. Sie gründeten — ohne Widerspruch der Amerikaner — Tarnorganisationen, in denen Kader für künftige Zusammenarbeit einer philippinischen »Selbstverwaltung« mit dem japanischen Kaiserreich herangebildet werden sollten, so die »Kokusei Bunka Shinkokai« (Gesellschaft für internationale kulturelle Verbindungen), die »Philippine Society« (Philippinische Gesellschaft), den

»Japanese Club« (Japanischer Club) und die »Philippine-Japan-Society« (Philippinisch-Japanische Gesellschaft).

Amerikanische Dienststellen analysierten zwar ständig das Vorgehen der Japaner, und Washington war über den Lauf der Ereignisse hervorragend unterrichtet. Aber es erfolgte keine nennenswerte Reaktion. Die Konzeption der herrschenden Kreise der Vereinigten Staaten war immer noch einseitig darauf gerichtet, daß man die reiche, gewinnbringende Kolonie im Pazifik am besten vor einem Zugriff der Japaner bewahrte, wenn man die politischen und militärischen Ambitionen Tokios auf die Sowjetunion lenkte. Daher neigte Washington eher zu Zugeständnissen als zu Sanktionen, und Präsident Quezon, der als kluger Interessenvertreter der Vereinigten Staaten auf den Philippinen galt, wurde immer wieder behutsam angewiesen, eben diese Konzeption der Beschwichtigung zu übernehmen.

Quezon, der vom Tenno nach Japan eingeladen und dort mit großen Ehren empfangen worden war, verkündete nach seiner Rückkehr: »Japan stellt keine Bedrohung für die Philippinen dar!« Er ging sogar soweit, die philippinische Jugend aufzufordern, sich für das japanische Gesellschaftsmodell zu interessieren und sich die japanische Ethik, etwa den Verhaltenskodex der Samurai, den berüchtigten Buschido-Geist, anzueignen.

Während in Washington in diesem Sommer und Herbst des Jahres 1941 pausenlos mit japanischen Unterhändlern über ein Arrangement der beiden Mächte gesprochen wurde, waren in Tokio die Würfel bereits gefallen: Nicht die Sowjetunion würde das Angriffsziel sein, sondern der an Rohstoffen und anderen Naturschätzen reiche Süden und Südosten Asiens, einschließlich der Philippinen.

Maria Flores, die bei Dienstende ihren Schreibtisch abschloß, in dem sich alles befand, was sie über die versteckte und offene japanische Positionsmache auf den Philippinen zusammengetragen hatte, griff zum Telefon und rief ein kleines Café auf dem Dewey-Boulevard an. Sie erkundigte sich, ob Francisco Ramos im Lokal sei. Er saß oft am Nachmittag dort an einem der Marmortischchen und trank seinen Kaffee. Als sie erfuhr, daß er soeben gekommen sei, machte sie sich auf den Weg.

Francisco Ramos war ein wenig müde. In der vergangenen Nacht war er aus der Provinz Nueva Ecija zurückgekommen, wo er in mehreren

Orten Vorträge gehalten hatte. Die Kommunistische Partei konzentrierte sich gegenwärtig auf die Arbeit unter der armen Landbevölkerung in Zentralluzon. Die meisten Bewohner dieser weiten, fruchtbaren Ebene waren Bauern, die seit Jahren einen erbitterten sozialen Kampf gegen die reichen Gutsbesitzer führten. Luzon hatte den größten Prozentsatz an verarmten Landpächtern, die von den Landbesitzern in zuweilen noch mittelalterlich anmutender Weise ausgebeutet wurden. Viele Pächter waren so stark verschuldet, daß sie die Ernten für Jahre im voraus an die Landbesitzer verpfänden mußten.

Die üppige Vegetation, die – falls nicht Taifune oder Dürre das Land heimsuchten – jährlich mehrere Ernten gestattete, konnte zwar für den ungeschulten Betrachter den Eindruck hervorragender Lebensmöglichkeiten erwecken, allein die Bauern und Pächter profitierten nicht davon. Ihnen gehörte kaum das, was sie am Leibe trugen. Hazienderos, die meist in den Städten wohnten und ihr Land von rabiaten Verwaltern beaufsichtigen ließen, schöpften den Nutzen aus dem Reichtum der Natur. Sie besaßen weit mehr als die Hälfte von Zentralluzon, und vor allem jene Gebiete, in denen durch Bewässerungsmöglichkeiten die besten Ernten eingebracht wurden. Diese ungeheure Konzentration des Grundbesitzes hatte eine unaufhaltsame Proletarisierung der Landbevölkerung zur Folge, denn die noch im Besitz von Kleinbauern befindlichen Anbauflächen waren so winzig, daß viele gezwungen waren, Nebenverdiensten nachzugehen.

Der junge Mann blickte nur gelegentlich von den Papieren auf, die er neben seinem Kaffeegedeck ausgebreitet hatte. Francisco Ramos arbeitete an einer Analyse des »Kasamasystems« in der Landwirtschaft, mit dessen Hilfe die Grundbesitzer ihren Reichtum über mehr als ein Jahrhundert hinweg stetig auf Kosten der armen Dorfbevölkerung gemehrt hatten. Begonnen hatte er damit bereits vor einigen Jahren, als er noch an einer Universität in Kalifornien Jura studierte. Das Thema hatte eigentlich seine Dissertation werden sollen. Kommilitonen, mit denen Ramos darüber gesprochen hatte, waren nicht in der Lage gewesen, das »Kasamasystem« zu begreifen. In der Tat stellte diese Pachtordnung eine seltsame Mischung von Fronarbeit und kapitalistischer Ausbeutung dar: Der Pächter hatte einen bestimmten Teil der Ernte an den Grundbesitzer abzuführen. Wie hoch dieser Anteil war, wurde vom Landeigentümer danach festgesetzt, ob er auch noch Arbeitsgeräte, Saatgut oder Zugvieh

11

stellte. Traditionsgemäß nutzten die Grundbesitzer ihre vielfältigen Möglichkeiten, die Abgaben hochzuschrauben, skrupellos aus. So ergab sich aus einem Vorgang, der offiziell als Landpacht bezeichnet wurde, in den meisten Fällen ein absolutes Abhängigkeitsverhältnis. Der Pächter war im Grunde genommen kein Bauer mehr, sondern landwirtschaftlicher Lohnarbeiter, dessen Bezahlung sozusagen in Naturalien bestand. Meist konnte er die hohen Abgaben nicht aufbringen. Dadurch steigerte sich seine Verschuldung von Jahr zu Jahr.

»Eine Dame hat nach Ihnen gefragt!«

Ramos blickte auf. Der Kellner lächelte. »Noch einen Kaffee?«

Ramos nickte abwesend. Eine Dame. Das konnte nur Maria sein. Er vergaß für einen Augenblick seine Arbeit und erinnerte sich an den Tag, an dem er sie zum erstenmal gesehen hatte: in dem kleinen, vollgestopften Buchladen seines Vaters. Sie war noch ein Schulmädchen gewesen, und er bereitete sich um diese Zeit auf seine Reise nach Kalifornien vor. Maria verlangte ein Exemplar von José Rizals berühmtem Roman »Noli me tangere«. Nun war es keine Seltenheit, daß jemand das Buch des großen philippinischen Dichters und Politikers lesen wollte, den die Spanier 1896 ermordet hatten. Man sah in ihm den geistigen Vater der Erhebung gegen die Spanier, neben Bonifacio, der eher ein Kämpfer als ein Politiker gewesen war, und Mabini.

Francisco interessierte sich sofort für dieses blasse, schmächtige Mädchen, das mit einer erstaunlichen Selbstsicherheit auftrat. Er gab ihr das Buch und fragte: »Sie gehen noch zur Schule?« Die Antwort überraschte ihn nicht. »Ist es ein Nachteil, wenn man ausgiebig lernt?«

Er lächelte, war verlegen. »Beschäftigen Sie sich ernsthaft mit Rizal?«

»Sollte ich das nicht?« Wieder dieses fast aggressive Selbstbewußtsein.

»Ich habe mich auch mit Rizal beschäftigt«, sagte er einlenkend. Und dann: »Schade, ich hätte gern mit Ihnen über ihn gesprochen, nachdem Sie das Buch gelesen haben.«

»Warum schade? In ein paar Tagen können wir das tun, ich lese schnell!«

Da hatte er ihr sagen müssen, daß er in ein paar Tagen bereits auf einem Schiff zwischen Manila und San Francisco sein würde.

Er wunderte sich nicht, als er später, in den Vereinigten Staaten, einen

Brief von ihr bekam. Der Vater hatte ihr die Adresse gegeben. Sie schrieben sich oft, und es waren lange Briefe; scheinbar ohne eine persönliche Note. Es ging um Rizal und Bonifacio, um die Spanier und die Amerikaner, um die Erzählungen fortschrittlicher philippinischer Schriftsteller wie Manuel Arguillas und Juan Cabreras Layas, es ging um den historischen Weg der Philippinen. Doch trotz aller Sachlichkeit, die den Austausch ihrer Meinungen prägte, spürten beide, wie sie einander näherkamen.

Als Francisco Ramos im Jahre 1936 sein Studium in den Vereinigten Staaten abbrach, um mit zwei amerikanischen Kommilitonen zu den Interbrigaden nach Spanien zu gehen, brach ihre Verbindung zunächst ab. Doch Francisco hatte keine große Mühe gehabt, Maria wiederzufinden, als er 1939 auf Umwegen aus Europa nach den Philippinen zurückkehrte.

Außer seinem Vater und Maria wußten nur noch ein paar sehr verläßliche Genossen, daß er in Spanien zum erstenmal für die Revolution sein Leben eingesetzt hatte. Es war ratsam, nicht darüber zu sprechen. Präsident Quezon verehrte den iberischen Diktator Franco und versuchte in vielem seine Politik nachzuahmen. Und die amerikanischen Herren der Philippinen hatten ebenfalls ein wachsames Auge auf Kommunisten.

Vielleicht sollten wir endlich heiraten, dachte Francisco. Der Vater war gestorben, und der Buchladen wurde heute von einer älteren Angestellten geführt. Er brachte nicht viel ein, aber immerhin genug, daß sich Francisco Ramos der Parteiarbeit und seinen Studien widmen konnte, ohne Hunger leiden zu müssen.

Auch Maria Flores hätte nicht zu hungern brauchen, selbst wenn sie ihre Stellung bei der »Manila Times« verloren hätte. Ihr Vater betrieb in Cabanatuan, nördlich der Candabasümpfe, eine Landarztpraxis. Kein reicher Mann, aber einer mit gesicherter Existenz; in diesem Lande kam auf etwa achttausend Einwohner nur ein Mediziner.

Während Francisco die Papiere zusammenlegte und die Mappe schloß, erschien Maria. Sie begrüßte ihn freudig, wie immer, wenn sie sich eine Weile nicht gesehen hatten. Wenig später waren sie bereits in ein intensives Gespräch über die brisante außenpolitische Situation verwickelt, die diesen Herbst des Jahres 1941 zu einer gespannten, ungewissen Phase machte, in der Entscheidungen zu reifen schienen, die für den weiteren Verlauf der Weltgeschichte von Bedeutung sein mußten.

Der vom deutschen Faschismus begonnene Weltkrieg weitete sich aus, Hitlers Armeen waren in die Sowjetunion eingefallen. Die Nachrichten von dort waren wenig ermutigend. Und Japan rüstete sich zum Sprung.

»Glaubst du, sie werden kommen?« fragte Maria. Sie hatte Francisco über ihren Streit mit dem Chefredakteur berichtet und von den Geschäften des Herrn Yamamoto.

»Das werden sie«, antwortete er mit Bestimmtheit. Er sagte ihr, die Partei habe den Regierungsorganen angeboten, Gespräche über eine Verstärkung der Landesverteidigung zu führen.

Bereits auf ihrem 3. Parteitag, im Herbst 1938, hatte die Kommunistische Partei der Philippinen, die damals — nach ihrem Verbot im Jahre 1932 — zum erstenmal wieder legal zusammenkommen konnte, in einem Manifest die »Mobilisierung der Philippinen gegen die japanische Aggression« gefordert. Unmittelbar danach hatte sie sich mit der Sozialistischen Partei vereinigt. Quezons Bemühungen, die Kommunisten als »Vaterlandsverräter« abzustempeln, hatten einen empfindlichen Schlag erlitten. Seitdem hatten die Kommunisten, zahlenmäßig etwa einige Tausend, an Einfluß gewonnen, besonders auf dem Lande, wo der revolutionäre Geist unter den Bauern seit Jahrzehnten gewachsen war. Die Mehrzahl der Bauernverbände wurde von Kommunisten geführt. In den Städten hingegen, unter der noch jungen, wenig geschlossenen Arbeiterklasse, die ohnehin zahlenmäßig schwach war, blieben die Erfolge gering.

Das Manifest von 1938 wurde von den Regierenden ignoriert. Für die Verteidigung war nichts getan worden, wenn man davon absah, daß die Amerikaner im April 1941 die philippinischen Hilfstruppen straffer unter ihr Kommando gestellt hatten.

General Douglas MacArthur, der Oberkommandierende aller Streitkräfte auf den Philippinen, war für die Verteidigungskonzeption verantwortlich. Aber diese Planung unterlag seit langem eher politischen als militärischen Gesichtspunkten. Die langfristige Entscheidung, wie die Philippinen vor einem potentiellen Angreifer geschützt werden sollten, war 1935 gefallen. Sie sah neben der Stationierung amerikanischer Truppenkontigente vor allem die Aufstellung einheimischer Hilfstruppen und Polizeistreitkräfte vor. Allerdings oblag ihnen im wesentlichen, innere Unruhen zu bekämpfen. Zur Abwehr eines von See angreifenden Gegners waren sie weder zahlenmäßig noch ihrer Ausrüstung und Bewaffnung nach in der Lage. MacArthur, der das fragwürdige Verteidigungskonzept ausgearbeitet hatte, war damit keineswegs einem strategischen Denkfehler zum Opfer gefallen. Er folgte vielmehr den Richtlinien jener politischen Gruppierungen in den Vereinigten Staaten, die unermüdlich für die Beschwichtigungspolitik· gegenüber Japan eintraten.

Kritikern seines Konzepts hatte der General damals lakonisch entgegnet: »Ich bin überzeugt, daß die Gefahr von See- und Luftangriffen auf die Philippinen außerordentlich gering ist. Überdies würden relativ schwache Luft- und Küstensicherungskräfte ausreichen, um eine eventuelle Annäherung feindlicher Landungstruppen zu verhindern.«

Er bestritt noch im Jahre 1939 öffentlich in Manila, daß Japan Angriffsabsichten gegen die Philippinen hege. Gleichzeitig allerdings wurde von den Vereinigten Staaten der Ausbau von Marinestützpunkten auf den Aleuten-Inseln Kodiak und Unalaska betrieben, eine militärische Maß-

Der Gefechtsstand MacArthurs in einem der tiefen Tunnel auf Corregidor während der Kämpfe um Bataan. Im Hintergrund (Mitte) MacArthur, der um diese Zeit noch das Kommando führte

nahme, an der selbst ein Laie ablesen konnte, daß sie sich eindeutig gegen die Sowjetunion richtete. Die Stärke der unter amerikanischem Kommando auf den Philippinen existierenden einheimischen Hilfstruppen lag 1941 etwa bei 4000 Offizieren und Mannschaften. Im Notfall würde man noch etwa das Dreifache an Reservisten mobilisieren können, die allerdings nur dürftig ausgebildet waren.

Die auf den Inseln stationierten amerikanischen Truppen zählten 11000 Mann. Der gesamte Philippinische Militärbezirk der US-Armee, befehligt von Generalmajor Grunert, belief sich auf sieben Garnisonen. Sechs davon waren auf Luzon stationiert, eine auf Mindanao.

Zu diesen Garnisonen kamen zwei Luftstützpunkte in der Nähe von Manila, Nichols Field und Clark Field, auf denen etwa 150 Flugzeuge standen; weniger als ein Viertel davon waren Bomber. Der Rest bestand aus veralteten Jagd- und Aufklärungsflugzeugen. Eine organisierte Luftabwehr gab es nicht.

An Seestreitkräften hatten die Vereinigten Staaten in den philippinischen Gewässern die Asienflotte ihres Pazifikgeschwaders stationiert. Sie bestand aus drei Kreuzern, zwölf Zerstörern und achtzehn U-Booten, dazu kamen der Flugzeugträger »Langley« sowie eine Anzahl von Hilfsschiffen und leichten Torpedoschnellbooten. Als Stützpunkte fungierten Cavite und Olongapo. Cavite, in der Bucht von Manila gelegen, diente allerdings lediglich als Treibstoffdepot, die Reparaturanlagen waren unzureichend. Olongapo, in der Subicbucht, ebenfalls an der Westküste Luzons, besaß zwar ein Trockendock, aber es ließ nur die Aufnahme von Schiffen bis zu 10000 Tonnen zu.

Francisco Ramos wußte, seit dem Frühjahr verhandelte Washington mit den japanischen Beauftragten Nomura und Kurusu. Es sickerte durch, daß die Tokioer Unterhändler eine sogenannte Garantie für die Unabhängigkeit verlangten, die gleichzeitig die Neutralität der Philippinen in einem möglichen Konflikt mit den USA voraussetzte.

Was Ramos bisher nur gerüchteweise vernommen hatte, wurde ihm an diesem Nachmittag von Maria Flores bestätigt. »Es ist die Wahrheit, Paco. Eine französische Nachrichtenagentur hat die Meldung verbreitet, bereits im Juni habe sich der Verhandlungsführer der Vereinigten Staaten den Japanern gegenüber bereit erklärt, einem Vertrag über die Neutralisierung der Philippinen zuzustimmen.«

»Das ist unglaublich! Es wäre ein ungeheuerliches Zugeständnis! Die Vereinigten Staaten können sich doch dieser Erpressung nicht beugen!«

»Sie neigen dazu.« Das Mädchen nahm ihre Kaffeetasse, trank einen Schluck und sah Ramos an. Sie wies auf seine Mappe, die auf dem Tisch lag. »Meinst du nicht, es wäre Zeit, die ›Kasama‹-Analyse erst einmal aufzuschieben?«

Er wehrte sich gegen den Gedanken. Je länger er sich mit der Arbeit beschäftigte, desto dringlicher wurde sein Wunsch, sie endlich fertigzustellen.

Aber Maria meinte nur: »Du solltest dich damit jetzt nicht abplagen. Wir stehen vor einer folgenschweren Entscheidung; jeder spürt das. Da hat man nicht mehr die nötige innere Ruhe für wissenschaftliche Analysen. Wirst du heute abend bei der Kundgebung sein?«

Er nickte. Pedro Abad Santos, der ehemalige Führer der Sozialistischen Partei, würde auf der Plaza Moriones zur gegenwärtigen Lage sprechen. Sicherlich kämen Tausende, denn Pedro Abad Santos war eine der populärsten Gestalten des Landes, dazu ein glänzender Redner.

»Wir gehen zusammen«, schlug Ramos vor. Dann erkundigte er sich ironisch: »Ob deine Zeitung wenigstens ein paar Zeilen über das Meeting drucken wird?«

»Ein paar Zeilen schon«, antwortete sie. »Aber dabei wird es bleiben.«

Sie saßen noch eine Weile in dem Café und unterhielten sich. Draußen wurde der Verkehr dichter. In letzter Zeit konnte man ohnehin beobachten, daß es immer mehr Autos im Stadtbild gab. Manilas Oberschicht, die in der Hauptstadt residierenden Grundbesitzer, die Kaufleute und ein Teil der gutbezahlten Regierungsbeamten erwarben aus den Vereinigten Staaten importierte Kraftfahrzeuge. War früher die Carretela, die Kutsche, das Statussymbol gewesen, so wurde es nun das schwarzlackierte Auto von Ford aus Detroit.

Den meisten Leuten, die auf den Bürgersteigen spazierengingen, einkaufend oder eben nur bummelnd, war nicht bewußt, in welcher gefährlichen Phase sich das Land befand. Die Frauen trugen leichte, helle Sommerkleider, bei den Männern waren bunte Kattunhemden in Mode, die aus der amerikanischen Produktion stammten. Sie waren mit Palmen und Küstenlandschaften bedruckt, mit hawaiischen Wellenreitern und Sportflugzeugen. Manila machte in diesen Tagen den Eindruck einer Stadt, in der es nichts gab, das seine Bewohner sonderlich erregte. Doch dieser Eindruck täuschte. Schon die verhältnismäßig große Anzahl von Uniformträgern ließ ahnen, daß man nicht gerade friedlichen Zeiten entgegenging. Doch diese Uniformierten wiederum täuschten über die echte militärische Stärke der Philippinen hinweg. Es waren meist Angehörige der amerikanischen Streitkräfte. Sie versahen ihren Dienst, der sie nur wenige Stunden täglich an die Kasernen band, äußerst lasch. Den Rest der Zeit verbrachten sie bei ihren Familien, sofern diese hier ansässig waren, oder sie trieben sich in der Stadt herum, bevölkerten die Kneipen, stellten den Mädchen nach und feierten, sobald die Sonne unterging, Strandparties.

Von diesen Soldaten, ob es sich nun um Amerikaner handelte oder um philippinische Hilfstruppen der US-Armee, war auch keiner zu sehen, als die Kundgebung auf der Plaza Moriones begann. Der weite Platz war so dicht mit Menschen gefüllt, daß die meisten eng aneinandergedrängt stehen mußten. Es waren viele Arbeiter gekommen, kleine Angestellte, aber auch Bauern aus der Umgebung. Pedro Abad Santos, ein kleiner, gebrechlich wirkender Mann, war hinter dem Rednerpult kaum zu sehen. Man merkte ihm nicht an, welche Anstrengungen ihn das Sprechen kostete. Abad Santos war krank. Er konnte schon seit einiger Zeit keine feste Nahrung mehr aufnehmen. Eine Operation versprach nach Meinung der Ärzte keine Besserung. So quälte sich Abad Santos, der einst ein bekannter Anwalt in Pampanga gewesen war und sich dann unter dem Einfluß marxistischer Literatur voll und ganz dem politischen Kampf gewidmet hatte, mit Schmerzen, mit Schwächeanfällen und gelegentlichen Perioden erzwungener Untätigkeit. Leidenschaftlich sprach er über die explosive Weltlage und über die Untätigkeit der einheimischen Herrschenden und ihrer amerikanischen Auftraggeber. Er bezeichnete den Faschismus als die größte Gefahr für die Menschheit. Von Japan aus bedrohe sie nun auch das übrige Asien.

»Unsere obersten militärischen Planer erkennen entweder die Gefahr nicht, oder sie versprechen sich einträgliche Posten von einer japanischen Okkupationsarmee!« rief er. Santos zählte die Konzessionen auf, die von den Vereinigten Staaten an Japan gemacht wurden, und wies darauf hin, daß wohl selbst die amerikanischen Unterhändler, die Herrn Nomura gegenübersaßen, insgeheim kaum noch damit rechneten, das Kaiserreich umstimmen zu können. »Sie werden sich verrechnen«, sagte Abad Santos. »Japans Pläne stehen fest. Die Armeen des Tenno werden sich über Südostasien ergießen und über die Inseln im Pazifik. Hier liegt in greifbarer Nähe Nippons all der Reichtum, den es braucht. Und wir, die Bevölkerung der Philippinen, werden die Rechnung zu bezahlen haben!«

In der Menge wurde gemurrt. Aus den Seitenstraßen kamen Polizisten. Noch verhielten sie sich abwartend, aber es konnte nicht mehr lange dauern, bis sie eingriffen. Man war das gewöhnt; immer wenn ein Redner der Linken öffentlich aussprach, was viele Filipinos dachten, wurde er zum Schweigen gebracht.

»Lassen wir uns nichts vormachen«, rief Abad Santos. »Präsident Quezon steht völlig unter dem Einfluß seiner amerikanischen Gebieter, und die haben die Philippinen längst aufgegeben, noch bevor der erste Schuß gefallen ist. Warum? Ich will mich nicht mit den Amerikanern beschäftigen. Aber was Präsident Quezon angeht, so muß man an seiner antifaschistischen Entschlossenheit ernsthafte Zweifel hegen. Hat er nicht in seiner Nähe zwei Erzfaschisten und Parteigänger Japans? Kennen wir nicht alle die Einstellung Jorge Vargas', der den Tenno verehrt, als wäre er ein leibhaftiger Gott? Und wissen wir nicht, daß unser Verteidigungsminister Laurel mehr aus Tokio mitgebracht hat als nur seinen Doktorgrad? Hat er sich nicht oft genug öffentlich für japanische Interessen eingesetzt? Sein Sohn ist von der gleichen Art: Der Absolvent der Kaiserlichen Kriegsakademie in Tokio, der sein Offizierspatent in Japan erwarb, ist heute Adjutant unseres Präsidenten! Warum wohl umgibt sich Quezon mit diesem faschistischen Gesindel? Ist es zuviel gesagt, wenn wir vermuten, er möchte sich schon im voraus bei den zukünftigen Okkupanten lieb Kind machen?«

Die Leute auf der Plaza erregten sich. Das, was Abad Santos hier verkündete, kursierte seit langem in der Bevölkerung als Gerücht. Jetzt hatte ein Redner endlich den Mut, es auszusprechen, sogar angesichts der Polizei, die den Platz säumte.

»Sie werden die Versammlung auflösen«, befürchtete Ramos, der mit Maria unweit der Rednertribüne stand. Maria blickte besorgt dorthin, wo auf einem Polizeifahrzeug ein Offizier durch ein Fernglas den Redner beobachtete.

Abad Santos kam zum Ende. Er forderte Präsident Quezon öffentlich zur Verteidigung der Philippinen auf und verwies darauf, daß es in den vergangenen Jahren große soziale Unruhen gegeben habe, vor allem unter den verarmten Bauern und Landarbeitern in Zentralluzon. Aber diese

Auseinandersetzungen hätten angesichts der Bedrohung des Heimatlandes durch einen ausländischen Aggressor zurückzustehen. »Wir sind bereit, trotz aller ungelösten Probleme in unserem Lande, Mann für Mann zu den Waffen zu greifen und die Philippinen zu verteidigen!«

Die Menge klatschte begeistert Beifall.

»Wir verlangen eine Antwort von Präsident Quezon: Nimmt er unsere Bereitschaft an, oder verschmäht er sie! Möge er mit General MacArthur und General Grunert darüber beraten, auch mit dem Hohen Kommissar. Möge er entscheiden, was unser Land braucht — verteidigungsbereite, bewaffnete Bürger, die entschlossen sind, jeden japanischen Landungsversuch zurückzuschlagen, oder japanhörige Kollaborateure, die nicht nur die Philippinen verraten, sondern auch die Vereinigten Staaten. Zu den letzteren gehören wir nicht! Wir wollen kämpfen, und wir werden kämpfen, selbst wenn wir es ohne die Hilfe und die Erlaubnis des Präsidenten tun müßten.«

Der tosende Beifall mochte es den Polizisten ratsam erscheinen lassen, sich zurückzuhalten. Jedenfalls bekamen sie keinen Befehl zum Eingreifen. Noch während die Versammelten am Ende der Kundgebung sangen und einander an den Händen faßten, zog sich die Polizei zurück. Der Offizier verstaute sein Fernglas in der Lederhülle, kletterte von seinem Fahrzeug, nahm auf dem Sitz Platz und fuhr davon.

Pedro Abad Santos war erschöpft. Er winkte, als die Leute ihm in Sprechchören zuriefen: »Es lebe Don Perico!« Er war ein alter Mann, der dafür lebte, Sozialisten zu erziehen, die sich der schwierigen Aufgabe stellten, nicht nur die gegenwärtige Gefahr des Überfalls durch Japan abzuwehren, sondern auch auf den Philippinen eine gerechte soziale Ordnung zu errichten, in der die Reichen nicht weiter skrupellos die Ärmsten ausbeuten konnten. Noch lange winkte er. Erst als sich die Menge zu zerstreuen begann, stieg er, von Helfern gestützt, von der Rednertribüne.

»Und jetzt?« fragte Maria Flores.

Francisco Ramos bewegte leicht die Schultern. Er hatte wenig Hoffnung, daß der öffentliche Appell noch etwas an der Politik Quezons ändern könnte. Die Amerikaner hatten das letzte Wort, sie würden entscheiden.

»Sie fürchten, die Bevölkerung zu bewaffnen«, sagte er, »weil sie sich eines Tages fragen könnte, warum eine hauchdünne Schicht von Besitzenden Millionen verdient.«

»Dann hätte sich der alte Mann umsonst angestrengt«, meinte Maria. »Mir scheint, du bist ein Fatalist. Ich jedenfalls werde noch heute abend einen Artikel für unser Blatt verfassen, in dem ich das Anliegen Don Pericos unterstütze!«

Francisco Ramos lächelte nur.

Sie gingen zu ihm nach Hause, in die kleine Wohnung, die über dem Buchladen lag, um schnell etwas zu essen. Danach eilte Maria zur »Manila Times«. Francisco saß noch eine Weile nachdenklich auf dem Balkon und dachte über das nach, was Abad Santos gesagt hatte. Gute Worte, mutig gesprochen. Aber was vermag Mut auszurichten gegen die unvorstellbare Verflechtung der Interessen der Herrschenden mit denen der Amerikaner, und auch schon mit denen der zukünftigen Invasoren? Er hatte keine Hoffnung mehr, daß Quezon seine Haltung ändern würde. Und er wurde darin bestärkt, als er noch am selben Abend zu einer späten Zusammenkunft der Partei in Tondo, dem ärmsten Bezirk Manilas, ging. In einer langen Beratung wurde hier ein Dokument verfaßt, das in den nächsten Tagen an alle Parteiorganisationen in Luzon gehen sollte. Das Zentralkomitee rief alle Kommunisten auf, Vorbereitungen zum bewaffneten Kampf gegen eine zu erwartende japanische Invasion zu treffen. Da zu befürchten war, daß die Invasoren zuerst die Kommunisten verfolgen würden, weil sie am entschiedensten für die Verteidigung des Landes eintraten, wurde empfohlen, kleine Gruppen zu bilden. Diese sollten sich im Notfall in den unübersichtlichen Waldgebieten und Sümpfen verbergen, um die Japaner aus dem Hinterhalt angreifen zu können, falls es diesen gelang, Luzon zu besetzen.

Maria Flores schrieb in der Redaktion einen Artikel über die Forderungen von Abad Santos. Da es schon spät war, als sie die Arbeit beendet hatte, entschloß sie sich, nicht mehr nach Hause zu gehen, sondern in der Redaktion zu übernachten.

Am Morgen legte sie den Beitrag dem Chefredakteur vor. Der nahm sich Zeit, ihn sofort zu lesen. Er verzog dabei keine Miene, er ließ überhaupt nicht erkennen, was er von dem Geschriebenen hielt. Aber als er mit dem Lesen fertig war, legte er die Blätter betont langsam vor sich auf den Schreibtisch, faltete die Hände vor der Brust und sagte in versöhnlichem Ton: »Eine außerordentlich interessante Arbeit. Sehr aktuell. Es überrascht Sie wohl nicht, daß wir sie trotzdem nicht drucken werden?«

Maria fuhr auf. »Aber warum? Was stimmt daran nicht?«

»Es stimmt alles«, erwiderte der Chefredakteur. Dann entschloß er sich, ein für allemal die Unklarheiten zu beseitigen, die er im Kopf dieser eigenwilligen Mitarbeiterin vermutete, und er fuhr fort: »Liebes Fräulein Flores, wir müssen den Tatsachen ins Auge sehen. Ja, die Japaner tragen sich mit der Absicht, den Vereinigten Staaten ihre Besitzungen im Pazifik streitig zu machen. Und es stimmt ebenfalls, daß wir auf den Philippinen einen Wust von ungelösten wirtschaftlichen und sozialen Problemen haben. Es ist weiterhin unbestreitbar, daß sich unser Commonwealth-Status nur unwesentlich von einem Kolonialstatus unterscheidet und die Forderung nach nationaler Unabhängigkeit immer lauter wird. Dies alles bestreitet kein Mensch, ich jedenfalls nicht. Nur — wir werden in unserem Blatt nicht die Meinung von Kommunisten wie Abad Santos veröffentlichen. Die Kommunisten hetzen die Landbevölkerung und auch schon die Fabrikarbeiter gegen die Leute auf, die uns nahestehen. Also ist die Meinung der Kommunisten für uns indiskutabel, selbst wenn sie objektiv richtig ist. Ich fühle mich verpflichtet, Ihnen das in aller Offenheit zu sagen. Und nun seien Sie mir bitte nicht böse, wenn ich Ihren Artikel ablege. Haben wir uns verstanden?«

Maria Flores hatte die Erklärungen widerspruchslos über sich ergehen lassen. Es war wohl müßig, mit dem Chefredakteur zu streiten. Sie erhob sich und sagte leise: »Schade.« Dann ging sie in ihr Büro zurück und setzte sich hinter ihren Schreibtisch.

Was soll ich eigentlich noch bei dieser Zeitung? Sie fragte sich das nicht zum erstenmal. Ich spiele die Rolle des Außenseiters, schreibe Artikel, die man nicht druckt, und man behält mich nur hier, weil der Chefredakteur es nicht übers Herz bringt, mir zu kündigen. Eine Lebensstellung? Vielleicht, mit etwas Anpassungsfähigkeit. Aber das würde bedeuten, ich könnte bis ans Ende meiner Tage eben nie offen schreiben, was ich denke. Was tun? Kündigen?

Sie griff zerstreut nach einem Packen Fernschreibermeldungen, die ein Bote gebracht hatte. Alles in allem schien die Welt, wenn man diesen Meldungen glauben wollte, eher vor einer Phase ruhigen Wohllebens zu stehen als am Rande eines Krieges!

Gegen Mittag wurde Maria Flores zu einer Konferenz geschickt, auf der amerikanische Fabrikanten und philippinische Händler neue Vereinbarungen über den Export von philippinischem Rohzucker treffen wollten. Unlustig setzte sie sich auf einen der Presseplätze und spielte mit ihrem Bleistift, während die Kaufleute die Exportsteigerung erörterten. Maria hörte kaum zu. Der Gedanke, daß sich in ihrem Leben in absehbarer Zeit etwas ändern müßte, beschäftigte sie, wie schon oft zuvor.

Zu dem Empfang, den Präsident Quezon an jenem Abend im späten Herbst für die amerikanischen Zuckerkaufleute gab, war Maria Flores nicht geladen. Die begüterte Oberschicht Manilas traf sich bei Dunkelwerden im strahlend hell erleuchteten Malacananpalast bei Cocktails und leichten Speisen. Es fiel nicht sonderlich auf, daß auch einige japanische Inhaber von Fabriken zugegen waren, Einwanderer, die teils schon seit Generationen auf den Philippinen lebten. Sie verhielten sich wie immer höflich und verschlossen, stießen artig mit den Cocktailgläsern an und hörten den Gesprächen zu. Niemand brüskierte sie, am allerwenigsten die anwesenden Amerikaner. Man schüttelte sich die Hände, tauschte Höflichkeitsfloskeln aus, forderte zum Essen auf, erkundigte sich nach dem Wohlergehen der Familien. Selbst General Douglas MacArthur, der mit einigen anderen hohen Militärs an dem Empfang teilnahm, ließ sich herab, den bedeutendsten japanischen Geschäftsleuten von Manila die Hände zu drücken.

Der große, ungeschlacht wirkende Oberkommandierende gab nicht zu erkennen, was er von der gegenwärtigen Situation hielt, jedenfalls beschränkte er sich auf unverbindliche Themen. Aber er war nicht zu diesem gesellschaftlichen Ereignis gekommen, um Kaufleute zu begrüßen. Er wollte so unauffällig wie möglich die Gelegenheit wahrnehmen, mit Präsident Quezon ein paar Worte zu wechseln.

Nachdem sein Adjutant dies dem Präsidenten mitgeteilt hatte, wartete Quezon einen günstigen Augenblick ab, um in eines der Hinterzimmer zu verschwinden. MacArthur wurde von einem Protokollbeamten ebenso diskret dorthin geführt. Quezon ergriff mit beiden Händen die Rechte MacArthurs und schüttelte sie. Er mußte zu dem General aufblicken. Mac Arthur beeilte sich deshalb, in einem Sessel Platz zu nehmen.

Nach ein paar unverbindlichen Worten kam der General sogleich zur Sache. Er hatte die unverblümte Art des hohen Militärs, der Zivilisten gegenüber jede Förmlichkeit bewußt zu vermeiden trachtete. So verkündete er Quezon auch gleich zu Beginn ihres Gespräches: »Lieber Präsident, ich möchte Ihnen den persönlichen Rat geben, sich sozusagen jederzeit reisebereit zu halten.« Er sagte nicht wenigstens »Mister Präsident«. Quezon war für ihn ein Untertan der Vereinigten Staaten; er hatte die Chance, gegen gute Bezahlung die Inseln zu regieren, wenn man das so nennen konnte. Im übrigen war er ein Befehlsempfänger, der zu tun hatte, was von ihm verlangt wurde. Natürlich immer auf eine Weise, die nach außen hin den Schein erweckte, es handle sich um höchst persönliche Entscheidungen.

»Ich verstehe nicht ganz«, erwiderte der Präsident zögernd. Er hatte sich ebenfalls in einem Sessel niedergelassen und sah MacArthur fragend an.

»Koffer packen«, sagte dieser jetzt, wobei er die Mundwinkel leicht verzog, als ob er lächelte. »Alles bereithalten, was Sie eventuell außer Landes mitnehmen wollen. Und diese Dinge auf ein Gewicht reduzieren, das sich etwa auf einem Armeelastwagen bewegen läßt.«

»Sie meinen, die Situation sei derart ernst?«

»Sie ist es«, bestätigte MacArthur mit Nachdruck. »Reden wir nicht lange um die Sache herum. Die Verhandlungen mit den Japanern laufen schlecht. Wir müssen darauf gefaßt sein, daß sie wie ein Blitz aus heiterem Himmel zuschlagen. Dann haben wir vielleicht nur noch ein paar Stunden zur Verfügung, um uns zurückzuziehen.«

»Zurückzuziehen?« Der Präsident legte den Kopf schief, als könne er den General nicht gut verstehen.

»Jawohl. Sie kennen unsere Lage, ich brauche Ihnen nichts vorzumachen. Bei einem Angriff können wir nur begrenzte Zeit durchhalten. Ich möchte, daß Sie sich danach richten. Wir brauchen Sie für weitergesteckte Ziele, nachdem wir unsere Kräfte gesammelt haben und zurückschlagen können.«

Eine Weile konnte Quezon nichts sagen. Schließlich erkundigte er sich vorsichtig: »Müßten wir uns nicht vielleicht doch öffentlich zu dem äußern, was dieser Abad Santos gesagt hat?«

MacArthur machte eine unwillige Kopfbewegung. »Lassen wir die Kommunisten aus dem Spiel. Vorläufig wenigstens. Wir werden ziemlich elastisch handeln müssen, um uns solche Leute wie ihn in Zukunft vom Hals zu schaffen. Wenn die Sache so abläuft, wie wir sie planen, werden die Japaner das für uns erledigen.«

»Sie haben seine Rede zur Kenntnis genommen?«

»Ich habe sie gelesen«, erklärte MacArthur. »Wir haben sie mitstenografieren lassen. Für uns war vor allem der Teil interessant, in dem er uns auffordert, die Bevölkerung zu bewaffnen.«

»Eine unmögliche Forderung!«

MacArthur fuhr gelassen fort: »Lieber Präsident, die Japaner werden die Philippinen vermutlich erobern. Für eine gewisse Zeit jedenfalls. Damit haben wir uns abzufinden. Wenn wir nicht mehr da sind, werden die Kommunisten sich ein paar Waffen verschaffen; das werden wir nicht verhindern können. Daraufhin werden die Japaner gegen die Kommunisten zu Felde ziehen. Mit dem, was die Japaner übriglassen, werden wir uns nach unserer Rückkehr auseinanderzusetzen haben.«

Quezon nickte. Dann fragte er: »Wann kann dieses Ereignis eintreten?«

»Das könnte uns nur der Tenno selbst verraten, mein lieber Präsident!« MacArthur lachte. »Wir rechnen mit einer kurzen Frist, und Sie wären gut beraten, wenn Sie sich darauf einstellten. Haben wir uns verstanden?«

»Natürlich, natürlich!« Quezon bürstete ein Stäubchen von seinem weißen Anzug. Die Japaner. Nun gut, man mußte sich wohl damit abfinden, seine Güter hier zurückzulassen und zunächst das eigene Leben in Sicherheit zu bringen. Den Rest würden die Amerikaner erledigen. Seltsamerweise schien diesen Politiker die Aussicht auf eine Zeit des Exils nicht sonderlich zu erregen. Es war mehr als nur asiatische Gelassenheit, was aus seiner Reaktion sprach. Der Reichtum der Quezons lag im Boden. Die Japaner würden ihn wohl eine Weile für sich nutzen können, allein mitnehmen konnten sie ihn nicht, sobald sie wieder vertrieben wurden. Plötzlich besann sich Quezon auf seine Gastgeberpflichten. Er betätigte eine Glocke, wenig später erschien ein Diener, den er beauftragte, Cocktails zu bringen.

Die beiden Männer standen sich gegenüber, als sie mit den Gläsern anstießen. Sie sagten nichts dabei, jeder hing seinen Gedanken nach. Später erkundigte sich Quezon vorsichtig: »Wie lange, General, veranschlagen Sie die Zeit, die wir … nun, sagen wir, außer Landes verbringen müßten?«

Der General zuckte die Schultern. Es fiel ihm nicht leicht, darüber zu reden. Schon die Warnung an Quezon hatte ihn Überwindung gekostet. Hier ging es letztendlich um die Ehre der amerikanischen Armee, deren führender Repräsentant er auf den Philippinen war. Aber die Realität ließ keine andere Lösung zu. Die Vereinigten Staaten waren im Augenblick nicht in der Lage, die Inseln tatsächlich allein zu verteidigen. Um das tun zu können, müßte das Land erst einmal sein latentes Militärpotential umfassend mobilisieren. Gewiß, mit einer bewaffneten Bevölkerung würde man den Japanern den Griff nach den Philippinen vielleicht so schwer machen können, daß sie ihn aufgaben. Aber ein bewaffnetes Kolonialvolk — das schied aus allen Überlegungen absolut aus!

Unbestimmt gab er zurück: »Ein Jahr, zwei. Wer weiß! Jedenfalls nicht viel mehr.«

Während Quezon seinen Cocktail trank, erinnerte sich MacArthur an die Rolle, die sein Name auf den Inseln spielte. Ja, es war schwer, hier einfach alles aufzugeben! Schließlich waren die MacArthurs mit den Inseln verbunden, seit die Vereinigten Staaten nach ihnen gegriffen hatten! Damals, im Jahr 1898, war es Arthur MacArthur gewesen, der Vater des Generals, der aus Amerika herübersegelte, mit Tausenden junger amerikanischer Soldaten. Spanien und die Vereinigten Staaten von Amerika lagen im Krieg miteinander, und die Vereinigten Staaten nahmen die günstige Gelegenheit wahr, ihrem bereits arg geschwächten Gegner die Kolonie abzunehmen.

Dies allerdings ging nicht ganz ohne Schwierigkeiten ab. Auf den Philippinen existierte seit langem eine militante Widerstandsbewegung, die Unabhängigkeit forderte und bewaffnet gegen die Spanier kämpfte. Sie wandte sich sofort dagegen, die Spanier einfach durch eine andere Kolonialmacht zu ersetzen, und verlangte von den amerikanischen Streitkräften, nach Beendigung ihrer Auseinandersetzung mit den Spaniern die Unabhängigkeit der Philippinen zu respektieren. Aber gerade das taten die Amerikaner nicht. In einem jahrelangen Kampf, den sie mit den seinerzeit modernsten militärischen Mitteln gegen eine schwach bewaffnete und kaum ausgebildete Volksbewegung führten, eroberten sie die Inseln, brachen den Widerstand und übten grausame Rache an ihren Widersachern.

Arthur MacArthur wurde im Jahre 1900 zum Oberkommandierenden aller amerikanischen Streitkräfte auf den Inseln ernannt. Später kaufte er für einen Spottpreis Land, spekulierte, beutete Bodenschätze aus, erwarb beträchtlichen Besitz. Seinen Sohn ließ er ebenfalls die Militärkarriere einschlagen, die ihn wieder auf die Philippinen zurückbrachte, als Mann mit unbeschränkter Macht.

Ja, nicht nur der Name der MacArthurs war mit den Philippinen untrennbar verbunden, auch all ihr Reichtum lag hier begründet. Es fiel schwer, sich damit abzufinden, daß man ihn für unbestimmte Zeit den Japanern überlassen mußte. Aber Sentimentalität war keine vorherrschende Eigenschaft von Douglas MacArthur. Er hatte kühl abzuwägen und Vorkehrungen zu treffen, die bereits heute das Ende der japanischen Okkupation vorwegnahmen! Dies war im Grunde das kompliziertere Problem. Die Japaner würden von der schnell erstarkenden Militärmacht der USA geschlagen werden, keine Frage. Alles drehte sich darum, daß danach nicht wieder, ähnlich wie nach der Niederschlagung der Spanier um die Jahrhundertwende, Filipinos verlangten, daß die Inseln unabhängig sein sollten. Wenn diese Filipinos noch dazu bewaffnet wären und sie ihre Kampfeigenschaften in der Auseinandersetzung mit den japanischen Okkupationstruppen gestählt hätten, dann wäre der Besitz der MacArthurs ernstlich in Gefahr. Alles Eigentum der Vereinigten Staaten auf den Inseln, alle Bergwerke und Mühlen, Fabrikationsanlagen und Handelseinrichtungen wären dann bedroht. Es kam darauf an, das heute in aller Klarheit zu erkennen und geeignete Maßnahmen zu treffen!

General MacArthur erwähnte Quezon gegenüber nicht, daß er aus Washington ziemlich genaue Anweisungen erhalten hatte, wie zu verfahren war, wenn der »Fall X« eintrat. Dieser würdevoll dreinblickende alte Narr, der seinen Landsleuten als »Präsident« vorgeführt wurde, um ihnen weiszumachen, die Vereinigten Staaten wären durchaus keine Kolonialmacht wie ehemals Spanien, brauchte nur das Notwendigste zu wissen. Die Politik in diesem Lande machte er ohnehin nicht.

MacArthur erhob sich. Er hatte kaum von dem Cocktail getrunken. Jetzt sagte er, das Glas erneut erhebend: »Bereiten wir uns auf das Unvermeidliche vor, Präsident. Schweigend!«

Quezon nickte nur. Dann gingen sie in den Salon zurück.

MacArthur blieb noch eine halbe Stunde. Die Gäste sollten nicht den Eindruck bekommen, er sei in diesen Wochen so sehr mit militärischen Aufgaben beschäftigt, daß er für gesellschaftliche Anlässe keine Zeit mehr hätte. Er prostete José Laurel zu, dem Justizminister, eng befreundet mit führenden Leuten aus der japanischen Hochfinanz. Nun ja, man mußte abwarten, wofür man ihn eines Tages brauchen konnte. Dann begrüßte er einige amerikanische Kaufleute, und es ließ sich nicht vermeiden, daß er plötzlich auch Tokugawa gegenüberstend, dem Führer der »Philippinischen Gesellschaft«, einer japanischen Tarnorganisation, die heute kaum noch Anstalten machte, ihre Tätigkeit zu verschleiern. Von ihr gingen Fäden zur »Föderation japanischer Exporteure« und zum »Japanischen Club«, der offen die Parole »Asien den Asiaten« verbreitete. Der General trug keine Mütze, und so war er genötigt, die tiefe Verbeugung des Japaners zu erwidern. Immerhin verbeugte er sich nur andeutungsweise. Sie sollen wissen, daß wir die Herren sind, auch wenn die Dinge augenblicklich nicht ganz so gut für uns stehen!

Als er ging, spielte die Kapelle einen Tusch.

Barrio

Das Land ringsum gehörte Don Esteban Figueiro. Ihm gehörte der Reis auf den Feldern, der Mais und das Zuckerrohr. Auf seine Hazienda mit den vielen, gut möblierten Räumen und der großen Veranda konnte er zu recht stolz sein. Die Lagerschuppen waren so weit von ihr entfernt gebaut worden, daß sie das Auge der Bewohner nicht störten. Sie lagen hinter einer dichten Baumreihe, die zugleich Schutz gegen Wind und Regenstürme bot. Der Park, der das Anwesen umgab, war größer als der Luneta in der Hauptstadt. Don Figueiro, ein schmächtiger, weißhaariger Mann um die Sechzig, hatte ihn nach seinen eigenen Ideen mit seltenen Gewächsen ausstatten lassen, auf die ein botanischer Garten stolz gewesen wäre. In der ganzen Provinz Pampanga hatte er nicht seinesgleichen.

Das Tropenklima der Philippinen, die nicht jene drückende Hitze kennen wie etwa Indochina, weil die Luft hier — mit Ausnahme der Dschungelzonen — immer ein wenig von der Seebrise aufgefrischt wird und selbst in der heißesten Periode, im April und im Mai, noch leicht nach Tang und Salz schmeckt, beschert den Inseln eine üppige Vegetation. Dort, wo genug Wasser vorhanden ist, um die Felder damit zu versorgen, läßt es sogar mehr als eine Ernte im Jahr zu. Im Sommer und im Herbst wehen die Monsunwinde von Südwesten, im Winter und im Frühling kommen sie von Nordosten. Lediglich die Taifune können ernstlichen Schaden anrichten, wenn sie im Spätsommer vom Pazifik her über die Küsten toben und erst weit im Lande ihre Kraft verlieren. Doch so schnell die Natur auch Verwüstungen anrichtet, beinahe ebenso schnell hilft sie sich wieder selbst. Freilich sind dann oft die Plantagen verheert; Reis und Kaffee, Tabak und Orangen liegen im Schlamm vergraben. Aber dafür gibt und gab es — jedenfalls für einen klugen Haziendero wie Don Figueiro — Ausweichmöglichkeiten. Er hatte stets noch andere Produkte in Reserve, die sich absetzen ließen: Hanf oder Melonen, edle Hölzer, Ramie und Kopra.

Dieses Jahr hatte es noch keinen Taifun gegeben, die Regenfälle waren ergiebig, und so hätte Figueiro eigentlich einer hervorragenden Ernte entgegensehen können, die hohen Gewinn brachte. Aber er hatte Sorgen: In seinem Park, zwischen den hohen Narrabäumen, den Palmen und Calaccuchis, im Schatten der Flammenbäume und Zwergzitronen lagerte eine Menschenmenge, die aus den Barrios gekommen war, den umliegenden Dörfern. Pächter und Landarbeiter, ärmlich gekleidete Leute, Frauen mit kleinen Kindern, erregt, doch noch zurückhaltend, aber entschlossen, das Anwesen nicht eher zu verlassen, bis Don Figueiro ihre Bedingung erfüllt hatte.

Die Sache hatte vor einigen Tagen begonnen. Ein Landarbeiter war mit seinem Büffelgespann auf einem der schmalen Feldwege nicht rechtzeitig ausgewichen, als Figueiro auf seinem gescheckten Hengst angeritten kam. Das Pferd scheute, und der Reiter konnte sich nur mit Mühe im Sattel halten. Don Figueiro reagierte automatisch: Zuerst schlug er mit der Reitpeitsche auf die beiden Büffel ein, dann erhob er sie gegen den Landarbeiter, der einige böse Striemen davontrug, einen quer über das Gesicht, so daß sein linkes Auge sogleich zuschwoll. Der Mann setzte sich nicht zur Wehr, obgleich er kräftig war und den Hazienderó leicht hätte vom Pferd ziehen können. Er sagte nur ruhig: »Don Esteban, Euer Ehren, dafür werden Sie sich öffentlich entschuldigen. Einen Büffel mögen Sie ungestraft schlagen, einen Menschen nicht.«

Inzwischen waren andere Arbeiter von den Feldern herbeigelaufen; eine zornige Menge sammelte sich um das Carabao-Gespann und den Herrn der Hazienda. Don Figueiro war wütend davongeritten, ohne Rücksicht darauf, daß die Hufe seines Pferdes einen weiteren Mann verletzten. Er hatte mit dem Gedanken gespielt, den Karrenfahrer einfach von der Constabulary, der berüchtigten Polizeitruppe, abholen und einsperren zu lassen. Der Polizeichef des Dorfes war sein Freund. Aber dann überlegte er es sich anders. Der Karrenfahrer war ein Roter, einer dieser Kerle von der Landarbeiterunion. Die Leute waren ohnehin aufsässig; in anderen Gegenden hatten sie schon Grundherren aus ähnlichem Anlaß erschlagen. Das Gesindel wurde immer frecher. Es forderte Menschenrechte. Menschen! Seit wann war ein Karrenknecht ein Mensch! Trotzdem entschloß sich Figueiro, vorsichtig zu verfahren und die Sache zunächst auf sich beruhen zu lassen. Es würde sich später sicher eine bessere Gelegenheit ergeben, den Aufsässigen loszuwerden. Allein, der Haziendero verrechnete sich.

Am Morgen waren die Leute nicht zur Arbeit auf die Felder gegangen, sondern, von ihren Frauen und Kindern begleitet, in seinen Park eingedrungen. Peinlich schienen sie darauf bedacht, nichts zu zerstören; wie auf Verabredung vermieden sie es, auch nur eine einzige Blume zu knikken. Sie standen einfach da und warteten, lagerten im Gras, rauchten, unterhielten sich und ließen ihre Blicke über das Herrenhaus schweifen. Der Sekretär der Landarbeitergewerkschaft war am Vormittag mit einer Petition erschienen: Don Esteban möge sich bei dem Karrenfahrer Emilio im Beisein aller übrigen Leute entschuldigen, daß er so unbeherrscht gehandelt habe.

»Den Teufel werde ich!« hatte der Haziendero geantwortet und den Sekretär hinausgeworfen. Seitdem waren acht Stunden vergangen. Figueiro entschloß sich, nun endlich zum Telefonhörer zu greifen. Es war Zeit, daß der Spuk um sein Haus herum ein Ende nahm.

Der Chef der Constabulary, den er anrief, wußte von den Vorgängen, und er kannte auch die Unbeherrschtheit Don Estebans. Deshalb machte er ihm zunächst Vorwürfe. »Sie wissen, wie diese Kerle reagieren! Warum lassen Sie sich zu einer unbedachten Handlung hinreißen? Es wird schwer sein, die Menge zu zerstreuen. Wir müßten Gewalt anwenden, aber wir haben aus Manila die ausdrückliche Anweisung, im Augenblick Gewalt zu vermeiden. Das hängt mit der außenpolitischen Lage zusammen, Don Esteban. Wir können jeden Tag einen japanischen Angriff erleben, heißt es.«

Der Haziendero wurde ungehalten. »Was ist nun? Kann ich mit der Hilfe des Gesetzes rechnen oder nicht? Muß ich mich vom Pöbel belagern lassen, auf meinem eigenen Grund und Boden?«

Der Polizeichef eröffnete ihm: »Es ist schlimmer, Don Esteban. Sie werden dort bald einen großen Kommunisten begrüßen können.«

»Seit wann habe ich mit Kommunisten zu tun?«

»Crisanto Evangelista, der Vorsitzende der Partei, ist auf dem Wege zu Ihnen. Er war irgendwo hier in der Gegend und hörte von dem Aufruhr.«

»Ich werde mein Jagdgewehr nehmen und ihm eine Ladung gehacktes Blei in die Visage feuern!« drohte der Haziendero.

»Tun Sie das lieber nicht, Don Esteban« riet ihm der Polizeichef. »Der Mann kann Ihnen unter Umständen wie gerufen kommen.«

»Wie das?«

»Die internationale Lage«, erklärte der Polizeichef. »Sie kommt Ihnen zugute. Im Augenblick verfolgen die Kommunisten eine Taktik, die darauf gerichtet ist, die Bevölkerung nicht untereinander aufzuhetzen. Sie wollen eine Einheitsfront gegen die Japaner. Vielleicht läßt sich die Sache durch Evangelista deswegen einigermaßen behutsam regeln.«

»Er soll mir behutsam ...« Don Esteban sagte etwas Obszönes. Der Polizeichef schwieg dazu. Schließlich merkte er, daß der Haziendero ins Nachdenken gekommen war. Um ihn in die richtige Bahn zu lenken, erkundigte er sich vorsichtig: »Können Sie die Hazienda noch verlassen?«

»Ich kann!«

»Dann gehen Sie für ein paar Tage nach Tarlac, auf Ihr zweites Anwesen. In der Zwischenzeit veranlasse ich hier schon alles, was nötig ist.«

»Ich soll von meinem eigenen Grund und Boden fliehen?«

»Nicht fliehen. Sagen wir — verreisen, ohne daß die Leute es merken. Wenn Evangelista kommt, dann komme ich auch, notfalls mit der Constabulary. Wir werden den Leuten klarmachen, daß Sie nicht zu Hause sind, und sie werden sich zerstreuen. Wenn nicht freiwillig, helfen wir etwas nach. Verstehen wir uns?«

Don Esteban knallte wütend den Hörer auf. Was waren das für Vorschläge? Konnte man sich nicht einmal mehr auf die Polizei verlassen? Aber bald schon dämmerte dem Haziendero, daß der Polizeichef eigentlich recht hatte. Rächen könnte man sich später noch. Das Klügste war in der Tat, die Meute vor dem leeren Haus stehenzulassen. Wenn sie mich nicht vorfinden, können sie nichts von mir verlangen, und die Constabulary kann sie vertreiben. Er eilte in sein Ankleidezimmer. Seine Familie befand sich an der Küste. Donna Figueiro liebte das milde Seeklima der Wintermonate, und den Kindern bekam es auch. Also entledigte sich Don Esteban seines Reitanzuges, dann schlich er in die Kammer hinter der Küche, wo das Personal die Arbeitskleidung aufbewahrte.

Die Pächter und Landarbeiter im Park beachteten den Mann in der blauen Kluft nicht, der eine Gärtnerschürze und einen tief in die Stirn gezogenen Strohhut trug. Sie sahen, wie er einen Eselkarren bestieg und

José Lava (rechts), bei seiner Verhaftung im Oktober 1950 Generalsekretär der Kommunistischen Partei der Philippinen, hier nach seiner Entlassung aus der Haft, 20 Jahre später. Neben ihm sein Bruder Jesus

davonfuhr. Niemand hätte in ihm Don Esteban vermutet. Als Crisanto Evangelista eine Stunde später überraschend auftauchte, waren alle fest überzeugt, der Haziendero habe sich in seinem Haus verbarrikadiert.

Crisanto Evangelista, den die meisten der hier Versammelten kannten, war Mitbegründer der Kommunistischen Partei auf den Philippinen. 1930 hatte er mit Juan Feleo, Felix Caguin und anderen den historisch notwendigen Schritt vollzogen und eine marxistische Kampfpartei geschaffen, die alle revolutionären Strömungen auf den Inseln vereinte. Die meisten Kader kamen aus der »Arbeiterpartei«, der ersten sozialistischen Organisation, die seit 1924 auf den Philippinen existierte.

Zwei Jahre hatte die KP nach ihrer Gründung legal arbeiten können, dann war sie unter fadenscheinigen Vorwänden, sie vertrete ausländische Interessen, zum erstenmal verboten worden. So hatten die Kommunisten der Philippinen ihre ersten Erfahrungen in der illegalen Arbeit machen müssen.

Überraschend für die Gegner: Die Partei gewann an Einfluß. Und die Führer der Sozialistischen Partei, die 1932 gegründet worden war, hörten nicht auf, freie Betätigung für ihre kommunistischen Klassenbrüder zu fordern. Im Gegensatz zu anderen Ländern waren die Sozialisten auf den Philippinen nicht in eine Gegnerschaft zu den Kommunisten zu manövrieren. Auch die starken Bauernverbände bekämpften das Verbot der Kommunisten, zumal viele ihrer führenden Mitglieder Marxisten waren.

Streiks und Bauernunruhen begleiteten 1935 den Amtsantritt des Präsidenten Quezon. Er sah sich genötigt, ein »Programm der sozialen Gerechtigkeit« zu verkünden, um wenigstens den Anschein zu erwecken, daß er etwas gegen Armut und Elend zu unternehmen gedächte.

Im Jahr des Angriffs der Japaner auf China schließlich ließ sich das Verbot der Kommunisten nicht mehr aufrechterhalten. Die um diese Zeit noch inhaftierten Kader wurden freigelassen, und die Partei durfte sich wieder legal betätigen. Sie tat das mit dem Ziel, die Aktionseinheit mit den Sozialisten herzustellen. Im Oktober 1938, etwa ein Jahr nach Aufhebung des Verbotes, hielten die Kommunisten und Sozialisten der Philippinen ihren Vereinigungsparteitag ab, von da an beeinflußte die Partei entscheidend die Entwicklung der Bauernverbände.

Dennoch war die Arbeit alles andere als leicht. Das bürgerliche Bildungsprivileg hatte Konsequenzen. Die meisten einfachen Leute in Luzon sprachen nur Tagalog, wenige konnten lesen. Marxistische Literatur aber existierte nicht in Tagalog-Übersetzungen. Sie war nur dem zugänglich, der Englisch verstand. So hatte die Partei viel Arbeit zu leisten, um wenigstens unter leitenden Kadern Grundkenntnisse der marxistischen Theorie zu verbreiten. Crisanto Evangelista war einer der wenigen, die bereits in ihrer Jugend Englisch gelernt hatten; er las die Werke von Marx und Engels in dieser Sprache. Genossen aus den Vereinigten Staaten schmuggelten sie auf die Inseln.

Crisanto Evangelista war in San Fernando gewesen, wo er eine Unterredung mit den Führern verschiedener Bauernverbände gehabt hatte. Da war die Nachricht gekommen, die Pächter und Lohnarbeiter auf der Hazienda von Don Esteban Figueiro befänden sich in Aufruhr. Evangelista entschloß sich sofort, dorthin zu fahren. Angesichts der großen Gefahr, die das ganze Land bedrohte, galt es, Besonnenheit zu bewahren. Natürlich würde man keine Übergriffe der Hazienderos hinnehmen, trotzdem mußte versucht werden, die Sache friedlich und vor allem ohne Blutvergießen beizulegen.

Francisco Ramos, der Evangelista begleitete, erbot sich mitzufahren. Aber Evangelista erinnerte ihn daran, daß er eine andere Aufgabe hatte. »Du mußt möglichst schnell mit diesem Amerikaner sprechen«, drängte er ihn. »Du weißt, wie wenig Amerikaner es in unserem Lande gibt, mit denen wir eine gemeinsame Sprache finden. Ich setze viel Vertrauen in ihn, nach dem, was ich von dir über ihn weiß. Erledige das, ich werde auf Figueiros Hazienda schon allein zurechtkommen!«

Tatsächlich war die Mission, in der Francisco Ramos den Amerikaner Andrew Conway aufsuchte, nicht alltäglich. Aber Andrew Conway war auch nicht irgendein Amerikaner. Er war der Schwiegersohn des Hazienderos Torrena, eines der Mächtigen im Zuckergeschäft Luzons. Torrena war Mitglied des Senats, der seinen 24 Senatoren — es waren zugleich die reichsten Leute des Landes — vielfältige Chancen bot, Einfluß zu erwerben, zu spekulieren, zu erpressen. Wenn sich Francisco Ramos vorstellte, er könnte einmal solch einen Schwiegervater bekommen, war er versucht zu lächeln. Andrew Conway äußerte sich zu dieser Frage zurückhaltend. Er war Kommunist; seine Frau wußte das, war damit einverstanden. Der Schwiegervater hatte keine Möglichkeit gefunden, die Verbindung zu hintertreiben, obwohl er dies eine Weile versucht hatte, nachdem er die politischen Ansichten Conways kannte. Mit Francisco Ramos verband diesen jungen Amerikaner, der Agrarwissenschaften studiert hatte, eine alte Freundschaft. Sie war nicht nur auf die gemeinsame Studentenzeit zurückzuführen. Conway und Ramos waren in Spanien in derselben Kompanie der amerikanischen Freiwilligen gewesen. Der eine hatte oft genug mit dem anderen den letzten Bissen Brot geteilt, die letzte Zigarette vor dem Angriff gemeinsam geraucht.

»Dann wünsche ich dir Erfolg«, sagte Ramos, als er sich von Evangelista verabschiedete. »Was mich betrifft, so werde ich sicher erreichen, was ich mir vorgenommen habe.«

Evangelista traf überraschend auf der Hazienda Figueiros ein. Die Leute erkannten ihn sofort und scharten sich um ihn. Nachdem er sich informiert hatte, bat er die Versammelten, sich zu beruhigen. Dann begab er sich zum Wohngebäude, um mit Don Esteban zu sprechen. Er ging allein über den Kiesweg auf das Haus zu; ein untersetzter Mann, leicht gebeugt, Energie und Ruhe ausstrahlend. Er klingelte. Im Park wurde es still. Die Gespräche erstarben. Jeder hing mit dem Blick an Crisanto Evangelista.

Die Tür wurde geöffnet, ein Hausmädchen erschien, über dem schwarzen Kleid die weiße Schürze, die traditionelle Dienstbotenkleidung, wie sie schon unter den Spaniern üblich gewesen war.

»Don Esteban ist nicht zu Hause«, antwortete das Mädchen auf Evangelistas Bitte, ihn dem Haziendero zu melden. Sie trat beiseite. Aber Evangelista wollte das Haus nicht betreten, ohne vom Hausherrn dazu aufgefordert worden zu sein. In diesem Lande zahlte es sich aus, die Sitten einzuhalten, auch wenn sie nicht aus dem Volke kamen, sondern aus Spanien.

»Sie können ruhig nähertreten«, forderte ihn das Mädchen auf. »Der Herr ist wirklich nicht da.«

»Ich hörte, er habe sich nach diesem Vorfall ins Haus zurückgezogen«, sagte Evangelista und blickte sie an. Das Mädchen warf einen Blick hinter sich. Niemand war im Flur. Da sagte es leise: »Er ist ... geflohen. Ja, wirklich! Vor zwei Stunden etwa hat er sich die Kleidung des Gärtners angezogen und ist mit dem Eselkarren davongefahren. Die Leute müssen ihn gesehen haben, aber sie haben ihn wohl nicht erkannt.«

Es klang ehrlich, und Evangelista spürte, daß es die Wahrheit war. »Wann wird er zurückkommen?«

Das Mädchen bewegte leicht die Schultern. Dann deutete sie mit dem Kopf auf die Leute im Park. »Ich glaube, solange die Bauern da sind, wird er wegbleiben.«

»Hat er denn Angst?«

»Er hat Angst«, erwiderte das Mädchen leise, aber mit Bestimmtheit.

»Und du? Hast du auch Angst?«

Das Mädchen lachte. »Vor wem? Das da sind Leute wie ich, mit dem einzigen Unterschied, daß sie auf den Feldern arbeiten und ich im Haus!«

Evangelista nickte. Dann wandte er sich zum Gehen; das Mädchen forderte er auf: »Laß ein Fenster offen. Hör dir an, was ich sagen werde.«

Nachdem Evangelista den Leuten erklärt hatte, der Haziendero habe sich aus dem Haus gestohlen, erhob sich zunächst Protest. Bald gab es nur noch allgemeines Stimmengewirr, und Evangelista rief: »Genossen und Freunde, wir haben es mit einem Mann zu tun, der vor uns Angst hat, wenn wir gemeinsam kommen. Mutig ist er offenbar nur, wenn er einem einzelnen von uns mit der Peitsche gegenübersteht. Nun gut, der Vorfall wird bereinigt werden, wir sorgen dafür. Jetzt aber habe ich euch einiges zu sagen. Kommt näher, damit ihr mich gut versteht.«

Sie scharten sich um ihn, hockten sich auf den Boden und lauschten. Im Herrenhaus wurde ein Fenster im ersten Stock geöffnet. Dahinter war das Hausmädchen zu erkennen.

Jemand brachte eine Kiste, auf die Evangelista stieg. Er war ein zündender Redner, das hatte er oft genug bewiesen. Jetzt aber klang seine Stimme gedämpft, beinahe andächtig. Er sprach über die bedrohliche internationale Lage, über den potentiellen Aggressor Japan und dessen Verbündete im eigenen Land, über die Sorglosigkeit der Amerikaner. Dazu benutzte er so einfache Worte, daß jeder dieser Bauern, jede der Frauen ihn verstehen konnte. Niemand rührte sich. Wenn eines der Kinder zu quengeln begann, nahm die Mutter es schnell an die Brust. Dies waren Luzons Bauern, Pächter, Karrenfahrer, Leute mit schartigen Händen und Füßen, sonnenverbrannt, mit Gesichtern, die an runzeliges Leder erinnerten. Diese Leute waren bei weitem nicht alle Kommunisten. Aber die Erfahrung hatte sie gelehrt, daß man einzig den Kommunisten vertrauen konnte, weil sie das Volk vertraten. Luzons Bauern hatten sich nie vor den Hazienderos, vor deren Privatpolizisten oder vor der Constabulary gebeugt. Sie waren bereit, alles einzusetzen, wenn sie ihr Los verändern konnten.

Schon vor Jahren hatte die Kommunistische Partei die Bauern und Pächter zusammengeschlossen, um Gesetze auch gegen die Willkür der Grundbesitzer durchzusetzen. Die Hazienderos unterhielten eigene Schutztruppen, mit denen sie gegen die Landbevölkerung vorgingen. Besonders in den Provinzen Bulacan, Pampanga und Tarlac, aber auch in Nueva Ecija und anderswo kam es wiederholt zu blutigen Auseinandersetzungen. Die »Nationale Konföderation der Bauern«, eine von den Kommunisten geleitete Massenorganisation, führte den Widerstand gegen die Grundbesitzer an. Sie zählte 1938 schon 60 000 Mitglieder. Neben ihr gab es noch etwa 40 andere Bauernorganisationen.

Quezon hatte die Regierung beauftragt, fortan staatliche Gewalt anzuwenden, um die Bauernbewegung zu bekämpfen. Derselbe Quezon, der noch vor gar nicht langer Zeit heuchlerisch erklärt hatte: »Den Rechten der Menschen ist der Vorzug zu geben, wenn sie mit den Rechten des Eigentums in Konflikt kommen«, behauptete plötzlich, die Misere der Dorfbevölkerung habe ihre Ursache darin, daß die Leute nicht »über die Gewohnheit andauernder, konzentrierter Arbeit verfügen.« Um sich das Wohlwollen der Grundbesitzer endgültig zu sichern, verkündete er offiziell: »Von einer Beschlagnahme des Grund und Bodens ... kann auf den Philippinen keine Rede sein. Ich bin fest entschlossen, jede Form von Gesetzlosigkeit und Gewaltanwendung zu unterbinden, wenn es erforderlich sein sollte mit Gewalt.« Entsprechende Maßnahmen folgten. 1940 beschloß das Oberste Gericht der Philippinen, daß Streiks als eine Gewaltmaßnahme gegen Recht und Ordnung betrachtet würden, mit allen Konsequenzen. Ein eben erst erlassenes Gesetz über den 8-Stunden-Tag wurde wieder aufgehoben. Den Grundbesitzern wurde gesetzlich erlaubt, zum Schutz ihres Eigentums sogenannte Privatpolizeitruppen zu unterhalten. Selbst die Verfassung wurde in einigen Artikeln geändert, wodurch sich die Vormachtstellung der Großbourgeoisie und der Grundbesitzer weiter festigte. Eine 20 000 Mann starke Sondertruppe wurde zusammengestellt, ausgebildet und bewaffnet; sie wurde bei jedem Streik eingesetzt, aber bald auch gegen Demonstranten und Agitatoren.

Doch der Terror, der mit dem Ziel entfesselt wurde, die Arbeiter und Bauern einzuschüchtern, verfehlte sein Ziel, obwohl er zahlreiche Opfer forderte.

In dieser Situation taten die Kommunisten einen weiteren entscheidenden Schritt zur Vereinigung aller fortschrittlichen und patriotischen Kräfte im Lande, indem sie mit den Gewerkschaften, den meisten Bauernbünden, der Republikanischen Partei und einigen Gruppierungen kleinbürgerlicher Prägung die »Frente Popular« gründeten, eine Volksfront, die Quezons reaktionäre Politik vehement angriff. In den Gemeindewahlen von 1940 konnte die »Frente Popular« in vielen Provinzen, so in Pampanga, Tarlac und Nueva Ecija zahlreiche Bürgermeisterposten mit ihren Kandidaten besetzen. Von nun an hatten es die Hazienderos erheblich schwerer, denn die Volksfrontpolitiker nutzten ihre Exekutivgewalt im Interesse der armen Bevölkerung.

»Wir haben über Jahre hinweg einen erfolgreichen Weg beschritten«, sagte Crisanto Evangelista, auf der Kiste stehend, zu den Pächtern und Landarbeitern des Don Esteban Figueiro. »Wir werden diesen Weg auch weiter gehen. Nur haben wir es jetzt mit der Bedrohung des Vaterlandes durch die Japaner zu tun, und in dieser Lage müssen wir uns wohl oder übel auch mit denen zum patriotischen Widerstand vereinigen, die wir als Ausbeuter bezeichnen. Um unser Land zu retten, müssen wir jeden Filipino, Landpächter, Karrenfahrer oder Grundbesitzer gegen die Gefahr mobilisieren, die von Japan ausgeht, das die Philippinen schon heute als einen Teil seines Kaiserreiches betrachtet. Wir wollen nicht die amerikanische Bevormundung gegen den Faschismus der Japaner eintauschen! Liebe Freunde, es ist mir ernst mit meiner Forderung, auch wenn sie einigen von euch vorkommt wie ein Zurückweichen: Wir können nur unter dem Einsatz aller Kräfte den unvermeidlichen Kampf mit dem Aggressor Japan bestehen. Deshalb sollten wir in Zukunft unsere Auseinandersetzungen mit Leuten wie Don Esteban zunächst hinter der brennenden nationalen Frage zurückstellen. Wir werden eine Petition an den Gouverneur von Pampanga richten, er soll Don Esteban veranlassen, sich an das geltende Recht zu halten. Bis das geregelt ist, wollen wir uns Mühe geben, Don Esteban trotz aller Fragen, die wir mit ihm auszukämpfen haben, als einen Filipino zu betrachten, von dem wir hoffen, daß er unser Verbündeter bei der Verteidigung unseres Heimatlandes sein wird. Erst wenn sich herausstellt, daß er uns im Stich läßt und zum Gegner überläuft, werden wir neu entscheiden. Ich weiß, wie weh Peitschenschläge tun, trotzdem bitte ich euch in dieser Stunde, an morgen zu denken.«

Er wunderte sich selbst, daß sich kein Widerspruch erhob. Der Karrenfahrer trat zu ihm und schüttelte ihm die Hand. »Ich habe dich verstanden, Genosse Evangelista. Nur, sage mir, ist es wirklich so ernst um unser Land bestellt?«

»Ernster, als du glaubst«, erwiderte Evangelista. »Wir werden alles einsetzen müssen, restlos alles, um uns der Japaner zu erwehren!«

Nachdem sich die Leute zerstreut hatten, berief Evangelista eine Zusammenkunft aller Kommunisten im Ort ein. Er verlangte Aufschluß darüber, was getan worden war, um die Weisung des Zentralkomitees zu realisieren, nach der sich die Kommunisten in den ländlichen Bezirken in aller Stille auf den bewaffneten Kampf gegen den japanischen Aggressor vorbereiten sollten.

Um diese Zeit saß Francisco Ramos bereits auf der Veranda der Hazienda »Felicitas«, etwa ein Dutzend Kilometer östlich von San Fernando. Er war mit einer Carretela hierher gefahren, einer Kutsche, die Andrew Conway geschickt hatte. Die Hazienda war nicht sehr groß. Don Ricardo Torrena hatte diesen Teil seines über tausend Hektar großen Besitzes seiner Tochter überlassen, als sie heiratete; etwas unwillig zwar, weil sie diesen Amerikaner nahm, aber die Tochter setzte damals ihren Willen durch, und man konnte sich nicht gut die Blöße geben, der eigenen Tochter eine entsprechende Mitgift zu verweigern. Also überschrieb Don Ricardo ihr die Ananasplantagen mit dem kleinen Wohngebäude und ließ die Dinge ihren Lauf nehmen. Er sah seine Tochter seitdem nur noch selten, obwohl er nicht mit ihr und dem Schwiegersohn verfeindet war; er wollte nur eine Distanz schaffen, die ihm half, das Gesicht zu wahren.

Conway und seine junge Frau hatten bald nach ihrer Heirat auf ihrem Besitz einiges verändert. Felicitas war zwar die Tochter eines der reichsten Männer der Provinz, trotzdem hatte sie, was das Verhältnis zu Pächtern und Landarbeitern betraf, seit der Kinderzeit ihre eigenen Auffassungen. Sie war der Ansicht, es sei Aufgabe der Landbesitzer, das Los der Arbeitenden zu verbessern. Aus diesem Grunde hatte sich auch ihre Freundschaft zu Andrew Conway entwickelt, man verstand einander, wenngleich Felicitas keinerlei Neigung verspürte, sich kommunistischen Ideen zu verschreiben. Sie war eines jener Kinder von Begüterten, denen der Besitz der Eltern mit dem Erwachen des eigenen Verstandes und des selbständigen Nachdenkens über soziale Probleme zu einer Bürde geworden war, und sie sah sich verpflichtet, die kleine Welt der Hazienda zu verändern. Conway respektierte diese Haltung. Er war es gewesen, der zuerst das Vertrauen der Pächter und Landarbeiter erwarb, und später hatte er immer wieder die entscheidenden Denkanstöße für die schrittweise Verwandlung des Besitztums in eine Arbeitsstelle gegeben, die den Lohnempfängern Rechte zugestand, wie sie sonst im Lande kaum realisiert waren.

Auf der »Felicitas« war die Arbeitszeit geregelt, Kinderarbeit wurde nicht zugelassen. Frauen erhielten annähernd die gleiche Bezahlung wie Männer, und wer arbeitsunfähig wurde, dem stand es frei, in seiner Behausung wohnen zu bleiben. Der Zins für die Pächter wurde genau nach dem Gesetz festgelegt, das sonst nirgendwo von den Grundbesitzern respektiert wurde. Das Eigentum des Pächters durfte nicht angetastet werden, auch wenn er um die Zeit der Saat gezwungen war, Schulden zu machen. Für Gemeinschaftsarbeiten, zu denen auch Pächter gerufen wurden, zahlte die »Felicitas« Lohn in bar. Man benutzte hier nicht den Trick, die Lohnabhängigen durch eigene Läden, in denen sie Lebensmittel erwerben konnten, zusätzlich zu schröpfen. Im übrigen waren Pächter und Landarbeiter der »Felicitas« fast ausnahmslos im Bauernbund organisiert und wegen dieser politischen Tätigkeit keinerlei Benachteiligung ausgesetzt. Im Gegenteil, Conway und seine Frau pflegten zu den Funktionären des Verbandes ein gutes Verhältnis; nicht selten berieten sie mit ihnen über gemeinsame Maßnahmen, die einerseits die Erträge steigern, andererseits aber nicht zu erhöhter Ausbeutung führen sollten. Wenngleich dies nichts mit der alten Forderung der Kommunisten zu tun hatte, das Land der Hazienderos unter die Bauern aufzuteilen, so unterschied sich doch die Lage der Arbeitenden auf dieser Hazienda auffällig von dem System, das anderswo üblich war.

Auch als Ramos den Freund jetzt ein wenig herausfordernd fragte, ob das Leben auf der »Felicitas« eigentlich die Erfüllung dessen sei, was Conway sich als Kommunist erträumt hätte, schüttelte dieser nur gelassen den Kopf und sagte: »Keineswegs. Aber man kann nicht alles, was in diesem Lande getan werden muß, beim ersten Anlauf erledigen. Man muß Schritt für Schritt vorgehen. Noch sind wir die Besitzer und beuten Leute aus. Aber ich sehe durchaus die Chance, im Laufe der Entwicklung einmal mit der ›Felicitas‹ ein Beispiel für das ganze Land zu geben, indem wir den Besitz eines Tages in eine Art Genossenschaft umwandeln, in Gemeinbesitz, an dem meine Frau und ich ebenso Anteil haben wie jeder andere, der hier arbeitet.«

Träume, dachte Ramos. Das Experiment hatte ihn von Anfang an interessiert. Er zweifelte zwar nicht daran, daß hier ein Beispiel geschaffen worden war, nur ob sich auf diese Weise das soziale Problem des gesamten Landes lösen ließ?

»Sicher nicht«, meinte Conway. »Man wird kämpfen müssen. Aber es gibt eine zweite Seite dieser Auseinandersetzung. Bei dem krassen Gefälle der sozialen Verhältnisse hierzulande muß man die Besitzenden unbedingt daran erinnern, daß sie vor ihren Landsleuten eine moralische Verpflichtung haben. Man muß um Einsicht werben, Wege zeigen, die möglich sind, nenne es meinetwegen Reformen. Man darf vorerst nicht darauf verzichten. Für den Kampf der Bauern brauchen wir anschauliche

Beispiele, daß es anders geht. Auch das spornt sie zur politischen Aktion an. Übersieh nicht, wir haben bei unzähligen Landsleuten eine Lethargie, die nur schwer zu überwinden ist. Es gibt sicher viele Methoden, sie aufzurütteln, meine ist nur eine. Vielleicht nicht die wichtigste, aber immerhin eine!«

Ramos zuckte die Schultern. Ernstzunehmende Überlegungen. Nun gut, man würde sehen, wie es weiterging. Er fragte, das Thema wechselnd: »Wie gedeihen die Schweine?«

»Sie wachsen und werden fett!« Conway lachte. Er war ein großer, kräftiger Mann mit dichtem Haar. Seine Hände wirkten ungeschlacht. Gar nicht wie die Hände eines Intellektuellen, dachte Ramos. Aber er ist ja eigentlich jetzt auch mehr Bauer, Grundbesitzer, besser gesagt; mit der Idee, Besitzende durch sein Beispiel davon zu überzeugen, daß dieses Land Reformen braucht!

»Wir haben hervorragende Tiere gezüchtet«, erzählte Conway. Er sprach mit Stolz davon. Tierzucht war früher auf der Hazienda unbekannt gewesen. Außer Büffeln und Eseln, die man als Zugtiere verwendete, gab es nur Hühner. Die Schweinezucht gehörte ebenfalls zu den Neuerungen, die Conway und seine Frau eingeführt hatten. Sie waren dabei von der Überlegung ausgegangen, daß die Monokultur Ananas die Hazienda sehr krisenanfällig machte. Dabei eignete sich das Land zum Anbau von Gemüse, sogar von Reis, vor allem aber konnte man Futterpflanzen ziehen und diese zur Tierzucht nutzen. Das bot außerdem die Möglichkeit, Pächter und Landarbeiter mit relativ billig erzeugter Nahrung zu versorgen. Einen Teil der Tiere zogen sie heute bereits selbst und für den eigenen Bedarf auf. Seitdem hatte sich die Lebenslage der Leute entscheidend gebessert.

»Ich sehe es schon«, sagte Ramos schmunzelnd, »du wirst eines Tages in die Geschichte der Philippinen als Reformator eingehen!«

Trotzdem war er erstaunt, mit welcher Energie Conway und seine Frau in den letzten Jahren die Hazienda verändert hatten. Gewiß, das Land war fruchtbar. Von Manila bis zum Lingayen-Golf erstreckte sich die sattgrüne Zentralebene von Luzon, die größte Ebene der Philippinen überhaupt. Pampanga lag hier, ein Teil des südlichen Tarlac ebenfalls, die reichsten landwirtschaftlichen Gebiete Luzons. Doch hatten die Hazienderos mit ihrem auf den amerikanischen Exportmarkt gerichteten Anbau bisher nur einen geringen Teil der Möglichkeiten genutzt. Conway mochte recht haben, wenn er von einem Beispiel sprach. Hier wurde bewiesen, daß das Land nicht allein das Bankkonto eines Hazienderos füllen, sondern auch die auf dem Land lebende und arbeitende Bevölkerung ausreichend ernähren konnte. Ja, Andrew Conway und seine Frau wußten schon, was sie wollten! Als was sollte man die beiden betrachten? Hazienderos mit menschlichen Regungen? Oder Leute, die auf ihre Art die Zukunft vorbereiteten? Lachend meinte Francisco: »Andy, wenn man es genau nimmt, ziehst du dir gutgenährte und gutgekleidete Expropriateure selbst heran!«

Aber Conway schien das gar nicht zu beunruhigen. Er erwiderte: »Wir machen noch viel mehr, wir haben sogar eine Schule für die Pächterkinder eingerichtet. Also auch gebildete Expropriateure, Paco!«

Die junge Frau kam aus dem Haus, mit einem Tablett, auf dem Gläser mit Eiswasser standen, das mit Vanille aromatisiert war. Ein erfrischendes Getränk, wie Ramos sogleich feststellte. Felicitas Conway war schmal und zierlich, sie hatte die Statur der meisten Filipinofrauen, zu der sich die Sanftheit des Gesichtsausdruckes gesellte, die Ruhe und Selbstsicherheit eines Menschen, der nicht nur Pläne macht, sondern auch in der Lage ist, sie in die Tat umzusetzen.

»Ihr Männer sitzt auf der Veranda und redet, aber keiner von euch sagt mir, ob er Hunger hat! Was möchtest du essen, Francisco?«

Ramos willigte schließlich ein, gebratenes Schweinefleisch und frisches Gemüse zu nehmen, nachdem er lange versichert hatte, er verspüre absolut keinen Hunger. Er war unruhig, und in dieser Stimmung brachte er meist keinen Bissen herunter.

»Ach, Felicitas, eigentlich bin ich nur gekommen, weil ich mit Andy über eine hochwichtige Sache zu verhandeln habe. Und ich müßte danach sogleich wieder nach San Fernando zurück.«

»Habt ihr schon verhandelt?«

»Noch nicht. Wir sprachen über Schweinezucht.«

»Soll ich euch allein lassen?«

Conway ergriff ihre Hand und zog Felicitas in einen Rohrsessel. Es war dunkel geworden. Die Zikaden zirpten. An der Decke der Veranda war ein Gecko auf Insektenjagd. In einiger Entfernung brannten die Kochfeuer der Landarbeiter. Der Abend war mild, es gab keinen Wind, nicht einmal den geringsten Luftzug.

»Warum sollten wir vor dir Geheimnisse haben«, sagte Ramos. »Es wird sich in Zukunft ohnehin nicht vermeiden lassen, daß Andy das tut, was er tun muß, und daß du davon Kenntnis hast. Wir gehen schlimmen Zeiten entgegen, Felicitas.«

»Du sprichst, als würden wir morgen schon Krieg haben«, tadelte sie ihn. Er zuckte die Schultern. »Wir können ihn morgen haben, vielleicht übermorgen. Oder im neuen Jahr. Er ist unvermeidlich geworden, die Japaner kündigen ihn ganz offen an, ihre Helfer in Manila sind in Alarmstimmung.«

»Die Amerikaner werden keinen Japaner an Land lassen«, begann Felicitas, aber dann stockte sie, als glaube sie selbst nicht so recht an das, was sie da sagen wollte. Sie sah nur Ramos an. Der seufzte.

»Einer der Gründe, weshalb ich morgen früh wieder nach Manila zurück muß, ist der, daß wir die Amerikaner drängen wollen, die gesamte Bevölkerung an der Landesverteidigung zu beteiligen.«

»Du glaubst, sie tun das wirklich?« fragte Conway.

»MacArthur stellt sich taub. Das Zentralkomitee wird sich an die Öffentlichkeit wenden.«

»Ob das hilft?«

Ramos zuckte die Schultern. »Nun gut, wir können MacArthurs geheime Absichten nicht enträtseln. Deshalb werden wir selbst aktiv werden. Du kennst die Weisung der Partei, den Widerstand vorzubereiten, Andy?«

»Wir haben hier schon einiges dafür getan.«

Felicitas erhob sich. Sie hätte gern weiter zugehört, aber sie begriff, daß die Männer jetzt über Dinge reden würden, bei denen sie lieber keinen Zuhörer haben wollten. Mit der halblauten Bemerkung, sie wolle sich um das Essen kümmern, ging sie ins Haus. Ramos erkundigte sich, ob sie eingeweiht sei. Conway nickte. »Sie weiß alles, und sie ist damit einverstanden.«

»Also«, begann Ramos, »dann wollen wir besprechen, was zu besprechen ist. Wie viele Männer kannst du mobilisieren?«

Conway überlegte nicht lange. »Ich habe die Sache mit Funktionären der Bauernunion besprochen. Wir haben uns schnell geeinigt. Vorerst gibt es bei uns zwölf Männer, die schießen können und auch treffen.«

»Mit einem Gewehr?«

»Mit meinem Jagdgewehr.«

»Zwölf Männer sind nicht viel.« Ramos sah Conway nachdenklich an.

Der wiegte den Kopf. »Je nachdem, wie man es betrachtet, Francisco. Im Augenblick bringen sie weiteren zwölf Männern das Schießen bei.«

»Und das alles mit deiner Flinte?«

»Ich habe nur die eine.« Conway überlegte einen Augenblick, dann fragte er Ramos lächelnd: »Übrigens — erinnerst du dich, wie wir in Spanien die ersten richtigen Infanteriegewehre bekamen und damit ein paar Probeschüsse abgaben? Zuvor hatte ich auch nur mit dem Jagdgewehr meines Vaters geschossen. Trotzdem war ich kein schlechter Schütze, oder?«

Ramos schmunzelte. »Du hast mich überzeugt. Natürlich, man muß einen Anfang machen. Sind die Männer verläßlich?«

»Sie sind entschlossen, es mit den Japanern aufzunehmen.«

»Das ist entscheidend«, meinte Ramos. »Wir werden es schwer haben. Bauern brauchen eine lange Zeit, ehe sie sich an die Disziplin gewöhnen, die für Soldaten unerläßlich ist. Gibt es in dieser Gegend noch andere Gruppen?«

Conway zuckte die Schultern. »Ich habe gehört, daß in ein paar Siedlungen ebenfalls Selbstschutzeinheiten trainieren. Die Bauernunion hat das organisiert. Aber einen Überblick habe ich nicht.«

»Nun gut, den werden wir bald haben. Ich bin mit Crisanto Evangelista unterwegs, um zu sehen, wie weit alles vorbereitet ist. An dich habe ich noch eine andere Bitte.«

Er kam nicht dazu, sie auszusprechen, weil Felicitas auf der Veranda erschien. Sie rief: »Das Essen ist fertig! Laßt euch wenigstens eine halbe Stunde ablenken!«

Während er das herzhaft gewürzte Schweinefleisch und das zarte Gemüse aß, überlegte Ramos, ob es möglich sein würde, Andrew Conway mit der militärischen Führung einer der sich formierenden Einheiten zu betrauen. Gewiß, Conway war nicht nur ein verläßlicher Kommunist, er hatte zudem in Spanien, als Freiwilliger im Lincolnbataillon, Erfahrungen sammeln können und war selbst ein vorbildlicher Soldat gewesen. Aber inzwischen besaß er eine Hazienda, gehörte also in den Augen vieler Pächter und Bauern zu denen, die man mit recht als Ausbeuter bezeichnete. Seine Vergangenheit kannten nur wenige. Würden die anderen ihn akzeptieren? Schwierige Frage. Ramos entschloß sich, mit Conway ganz offen darüber zu reden.

»Ich beantrage jetzt schon einen ausgiebigen Verdauungsspaziergang«, erklärte er, das Essen lobend. Felicitas plauderte noch eine Weile mit den Männern, man trank ein Glas philippinischen Whisky, dann machten sich die beiden zu ihrem Rundgang auf. Ramos nahm die Gelegenheit wahr, mit Conway über seine Bedenken zu sprechen, und er war erstaunt, als dieser ihm sogleich zustimmte. Ja, es sei problematisch, ihn mit der Führung einer Einheit zu betrauen, nicht nur wegen seiner Stellung als Haziendero, sondern auch — und das hörte Ramos mit Überraschung — weil er Amerikaner sei.

»Paco«, sagte Conway ruhig, während sie an den Viehställen vorbeigingen und auf die Vorratsspeicher zuschlenderten, »machen wir uns nichts vor: Für sehr viele Leute bin ich einer aus dem Land, das hier seit Jahrzehnten kolonialistische Ausbeutung betreibt und den Philippinen die Unabhängigkeit verweigert. Wenn ich mit den einheimischen Bauern zusammen kämpfe, so ist das eine Sache, wenn ich aber von Beginn an ihr Führer sein soll, so ist das etwas ganz anderes. Ich schlage euch vor, mich als einfachen Schützen in eine der Einheiten aufzunehmen und alles übrige der Zeit zu überlassen.«

Ramos konnte ihm keine verbindliche Antwort geben. Darüber mußte die Partei beraten. Immerhin kannte man die Ansicht Conways, das war gut so. Deshalb sprach Ramos nicht weiter darüber, sondern sagte nach einer Weile: »Andy, ich habe aus Manila einen Auftrag für dich. Kannst du die Hazienda für ein paar Tage verlassen?«

»Jederzeit. Was soll ich tun?«

»Du kennst Pampanga einigermaßen?«

»Ich habe jede Gelegenheit wahrgenommen, es mir genau anzusehen. Warum fragst du?«

»Weil wir Stützpunkte brauchen werden, wenn es losgeht. Lager an Orten, die von den Japanern nicht so leicht zu finden sind.«

Conway blieb stehen. Sie waren an einem Gebäudetrakt angelangt, der zur Aufbewahrung der Ernte diente, bis sie verkauft war. Aus dem Dunkel löste sich eine Gestalt. Ein Mann, der einen Strohhut trug; in der Hand hatte er einen Stock.

»Emilio?« fragte Conway. Der Mann grüßte. Er warf einen Blick auf Conways Gast und sagte dann halblaut: »Alles in Ordnung. Eine ruhige Nacht.«

»Du läßt dein Anwesen bewachen?« erkundigte sich Ramos.

Conway zog Zigaretten aus der Tasche und reichte Emilio die Packung, dann auch Ramos. Als sie alle drei rauchten, sagte der Amerikaner: »Es ist notwendig, Paco. Meinen Nachbarn gefällt nicht, was ich mache. Ihnen wäre es lieber, wenn meine Speicher abbrennen würden. Auf der Nachbarhazienda hat sich der Besitzer eine Truppe von zwei Dutzend Schlägern gemietet. Ihnen ist alles zuzutrauen.«

»Hat es schon einen solchen Versuch gegeben?«

»Vor ein paar Wochen«, antwortete Emilio. »Wir konnten den Brand löschen. Einen der Kerle haben wir erwischt.«

»Hat man ihn bestraft?«

Emilio lachte. »Wir haben ihn nach San Fernando gebracht. Der Richter fand die Beweise seiner Täterschaft für nicht ausreichend. Er hat ihn freigesprochen. Heute ist er wieder auf der Hazienda!«

Begebenheiten dieser Art häuften sich, wie Ramos wußte. Obwohl die Volksfront in Pampanga bei den Gemeindewahlen des Vorjahres als Sieger hervorgegangen war und acht Bürgermeister stellte, befanden sich die staatlichen Organe, vor allem die Justiz, fast ausnahmslos in den Händen solcher Leute, die von den Grundbesitzern bezahlt wurden.

Sie verabschiedeten sich von Emilio, der wieder in der Dunkelheit untertauchte, und gingen weiter. Conway erkundigte sich: »Wie meintest du das vorhin mit den Stützpunkten? Soll ich Ausschau halten?«

»Das ist der Auftrag der Genossen in Manila«, erwiderte Ramos. »Man hat damit gerechnet, daß du die Gegend kennst und auch eine Carretela zur Verfügung hast, denn zu Fuß wäre es ein zeitraubendes Unterfangen.«

»Ich habe sogar ein Motorrad. Gib mir ein paar Anhaltspunkte, was diese Verstecke betrifft, und ich erledige das.«

Ramos erläuterte, es solle sich um schwer zugängliche Orte handeln, die man notfalls auch gegen einen Angreifer verteidigen konnte. Am besten aber würde es sein, sie lägen in unbesiedelten Gegenden. Trotzdem müßten sie so ausgewählt werden, daß man von ihnen aus jederzeit Kontakt zur Landbevölkerung aufnehmen könnte.

Nicht gerade eine einfache Aufgabe, solche Stellen zu finden. Aber Conway überlegte nur kurz, dann erklärte er: »Wenn ich ich dich recht verstanden habe, dann müßte die geeignetste Gegend der Arayat sein. Kennst du dich dort aus?«

Ramos kannte diesen dicht bewaldeten Berg, der sich mehr als achthundert Meter aus der Ebene von Zentralluzon erhob. Eine unübersichtliche Gegend, ja da hatte Conway recht.

»Außerdem ist in der Stadt Arayat unser Genosse Alejandrino Bürgermeister, auch das sollte von Vorteil sein!«

Es stimmte. Das Mitglied des Zentralkomitees der Kommunistischen Partei Casto Alejandrino hatte die Wahl in Arayat gewonnen. Eine Weile hatten die Grundbesitzer seine Einsetzung hintertreiben wollen. Aber die Bevölkerung gab zu verstehen, daß es zu Unruhen käme, wenn Alejandrino nicht in sein Amt eingesetzt würde, und so hatten sie sich gebeugt.

»Der Arayat«, meinte Ramos nachdenklich. »Das ist eine Überlegung wert. Mir gefällt der Gedanke.«

»Soll ich ihn genau erkunden?« wollte Conway wissen.

»Wie lange brauchst du dafür?«

»Ich setze mich morgen bei Tagesanbruch auf mein Motorad und fahre los. Zwei Tage an Ort und Stelle, und ich kann dir eine Kartenskizze mit den besten Verstecken vorlegen, dazu Wege und Pfade, die benutzbar sind.«

Sie vereinbarten, Conway solle nach der Erkundung des Gebietes nach Manila kommen, wo Weiteres zu verabreden war. Dann gingen sie zurück zum Wohngebäude. Eine Stunde saßen sie noch zusammen mit Felicitas auf der Veranda, tranken San-Miguel-Bier und rauchten. Es war, als hätten sich eben alte Freunde getroffen, um in Ruhe miteinander zu plaudern. Aber immer wieder kam jedem von ihnen der Gedanke, wie lange es noch möglich sein würde, so friedlich beisammenzusitzen.

Am frühen Morgen, nach kurzem Schlaf, brach Ramos auf. Felicitas war ebenfalls schon wach. Sie ließ es sich nicht nehmen, ihrem Gast Spiegeleier zu braten. Lachend behauptete sie: »Du hast einen langen Weg vor dir, und wer weiß, ob sie dir in San Fernando etwas zu essen geben, von Manila schon gar nicht zu reden, du Junggeselle! Übrigens, wann wirst du heiraten?«

»Vertagen wir die Antwort noch ein wenig«, bat Ramos. Es war nicht zum erstenmal, daß er erwog, mit Maria einfach zum Standesamt zu gehen. Aber wäre es klug, angesichts dessen, was auf das Land zukam, auf die Partei, auf jeden Genossen, eine Familie zu gründen? Ramos war unschlüssig, und Felicitas, die den Grund ahnte, sagte nur: »Sieh uns an, wir werden alles, was kommt, gemeinsam meistern. Sollte das bei euch nicht auch möglich sein?«

»Ich will es mir überlegen«, versprach er. Dann ließ er die Pferde antraben.

Wenig später schob Conway seine Harley-Davidson aus dem Schuppen, eine fast neue, starke Maschine. Er nahm nur eine Tasche mit den notwendigsten Reiseutensilien mit, dazu ein Päckchen Keks und eine Flasche Wasser. Etwas zu essen bekam man in jedem Barrio, wenn man es bezahlen konnte.

Während er aus dem Fahrweg von der Hazienda auf die Landstraße bog, die nach Norden verlief, dachte er über seine Frau nach. In der kurzen Zeit, die sie zusammen verbracht hatten, war Felicitas mehr geworden als nur eine Lebensgefährtin. Conway war in Sorge. Felicitas würde in etwa einem halben Jahr ein Kind zur Welt bringen. Vermutlich war dann Krieg auf den Philippinen. Wäre es nicht besser, Felicitas mit einem der nächsten Schiffe in die Vereinigten Staaten zu schicken? Die Eltern würden sie mit Freuden aufnehmen. Krieg zu führen war Männersache. Oder?

Conway erinnerte sich an die Frauen, die in Spanien gekämpft hatten. Natürlich war der Krieg nicht Sache der Männer allein! Hier würde es zu einem Kampf auf Leben und Tod gegen einen fremden Eroberer kommen, und Felicitas war eine Filipinofrau! Aber was sollte aus dem Kind werden? Man würde vielleicht in die Wälder gehen müssen, in die Berge. Konnte eine Frau unter diesen Umständen ein Kind aufziehen? Je mehr Conway darüber nachdachte, desto unschlüssiger wurde er.

Was soll's, sagte er sich schließlich, wir werden sehen, wie wir mit alledem fertig werden. Niemand wird uns die eigene Entscheidung abnehmen. Vorerst einmal habe ich den Auftrag, den Arayat zu erkunden.

Der Angriff

Maria Flores kam gerade aus der Setzerei zurück, wo sie sich um den Umbruch eines bebilderten Artikels über die Botschaft einer Wahrsagerin gekümmert hatte. Angeblich hatte der schwarze Christus in der Quiapo-Kirche von Manila der Alten anvertraut, in den kommenden Monaten würden sich schreckliche Dinge zutragen. Es war das übliche feuilletonistische Geschwätz. Man druckte ein Bild der schwarzen Christusfigur und eines der Hellseherin und meditierte über die Voraussage. Die Leute lasen so etwas gern. Ob sie es glaubten oder nicht, interessierte in der Redaktion längst niemanden mehr, man hatte die Spalten zu füllen.

Maria ging durch den großen Raum, in dem die Fernschreiber tickten. Am Ausgang war einer der neuen amerikanischen Automaten aufgestellt worden, aus denen man einen Becher heißen Kaffee ziehen konnte. Gerade als Maria einen Plastebecher unter den Hahn schob, lief die Telefonistin herbei, aufgeregt jemanden suchend, dem sie sich anvertrauen konnte. Als sie Maria sah, stieß sie hervor: »Ich habe es eben selbst gehört, über Radio Honolulu: ›Luftangriff auf Pearl Harbor!‹ Und sie haben hinzugefügt: ›Dies ist keine Übung!‹ Immer wieder! Um aller Heiligen willen, es ist geschehen, Maria!«

Sie nahm der Redakteurin den Kaffeebecher aus der Hand, verwirrt wie sie war, entschuldigte sich, trank ihn aus, drückte den leeren Becher wieder in Marias Hand und lief weiter.

Maria verzichtete darauf, einen zweiten Kaffee einlaufen zu lassen. Sie ging zum Fernschreiber von Reuter und besah sich die Meldungen auf dem Papierband. Nichts. Dann trat sie an das Gerät von AP. Auch hier nichts. Vielleicht ist es ein Irrtum, dachte sie und kehrte in die Redaktion zurück. Aber hier war bereits alles in Aufregung; die Telefonistin hatte ihre Nachricht verbreitet. Der Chefredakteur hatte sofort ein Gespräch über das Seekabel nach Honolulu angemeldet, dringend mit Vorrang. Jetzt standen die Redakteure um die Telefonistin herum, die den Hörer mit zitternder Hand ans Ohr preßte. Wenig später bekam sie die Verbindung. Aber nicht das Reuterbüro in Honolulu meldete sich, sondern die Postvermittlung. Eine quäkende Frauenstimme schrie aufgeregt: »Keine Verbindung möglich! Luftangriff! Bomben! Die Japaner! Ende!«

Die Telefonistin wiederholte es und begann zu weinen.

Der Chefredakteur befahl knapp: »Umbruch der ersten Seite stoppen!« Einer der Redakteure lief los, um die Anweisung zu übermitteln. Dann ordnete der Chefredakteur an, in einer halben Stunde sollten alle Mitarbeiter zu einer Konferenz kommen. Bis dahin wollte er nochmals versuchen, Honolulu zu erreichen und nähere Einzelheiten zu erfahren. »Wir werfen die erste Seite 'raus«, entschied er und verschwand in sein Büro.

Maria eilte zum nächsten Stadttelefon und rief in der Buchhandlung an. Die Verkäuferin teilte ihr mit, Francisco sei zwar zu Hause, aber er wäre erst gegen Morgen aus der Provinz zurückgekommen und schliefe noch.

»Wecken Sie ihn!« drängte Maria. »Ich muß ihn sprechen!«

Wenig später berichtete sie ihm, was sich ereignet hatte. Sie verabredeten sich für den Abend. Dann ging Maria Flores wieder in die Setzerei und ließ den Artikel über die Wahrsagerin aus der Seite nehmen. Die nächsten Minuten bis zur Redaktionskonferenz verbrachte sie damit, den Beitrag zu aktualisieren. Sie ließ eine neue Überschrift setzen: Der schwarze Christus in der Quiapo-Kirche sagte es voraus: Krieg mit Japan!

Während in der »Manila Times« die Redakteure ihre Beratung abhielten, flitzte ein Militärfahrzeug den Deweyboulevard entlang. Es hielt an der Residenz des Generalleutnants MacArthur. Dem kleinen, mit Tarnfarbe gespritzten Wagen entstieg General Brereton, Befehlshaber der amerikanischen Luftstreitkräfte auf den Philippinen. Der gutaussehende, noch nicht sehr alte Offizier eilte mit weiten Schritten die Stufen des Gebäudes hinauf und stand Sekunden später MacArthur gegenüber, der ihm bekümmert die Hand schüttelte. Beide wußten seit einer halben Stunde, daß die Japaner heute morgen, am 7. Dezember 1941 um 7.55 Uhr Honolulu-Zeit, Pearl Harbor angegriffen hatten. Offenbar wurden von den Japanern überlegene Trägerluftflotten eingesetzt, denn nach den letzten Meldungen lief der Angriff immer noch. Es waren auch bereits erhebliche Schäden an den im Hafen liegenden amerikanischen Schiffen gemeldet worden.

»General«, forderte Brereton erregt, »ich erbitte von Ihnen die Erlaubnis für einen sofortigen Schlag gegen Takeo! Darf ich meine Maschinen starten lassen?«

»Setzen Sie sich, Brereton«, forderte MacArthur ihn auf. Er selbst ließ sich ebenfalls in einen der großen Ledersessel fallen, die im Besuchsraum standen. Nach einer Weile, während Brereton nervös mit den Fingerspitzen auf die Sessellehne trommelte, sagte MacArthur gelassen: »Beruhigen Sie sich. Wir müssen einen klaren Kopf behalten. Kein Angriff.«

»Aber«, begehrte Brereton auf, »wir müssen etwas tun. Die Meldungen unserer Aufklärung haben Ihnen vorgelegen! Danach steht im Hafen von Takeo auf Taiwan eine Invasionsflotte der Japaner bereit. Die Matrosen erzählen ihren Mädchen ganz offen, daß sie demnächst auslaufen werden, um die Philippinen zu besetzen! Wir könnten sie mit mehr als zweihundert Maschinen angreifen und mit einem Schlag vernichten! Ich bitte um den Befehl, Sir, dringend!«

Die Philippinen verfügten jetzt, nachdem in den letzten Wochen Verstärkungen eingetroffen waren, über insgesamt 500 kampffähige Flugzeuge. In Cavite war in aller Eile ein Flughafen für Wasserflugzeuge errichtet worden, und zuletzt hatten Minenleger die Bucht von Manila und die Subicbucht mit einer dünnen Sperre versehen. MacArthur, vor kurzem zum Generalleutnant befördert, war soeben zum Oberbefehlshaber einer Gruppierung von Kräften ernannt worden, über deren Stärke und Wert es höchst unterschiedliche Meinungen gab. Unlängst hatte eine Konferenz stattgefunden, auf der der Kommandeur der US Armed Forces Far East (USAFFE) mit englischen, holländischen und chinesischen Militärs über die Kooperation im Falle eines Angriffs beriet. Auch hier vermied man, das Kaiserreich Japan als potentiellen Angreifer beim Namen zu nennen.

Mit dem Überfall auf Pearl Harbor waren die Feindseligkeiten eröffnet. Wann würde der Schlag gegen die Philippinen folgen? General Brereton bat vergebens um die Erlaubnis, mit seinen Maschinen gegen Takeo fliegen zu dürfen. MacArthur erklärte ihm kategorisch: »Wir haben von Washington strikten Befehl, nichts dergleichen zu unternehmen, also unternehmen wir nichts.«

Brereton mußte sich damit zufriedengeben. Er fuhr unverrichteterdinge zurück. Er ahnte noch nicht, daß genau neun Stunden nach dieser Unterredung die ersten japanischen Trägerflugzeuge über den

Luftstützpunkten von Clark Field und Nichols Field auftauchen würden. Während in der Hauptstadt strenge Verdunkelungsmaßnahmen verkündet wurden, legten die japanischen Bomber die beiden nördlich und südlich von Manila befindlichen Luftstützpunkte in Schutt und Asche. Der größte Teil der Flugzeuge Breretons wurde dabei zerstört, noch bevor sie zum ersten Kampfeinsatz hatten aufsteigen können.

Andrew Conway fuhr mit seiner Harley-Davidson durch Manila, das ihm sonderbar verstört vorkam. Erst als er bei Francisco Ramos ankam, erfuhr er, was sich ereignet hatte. Er legte dem Genossen eine Kartenskizze auf den Tisch.

»Ich habe auf dem Mount Arayat eine Stelle entdeckt, die die besten Voraussetzungen für eine feste Basis bietet«, erklärte er.

Ramos steckte die Skizze ein. Er war mit Maria im Café verabredet und nahm Conway mit. Die drei hatten nur wenig Zeit, denn das Zentralkomitee hatte für den Abend noch eine Sitzung einberufen. Ramos sollte mit einigen anderen Genossen, die ebenfalls nicht Mitglieder des Zentralkomitees waren, teilnehmen, weil sie Sonderaufträge erhalten hatten. Also tranken sie nur schnell einen Kaffee, dann begab sich Ramos auf den Weg. Maria blieb noch eine Weile mit Conway in dem Restaurant sitzen. Der Amerikaner ließ sich berichten, was sie über die Weltlage wußte. »Es ist also doch so gekommen, wie es die Partei vorausgesagt hat«, meinte Conway schließlich. »Was werden Sie tun?«

»Ich werde mich nützlich machen. Irgendwo. Man wird jeden brauchen können, denke ich.«

Er nickte und dachte an Felicitas. Ob sie die Nachricht schon kannte? Sie hatten ein Radio auf der Hazienda. Seine Frau würde unruhig sein, weil er nicht bei ihr war.

»Ich werde nach Hause fahren«, entschloß er sich. Da gingen die Lämpchen aus, die in den Nischen des Lokals den ganzen Tag brannten. Im selben Augenblick war das Grollen von Detonationen zu hören, aus südlicher Richtung, dort, wo Nichols Field lag.

»Der Krieg«, sagte Conway versonnen, während er der verängstigten Kellnerin Geld in die Hand drückte. Draußen preschten amerikanische Armeefahrzeuge vorbei, Lastwagen mit aufgesessenen Soldaten. Die wenigen Gäste brachen eilig auf. Über Nichols Field stand schwarzer Qualm. Er wurde von unten rötlich angeleuchtet. Der Luftstützpunkt brannte.

»Ich hoffe, wir sehen uns irgendwann und irgendwo wieder«, verabschiedete sich Conway.

Maria nickte abwesend. Seit Monaten hatte sie der Gedanke an den bevorstehenden Krieg bewegt, aber jetzt, als er Realität wurde, war sie trotzdem ratlos. Sie sah sah zu, wie Conway auf seine Maschine stieg und davonfuhr. Dann entschloß sie sich, in Franciscos Wohnung zu gehen und dort auf ihn zu warten.

Der Schock, den der japanische Angriff auf Hawaii unter der philippinischen Bevölkerung auslöste, führte dazu, daß viele Leute auf Maßnahmen drängten, die Philippinen zu schützen. Die so oft von den Herrschenden als »Vertreter ausländischer Interessen« geschmähte Arbeiterbewegung gab zuerst das Signal zum Handeln. Noch am Abend des 8. Dezember 1941 — jenseits der internationalen Datumslinie, in Hawaii, schrieb man Sonntag, den 7. Dezember — gab der kommunistische Bürgermeister von Arayat ein Beispiel, das die Bürger von Manila in den Zeitungen lesen konnten. Casto Alejandrino bot der amerikanischen Armee und den philippinischen Truppen Hilfe beim Bau von Verteidigungsstellungen zwischen Concepcion und Candaba an. Binnen 24 Stunden würden 5000 Arbeiter, Landarbeiter und Bauern zum Einsatz bereitstehen.

Einen Tag später veröffentlichte das Zentralkomitee in der Zeitung der Kommunistischen Partei ein Manifest. Es war ein ernsthaftes Angebot an die Regierenden und wurde auch in anderen Blättern abgedruckt. Selbst die »Manila Times« brachte es in Auszügen. Man konnte nicht verschweigen, was die Kommunistische Partei angesichts der unmittelbaren Bedrohung durch Japan vorschlug:

1. Nationale Einmütigkeit für eine antijapanische Einheitsfront
2. Alle Bürger aus allen Schichten der Bevölkerung müssen sich organisieren, wenn nötig konspirativ, um der philippinischen Verwaltung sowie den Amerikanern beim Widerstand gegen Japan beizustehen.
3. Alle Bürger müssen die Verteidigungsanstrengungen unterstützen, wenn nötig, müssen sie sich als Kämpfer zur Verfügung stellen.
4. Alle patriotischen Reichen müssen ihren Reichtum, alle Intellektuellen müssen ihr Wissen für die gemeinsame Sache der Verteidigung einsetzen.
5. Verräterische Elemente müssen wissen, daß sie ihren Verrat an der Nation mit dem Leben zu bezahlen haben.

6. Alle patriotischen Filipinos und alle antifaschistischen Organisationen, besonders die Bauernverbände, die Gewerkschaften, Sozialisten und Kommunisten werden aufgefordert, sich zu Abteilungen von Freiwilligen zusammenzuschließen und Übungen im Guerillakampf zu betreiben. Sie sollen definitive Anweisungen abwarten, bevor sie den Kampf beginnen.
7. Alle derartigen Widerstandsgruppen müssen in Verfolgung ihrer Kampfziele nach Möglichkeiten suchen, freie philippinische Selbstverwaltungen zu errichten, und zwar besonders in den befreiten Gebieten.
8. Die Widerstandsgruppen müssen es lernen, sich mit den Dingen, die sie für die Führung ihres Kampfes benötigen, beim Feind selbst zu versorgen. Dieses Bestreben muß Teil ihres Kampfes werden.
9. Das Volk muß bewaffnet werden, um im Rücken des eingedrungenen Feindes kämpfen zu können.
10. Die Volksorganisationen müssen ihre Tätigkeit in gut abgesicherten konspirativen Formen weiterführen.
11. Die Kommunistische Partei der Philippinen gelobt Loyalität gegenüber der Sache der Demokratie und verurteilt den Faschismus und Militarismus auf das schärfste.
12. Die Kommunistische Partei der Philippinen gelobt Loyalität gegenüber der Regierung der Philippinen und den USA.

Das von Crisanto Evangelista und Pedro Abad Santos unterzeichnete Manifest ging sofort dem Präsidenten Quezon zu, ebenso dem amerikanischen Hochkommissar Sayre. Für die Kader der Kommunistischen Partei aus den Provinzen, für Bauernführer und Gewerkschaftsfunktionäre war es Anleitung zum Handeln. Pedro Abad Santos ließ es mit einem persönlichen Brief, in dem er nochmals eindringlich auf die Gefahr für die Philippinen hinwies, auch General MacArthur überbringen. Dieser bestätigte den Eingang — im Gegensatz zu Sayre und Quezon, die nicht reagierten — und antwortete Santos, er beurteile die Vorschläge der Kommunisten positiv. Eine Entscheidung allerdings fällte er nicht.

Nirgends gab es Waffen für die kampfbereite Bevölkerung, nirgendwo wurde sie von der Regierung oder von amerikanischen Dienststellen in das Verteidigungskonzept einbezogen. Amerikaner und philippinische Großbourgeoisie schreckten vor dem Risiko zurück, eine Kolonialbevölkerung zu bewaffnen, obgleich man nur dadurch der japanischen Aggression hätte entscheidend Einhalt gebieten können. Man glaubte, sich zunächst mit den Japanern arrangieren und später die Inseln mit Hilfe amerikanischer Truppen wieder zurückerobern zu können. Das hatte zur Folge, daß sich nicht wenige bürgerliche Intellektuelle, denen der Schutz des Vaterlandes am Herzen lag, fortan mit den Kommunisten verbündeten.

Noch bevor die Japaner die Philippinen angriffen, wurde in einigen Manilaer Zeitungen eine Äußerung von Agapito del Rosario, einem bekannten Kommunisten, abgedruckt. »Lange nach der erfolgreichen Invasion der Japaner und lange, nachdem philippinische Verräter den Dolch in den Rücken der USA gestoßen haben werden, wird die Arbeiterklasse ehrlich und opferbereit in diesem Kampf an der Seite der Vereinigten Staaten von Amerika stehen.«

Maria Flores gelang es, diese Voraussage auch in der »Manila Times« unterzubringen. Sie knüpfte die Bemerkung daran, die Worte del Rosarios seien keine Weissagung im Sinne der »Stimme des schwarzen Christus«, aber sie würden mit derselben Wahrscheinlichkeit Realität werden. Noch ahnte niemand, daß del Rosario selbst mit seinem Leben den Beweis dafür antreten würde.

Zwei Tage nach dem Angriff der Japaner auf Pearl Harbor, am 10. Dezember 1941, griffen sie die Philippinen an. Landungsboote, vollgestopft mit khakifarben gekleideten Soldaten, legten von den Truppentransportern ab, die vor der Küste Nordluzons angekommen waren. Kreuzer und Zerstörer hatten zuvor eine Stunde lang den Strand beschossen. Aber es gab hier keine Stellungen, nicht einmal eine organisierte Abwehr. Die Gegend um Aparri, die die Japaner für die erste Landung gewählt hatten, war so gut wie unverteidigt. Zwar wurden aus dem rückwärtigen Gebiet einige schnell zusammengesuchte philippinische Einheiten in Richtung auf die Landestelle in Marsch gesetzt, aber sie erreichten sie nicht schnell genug und konnten die Japaner nicht mehr aufhalten. Die Landung vollzog sich beinahe parademäßig. Schüsse fielen nur selten. Es gab keinen Gegner. Trotzdem gingen die Japaner langsam und vorsichtig vor. Sie benutzten Fahrräder, denn ihre motorisierten Einheiten waren noch nicht entladen. So tasteten sich die Voraustruppen südwärts. Die Bajonette blinkten auf den langen Gewehren.

Verlustreicher waren für die Japaner die Kämpfe auf der Halbinsel Bataan. Hier standen ihnen – in den Reihen der USA-Armee – philippinische Soldaten gegenüber, die erbittert jeden Fußbreit Boden verteidigten, obwohl vom amerikanischen Oberkommando der Verlust der Inseln bereits vorausgeplant war

Als die Angreifer auf das erste Dorf stießen, kreisten sie es ein und beobachteten es lange. Der Offizier, der angespannt durch sein Glas blickte, erwartete eine Überraschung. Aber er konnte nur ein paar verschüchtert dreinblickende Bauern entdecken. Hühner gackerten. Nirgendwo waren Waffen zu sehen. Nach einer halben Stunde vorsichtigen Abwartens gab der Offizier mit der Hand das Zeichen zum Angriff und brüllte: »Tenno Haika Banzai!«

Mehr als hundert Soldaten stürzten sich schreiend und schießend auf die Hütten. Die Leute warfen sich zu Boden. Hier und da erhielt einer einen Bajonettstich. Zwei junge Burschen, die staunend auf die Eindringlinge blickten, weil sie nicht begriffen, weshalb diese mit Geschrei in das friedliche Dorf stürmten, wurden erschossen. Dann hob der Offizier wieder die Hand und gab den Befehl zum Sammeln.

Die japanischen Soldaten traten an. Ein Dolmetscher rief in gebrochenem Tagalog: »Alle Bewohner des Dorfes hierher!«

Sein Befehl wurde befolgt. Selbst die Verletzten fanden sich ein. Neben den zwei toten jungen Männern blieben einige Leute stehen, Angehörige. Der Offizier zog seinen Revolver und schoß wütend mehrmals in ihre Richtung. Er traf nicht, aber als er jetzt energisch winkte, trennten sich die Verwandten von den beiden Toten und gesellten sich weinend zu den anderen.

»Einwohner der Philippinen!« las der Offizier von einem Bogen Papier ab, den er aus der Tasche gezogen hatte. »Die Stunde der Befreiung hat geschlagen. Nach dem weisen Ratschluß des Tenno hat die sieggewohnte japanische Armee begonnen, Asien für Asiaten zurückzuerobern. Für euch gehen damit mehr als vierzig Jahre der Sklaverei unter den Amerikanern zu Ende. Eine neue Ära bricht an, Asien wandelt sich zu einer Sphäre gemeinsamen Wohlstandes unter dem Schutz der Armee des Tenno.

Jeder ist aufgerufen, die japanischen Truppen zu unterstützen. Jeder muß die Weisungen der kaiserlichen Armee ohne Widerrede befolgen. Jeder muß im Interesse des gemeinsamen Wohlstandes arbeiten. Wer dies nicht tut, oder wer sich störrisch zeigt, den wird unnachgiebig unsere Strafe treffen. So wie jene aus eurem Dorf, die sich der Befreiung widersetzt haben.

Ein Unteroffizier und zwei Soldaten werden als oberste Autorität in eurem Dorf bleiben. Sie werden dafür sorgen, daß das Leben im Sinne der neuen Ordnung verläuft. Ihren Anordnungen ist unbedingt zu folgen. Sie sind bei jeder Begegnung durch Verbeugen zu ehren. Jetzt könnt ihr in eure Hütten gehen!«

Er tippte kurz an den Stahlhelm. Die Ansprache war beendet. Eine Frau, die Mutter eines der toten Burschen, schluchzte laut auf. Der Offizier warf ihr einen mißbilligenden Blick zu, dann gab er das Kommando zum Abrücken.

Der Unteroffizier ließ für sich und die beiden mit ihm zurückbleibenden Soldaten Hütten räumen. Dann befahl er, die Toten zu begraben. Wenig später verlangte er Essen und Bier. Das Essen wurde ihm gebracht, Bier war keines vorhanden. Da rief er die Dorfbewohner erneut zusammen. Einer der beiden Soldaten, der als Übersetzer diente, verkündete nach einer knappen Ansprache des Unteroffiziers: »Chef sprechen, Bier muß man holen. Morgen abend Bier, sonst ein Mann erschossen. Jeden Abend. Bis Bier hier. Schluß!«

Die zweite Landung vollzog sich bei der Ortschaft Vigan, an der Nordküste Luzons. Auch hier gab es keine amerikanischen oder philippinischen Truppen, die Gegenwehr hätten leisten können. Die japanischen Transporter setzten ihre Landungsboote aus, die Soldaten stapften schießend durch den Sand an die Küste, suchten die nächsten Gebüsche ab, formierten sich dann zu Kolonnen und traten den Marsch südwärts an.

Trotz ihrer ausgezeichneten Spionage waren die Führungsstäbe immer wieder überrascht, wie lasch die Amerikaner ihre reiche Kolonie verteidigten.

Am 10. Dezember heulten von See her Dutzende japanische Bomber auf Cavite, die amerikanische Marinebasis am Südufer der Manilabucht, zu. Zwei Batterien Fla-Geschütze, die in betonierten Stellungen untergebracht waren, begannen zu schießen. Ihr Feuerleitsystem war so schlecht, daß sie keinen Treffer erzielten. Hier und da tuckerte ein schweres Maschinengewehr.

Die Japaner schienen sich an den weißen Wölkchen der detonierenden Granaten kaum zu stören. Sie steuerten die Schiffe von Admiral Harts Asienflotte an, die in der Bucht ankerten. Andere bombardierten indessen die Docks und Versorgungsanlagen. Keiner der Piloten hatte Cavite vorher gesehen, und doch lagen die Bomben akkurat im Ziel.

Etwa fünfzig Meter vom Einfahrtstor der Marinebasis entfernt hatte der japanische Nudelkoch Murata seinen Verkaufsstand. Er war seit vielen Jahren in Manila ansässig, und die Angestellten der Basis aßen gern seine schmackhaft zubereiteten Gerichte. Nun aber hatte der unscheinbare Koch seinen Stand geschlossen. Er hockte hinter einer Matte, mit der seine Vorräte abgedeckt waren, vor sich einen kleinen, transportablen Peilsender, dessen Taste er im vereinbarten Rhythmus drückte. Keiner der Amerikaner hätte es auch nur im entferntesten für möglich gehalten, daß dieser Japaner ein sorgfältig ausgebildeter Reserveoffizier der kaiserlichen Armee sein könnte.

Murata stellte fest, daß die erste Welle der Bomber zurückflog. Er kroch aus seinem Versteck und spähte auf die Bucht herab: Treffer auf zwei Zerstörern, die im Dock lagen. Das Dock selbst war schwer beschädigt. Im U-Boot-Hafen qualmten zwei getroffene Boote. Auch ein paar kleinere Fahrzeuge schienen getroffen zu sein, Minenleger und Räumschiffe. Doch die Zerstörungen an Land waren beträchtlicher. Das Treibstoffdepot brannte. Erschrocken ließ Murata sich zu Boden fallen, als plötzlich das große Munitionslager mit berstendem Krach in die Luft flog. Zugleich breitete sich dicker, schwarzer Qualm aus. Schnell schlüpfte Murata wieder hinter seine Matte. Es war höchste Zeit, den Peilsender erneut zu betätigen, die nächste Welle der Bomber war im Anflug, und der Qualm würde den Piloten die Sicht auf ihre Ziele erschweren.

Trotz des massiven Überraschungsschlages der Japaner hielten sich die Schiffsverluste der Amerikaner in Cavite in Grenzen. Die Asienflotte besaß ohnehin nur 3 Kreuzer, die »Houston«, die »Marblehead« und die »Boise«, 12 Zerstörer und 29 U-Boote, zusätzlich einige Minenleger und Räumfahrzeuge, U-Boot-Tender, kleinere Hilfsschiffe und 6 Motortorpedoboote. Aber die Kreuzer befanden sich gegenwärtig auf See, begleitet von allen einsatzfähigen Zerstörern. Sie waren vorerst ungefährdet. Trotzdem war Admiral Hart stark beunruhigt.

Der Stab des Flottenbefehlshabers befand sich an der Küste der Manilabucht. Wütend trommelte er mit den Fäusten auf die Fensterbank. Vom Fenster aus konnte Hart den Angriff der Japaner wie aus einer Theaterloge verfolgen. Seinen Adjutanten, der sich neben ihm duckte, knurrte er an: »Sehen Sie bloß, wie die Kerle fliegen! Als ob sie einer am Faden bis übers Ziel zieht!«

Er sah mit fassungslosem Staunen, wie Bomber der zweiten Welle hoch über der sich ausbreitenden Qualmschicht die Materiallager und Ersatzteildepots anflogen. Als könnten die Bombenschützen mit irgendeinem Zauberinstrument durch den zähen Qualm hindurchblicken, klinkten sie auf den Meter genau ihre Bomben aus.

»Die Air Force!« rief Hart ungeduldig dem Telefonisten zu, der in der Befehlsstelle arbeitete. »Wo bleibt die Air Force? Diese Bastarde zerhauen uns alles.«

Der Telefonist meldete ihm: »Clark Field wird ebenfalls angegriffen, Sir. Keine Starts möglich. Und Nicholds Field ist bereits zerstört.« Hart reagierte nicht. Er starrte auf die Bucht. Dort versuchten sich kleinere Fahrzeuge zu retten, indem sie aufs Meer hinaussteuerten. Ein U-Boot, das aufgetaucht den Liegeplatz verließ, stieß mit einem Minenleger zusammen. Chaos. Ein Glück, daß wenigstens die Kreuzer weg waren! Trotzdem begriff Hart in diesen Augenblicken, daß nicht nur die Luftstreitkräfte auf den Inseln geschlagen waren — auch die Flotte konnte hier nichts mehr ausrichten. Sie hatte ihre logistische Basis verloren. Lediglich einen Verzweiflungsangriff würde sie fahren können. Schießen, und dann mit leeren Munitionskammern und Treibstofftanks auf den Fangschuß der Japaner warten.

»Dafür sind die Schiffe zu schade«, murmelte Admiral Hart. Zu seinem Adjutanten sagte er: »Zwecklos, noch hier zu bleiben. Besorgen Sie ein Fahrzeug, ich muß mit General MacArthur sprechen. Sobald die Japaner eine Pause machen, fahre ich los.«

»Wir räumen, Sir?« fragte der Adjutant beklommen.

»Wir haben hier nichts mehr zu gewinnen«, erklärte Hart. »Bereiten Sie die Evakuierung vor. Der General wird zustimmen.«

MacArthur billigte den Plan Harts sofort. Die verbliebenen Schiffe wurden in den Südpazifik verlegt, wo sie weitere Befehle abwarten sollten.

Zwei Tage nach den Landungen bei Aparri und Vigan landeten die Japaner weitere Truppen. Sie wählten dafür wiederum eine relativ unbewohnte Gegend, die Küste bei Legaspi, in Südostluzon. Wie zuvor, stießen sie auch hier kaum auf Widerstand und marschierten in nordwestlicher Richtung vorwärts. Nun bewegten sich schon drei solche Marschsäulen aus verschiedenen Himmelsrichtungen auf das allerdings noch weit entfernte Manila zu.

In der Hauptstadt hatte sich das Leben inzwischen einschneidend verändert. Die Bevölkerung mußte sich immer öfter vor Luftangriffen in Sicherheit bringen. Da es keine vorbereiteten Schutzräume gab, liefen die Leute einfach ins Freie, wenn die ersten Bomben fielen. Es gab starke Verluste unter der Zivilbevölkerung, und dort, wo Bomben einschlugen, fielen die zumeist sehr leicht gebauten Häuser reihenweise in sich zusammen.

Der Hafen war seit dem ersten Tag das Ziel der Japaner. Hier lagen einige brennende Frachter. Die Piers waren verwüstet. Mit Mühe hielt man in der Stadt noch die Versorgung mit Elektrizität aufrecht. An den Abenden jedoch wurde der Strom abgeschaltet, damit die Japaner bei Nachtangriffen ihr Ziel nicht finden sollten. Sie fanden es trotzdem, denn es gab in Manila mehr als zwei Dutzend solcher Männer wie den harmlosen Nudelverkäufer von Cavite. Ihre Peilgeräte lenkten die Bomber sicher zur Stadt.

Eine Woche lang gab es nur diese Luftangriffe und die langsam vorwärtsmarschierenden Landungstruppen der Japaner auf Luzon. Noch entschlossen sich die Angreifer offenbar nicht, das Zentrum der Insel mit Truppen anzugehen. Dafür landeten sie überraschend auf der südlichsten Insel des Archipels, Mindanao. Sie gingen bei Davao an Land, setzten sich dort fest, bauten eine Landebasis aus, die sie schrittweise ausdehnten, und besetzten mit Truppen aus diesem Stützpunkt auch die kleine Insel Jolo, unweit der Küste von Borneo.

Überhaupt zeichnete sich schon in den ersten Tagen ein scheinbar eingeübtes Schema ab: Die Angreifer operierten mit Schiffs- und Fliegerkräften, die den ersten Schlag auf den betreffenden Küstenstrich führten, an dem dann, nach eingehender Feuervorbereitung durch Schiffsartillerie und Trägerflugzeuge, die Landung stattfand. Die Transportflotte, die die Truppen beförderte, bestand aus einer zusammengewürfelten Masse von kleinen und mittleren Schiffen mit meist nur geringem Tiefgang, die Angriffe durch U-Boote des Gegners weitgehend ausschlossen. Küstenmotorschiffe aller Art, Lastkähne und selbst Fischerboote transportierten Soldaten über das Meer. Wenn eines dieser Fahrzeuge von der Küstenartillerie des Gegners getroffen wurde, gab es nur geringe Verluste. Waren die Japaner erst einmal gelandet, legten sie sofort einen Feldflugplatz an. Sobald sie genügend Kräfte gesammelt hatten, griffen sie in der vorgegebenen Richtung an.

Die Amerikaner waren überrascht, daß die Japaner an relativ weit von Manila entfernten Stellen landeten. Niemand hatte damit gerechnet. Man war darauf gefaßt gewesen, daß der Gegner in unmittelbarer Nähe der Hauptstadt erschien. Aber die Japaner ließen sich Zeit mit Manila und den großen Militärbasen in der Umgebung.

Mitte Dezember versuchten sie zum erstenmal, an der Küste des Lingayen-Golfes Fuß zu fassen. Eine starke Flotte kleiner Landungsfahrzeuge erschien dort, nachdem Schiffsartillerie die Küste beschossen hatte. Aber die Japaner konnten nicht wissen, daß in unmittelbarer Nähe der Landungsstelle zufällig mehrere Batterien mittlerer Artillerie zusammengezogen worden waren. Ihr Feuer versenkte mehr als hundertfünfzig der kleinen Landungsboote, noch bevor sie das flache Wasser erreicht hatten. Die Japaner brachen die Landung sofort ab. Sie ließen etwa eine Woche verstreichen, bevor sie es im Lingayen-Golf erneut versuchten. Diesmal waren sie besser vorbereitet.

Bei Tagesanbruch am 22. Dezember 1941 lag die Küste in der Nähe der Ortschaft Agoo unter verheerendem Feuer schwerer Schiffsartillerie.

Scharen von tieffliegenden Bombern warfen ihre Last ab. Die Japaner hatten diesmal eine von den Amerikanern schwach befestigte Gegend ausgewählt. Während die Schiffsartillerie die Verteidiger niederhielt, liefen achtzig mittlere und kleine Truppentransporter bis auf geringe Entfernung auf die Küste zu, und dann gingen Tausende japanische Soldaten in die Landeboote.

Die Verteidiger zogen sich zurück. Sie besaßen keine Flugzeuge mehr, und ihre Artillerie war unbedeutend. So überließen sie den Angreifern den Strand bei Agoo in der Hoffnung, schnell herangeführte Reserven würden die angelandeten Truppen wieder zurückwerfen können. Aber die Japaner waren diesmal die besseren Rechner gewesen. Während sich die amerikanischen Reserven bei San Carlos, einige Kilometer landeinwärts, sammelten, stieß die Spitze der am 10. Dezember bei Vigan gelandeten Marschkolonne bereits in die rechte Flanke dieser Bereitstellung. Damit war das Gefecht entschieden. Reste der amerikanischen Truppen konnten sich noch vom Gegner lösen und in Eilmärschen der Einkreisung ausweichen, aber an ein Aufhalten der Japaner war nicht zu denken. Binnen weniger Tage landeten viele Tausende im Golf von Lingayen und traten den Marsch nach Süden an, Richtung Manila.

Gleichzeitig hatten die Japaner vierzig Truppentransporter in die Lamonbucht, südlich von Manila, geschickt, an die Landenge von Atimonan. Nach schwerem Feuer gingen die Japaner auch hier zu Tausenden an Land. Sie besetzten zunächst die Landenge und schnitten so den südlichsten Teil Luzons vom Rest der Insel ab.

Atimonan und Mauban, zwei kleine, aber strategisch bedeutsame Städte, wurden am 23. und 24. Dezember genommen. Fortan marschierten die japanischen Invasionstruppen von diesem Brückenkopf aus nach Nordwesten, wo in geringer Entfernung Manila lag. Wie mit zwei mächtigen Zangenarmen bedrohten sie die Hauptstadt. Die am 10. Dezember bei Aparri gelandeten Japaner, die bei ihrem langen Vormarsch kaum auf ernsthaften Widerstand gestoßen waren, konnten sich in diesen Tagen ebenfalls mit den im Lingayen-Golf angelandeten Verbänden am Ausgang des Cagayantales vereinigen. So waren hier, nördlich Manila, allein fünf komplette japanische Infanteriedivisionen konzentriert, eine Panzerbrigade und eine Reihe anderer Einheiten.

General Homma, der Oberkommandierende der japanischen Invasionstruppen, ein untersetzter, bullig wirkender Mann mit geschorenem

Schädel, beugte sich über eine Landkarte, die sein Stabschef ausgearbeitet hatte. Sein »Gefechtsstand« lag knappe fünfzig Kilometer nördlich von Manila. Es war nicht einmal ein Bunker, sondern einfach ein Klapptisch, der unter dichtbelaubten Bäumen am Rande der Vormarschstraße aufgestellt worden war.

Homma, der sich — wie bereits während des China-Feldzuges — stets in unmittelbarer Nähe seiner Truppen aufhielt, fuhr mit dem Zeigefinger über die Karte, bis er mit der Fingerkuppe Manila bedeckte. Ein Tagesmarsch, wenn sich nichts Unvorhergesehenes ereignete. Aber damit war kaum zu rechnen. Die Fliegerkräfte des Gegners existierten nicht mehr, Admiral Harts Asienflotte und ein paar kleinere Schiffseinheiten würden kaum ernsthaft in das Geschehen eingreifen können, und die Landtruppen der Amerikaner zogen sich bereits aus Manila zurück.

Auf der Straße bewegte sich die japanische Armee vorwärts. Hommas Blick schweifte über die Kolonnen. Ich werde sie heute abend zu allerhöchster Anstrengung anfeuern, nahm er sich vor. Der Gegner wankt, ein entscheidender Schlag wird den Sieg endgültig sichern. Vor ihnen lag leicht bergiges, dicht bewaldetes Land, das bei der Hauptstadt in Felder überging. Keine Naturhindernisse von Bedeutung mehr!

Der Stabschef reichte dem General eine Meldung, die soeben eingetroffen war: Die Amerikaner setzten sich in Richtung Bataan ab, sogar die Fla-Geschütze, die um Manila stationiert gewesen seien, befänden sich bereits auf diesem Weg. MacArthur selbst sei schon in Bataan angekommen, in seiner Begleitung Hochkommissar Sayre.

»Was ist mit Quezon?« fragte Homma ungeduldig. »Warum zögert er?«

Der Stabschef konnte die Frage nicht beantworten; es gab keine weiteren Meldungen. Homma befahl, man solle sofort mit Manila Verbindung aufnehmen und anfragen, was mit Quezon sei.

Dann widmete sich Homma wieder der Karte. Bataan, das würde ein harter Brocken werden. Auf der Halbinsel gab es, wie die Luftaufklärung berichtete, ausgebaute Stellungssysteme, dazu die Reste der amerikanischen Truppen, die letzte Artillerie. Bataan und Corregidor, die alte Festung der Spanier — dort verkrochen sie sich. Homma ahnte, daß der Kampf um dieses letzte befestigte Stück Luzons verlustreich sein würde. Aber bis man damit begann, war alles übrige erledigt, Manila eingenommen. Bataan würde Geduld erfordern. Und schwere Geschütze!

Der Funker kam herbei, er schwenkte die Nachricht, die er soeben von einem japanischen Gewährsmann über Funk aus der Hauptstadt erhalten hatte: Präsident Quezon habe Manila ebenfalls in Richtung Bataan verlassen. Zuvor habe er Jorge Vargas, der seit kurzem an Stelle von Laurel zum Verteidigungsminister berufen worden war, zum Bürgermeister von Manila ernannt und ihm alle Vollmachten übertragen, mit den anrückenden Japanern zu verhandeln.

Homma rieb sich die Hände. »Das ist die Entscheidung!« Eilig ließ er an die Vorhuten der Armee den Befehl ergehen, auf eine Abordnung von städtisch gekleideten Filipinos zu achten, die als Unterhändler kämen. Unter keinen Umständen schießen! Freundlich behandeln und sofort zum Stab bringen!

Am Nachmittag näherte sich aus der Richtung, in die Hommas Kolonnen marschierten, ein Konvoi aus mehreren schwarzen Limousinen. Sie wurden von japanischen Motorradfahrern eskortiert.

Homma zog seine Uniformbluse straff. Der Kartentisch war inzwischen mit einem weißen Tuch bedeckt, darauf standen mehrere Flaschen Sake und Trinkschalen. Da war also dieser Vargas, von dem man wußte, daß er seit Jahren bereit war, mit Japan zu paktieren! Er stieg aus, ein etwas geschniegelt wirkender Mann im mittleren Alter. Die anderen gesellten sich zu ihm, und dann ging die Abordnung gemessenen Schrittes auf Homma zu, der lächelnd an den Schirm seiner Mütze tippte.

Vargas stellte dem General ein halbes Dutzend seiner Begleiter vor, die er als »Mitglieder meiner Übergangsregierung« bezeichnete, sowie einen älteren, weißhaarigen Mann, Don Ricardo Torrena, von dem er sagte, er sei Vertreter der Bürgerschaft. Er vergaß nicht hinzuzufügen, es sei einer der wohlhabendsten Männer der Philippinen.

»Meine Herren«, eröffnete Homma das Gespräch, »ich erwidere Ihren Gruß im Namen des Tenno. Welche Botschaft bringen Sie mir?«

Vargas verlas eine Erklärung: Präsident Quezon habe ihn in seiner Abwesenheit zum Bürgermeister der Hauptstadt und gleichzeitig zum Regierungschef ernannt. Er habe die Vollmacht, der kaiserlichen Armee mitzuteilen, daß Manila nicht verteidigt werde.

»Offene Stadt?«

»Jawohl, Exzellenz«, bestätigte Vargas. Dann fügte er den Wortlaut dessen an, was Quezon ihm als Auftrag übermittelt hatte: »Herr Vargas

Die Ruinen von Corregidor, der alten spanischen Festung, die von den Amerikanern als letzte Bastion auf den Philippinen verteidigt wurde. Im Hintergrund der Malintahügel mit dem Eingang zum letzten Gefechtsstand, aus dem General MacArthur die Inselfestung bei Nacht und Nebel mit einem U-Boot verließ

verbleibt in dem von den kaiserlichen Truppen besetzten Gebiet und soll mit den japanischen Autoritäten eine Vereinbarung erwirken, die den Interessen des philippinischen Volkes dient.«

Homma nickte befriedigt. »Ich begrüße Ihre Initiative. Die kaiserlich-japanische Armee akzeptiert Ihr Angebot. Wir werden in Zukunft eng zusammenarbeiten. Fürs erste beauftragen wir Sie, Ruhe und Ordnung in Manila aufrechtzuerhalten. Alle Waffen sind an Sammelplätzen abzugeben. Kein Widerstand. Wenn Sie nach diesen Anweisungen verfahren, wird unsere Luftwaffe das Bombardement Manilas heute abend einstellen. Morgen werden wir in die Stadt einmarschieren. Sind Sie einverstanden?«

Vargas beeilte sich zuzustimmen. Homma wies auf den Tisch. Er wartete, bis alle eine Schale mit Sake in der Hand hielten, dann forderte er zum Trinken auf. « Zum Wohle Seiner Majestät des Tenno. Banzai!«

Das war am 1. Januar 1942. Einen Tag später zog die japanische Armee in Manila ein. Über der Stadt lag noch eine dichte Wolke beißenden Qualms. Die Angreifer besetzten am selben Tage auch Nichols Field und die Marinebasis Cavite. Homma legte eine Pause von einer Woche ein; er brauchte sie, um seine Truppen für den Angriff auf Bataan umzugruppieren.

Zuerst gelang es ihm, die Stadt Olongapo zu nehmen, die am Landzugang der Halbinsel lag. Das sicherte ihm die Basis für einen Aufmarsch zum frontalen Angriff. Inzwischen beherrschten japanische Schiffe die Subicbucht.

Damit waren Bataan und die vor dessen Südspitze liegende Felseninsel Corregidor mit ihrer alten spanischen Festung auf sich selbst gestellt. MacArthur nutzte mit den 50 000 amerikanischen und philippinischen Soldaten die Vorteile des mit stellenweise undurchdringlichem Wald und schwer zu überwindenden Felsbarrieren überzogenen Terrains, um die Angreifer zu einem langsamen Vorgehen zu zwingen. Das war alles, was er noch erreichen konnte. Die Japaner operierten mit 240-mm-Geschützen, während die Verteidiger kaum noch leichte Artillerie besaßen. Zudem wurden die Munitionsvorräte knapp. Jetzt rächte es sich, daß man keine gründliche Vorsorge für eine geplante Verteidigung getroffen hatte. Hunger und Krankheiten dezimierten die Verteidiger, besonders die Amerikaner, die nicht an solche Strapazen gewöhnt waren. Bald leisteten fast ausschließlich die philippinischen Soldaten Widerstand; von hundert Verteidigern waren nur noch zwanzig Amerikaner.

Die Japaner ließen sich Zeit. Sie griffen zwar unablässig an und schoben ihre Stellungen auf der Halbinsel vorwärts, aber die Hauptarbeit überließen sie ihrer schweren Artillerie und den Bombern, die große Mengen Magnesiumbrandbomben abwarfen, um die Verteidiger auszuräuchern. Von See her schossen die japanischen Schiffe großkalibrige Granaten in die Stellungen der Verteidiger. Bald war abzusehen, daß der Kampf zwar noch längere Zeit dauern würde, es jedoch für die Verteidiger keine Chance mehr gab.

Maria Flores schrieb vom Tage der ersten japanischen Landung bis zur Einnahme Manilas drei umfangreichere Beiträge für ihre Zeitung. Den ersten verfaßte sie am 10. Dezember 1941. Sie erinnerte darin an das Angebot der Kommunisten, die Philippinen zu verteidigen, und stellte die

Frage, weshalb sich weder Präsident Quezon noch Hochkommissar Sayre positiv zu diesem Angebot äußerten. Die meisten Leute, mit denen sie darüber gesprochen habe, seien der Ansicht, die Kommunisten hätten mit ihrem Memorandum den einzig richtigen Weg für die Verteidigung der Philippinen gewiesen.

Der Artikel wurde abgelehnt. Telefonisch teilte der Chefredakteur Maria mit, er halte es nicht für opportun, in der schwierigen Situation, die durch den Einmarsch der Japaner heraufzog, das Vertrauen zu untergraben, das Präsident Quezon und Hochkommissar Sayre jetzt benötigten.

Der zweite Artikel betraf die Entscheidung, Manila zur »offenen Stadt« zu erklären. Maria protestierte gegen diese Anordnung. »Manila hat die Kraft, ebenso zu kämpfen wie London und Moskau«, schrieb sie. Der Chefredakteur ließ den Beitrag »vorläufig zurückstellen«.

Am 1. Januar 1942 erfuhr Maria Flores, daß Vargas zu den Japanern unterwegs war. Sie bezeichnete sein Verhalten als Kollaboration. Dieser Beitrag landete im Papierkorb des Chefs, ebenso eine Zusatzmeldung, die Maria von einem Informanten erhalten hatte. Danach war Vargas ein Schreiben Quezons überbracht worden, in dem der bereits in Corregidor befindliche Präsident seinen Intimus bat, sich während seiner Abwesenheit um seinen Reitstall zu kümmern, wo eine Anzahl wertvoller Pferde standen.

Als der Chefredakteur auf den Protest Marias nur bedauernd den Kopf schüttelte und sie bat, in dieser schwierigen Situation nicht noch solche Männer zu verleumden, die ihr Bestes täten, kündigte Maria kurzerhand ihr Arbeitsverhältnis. Das war einen Tag, bevor die Japaner ungehindert in die Hauptstadt einzogen. Maria Flores begab sich zu Francisco Ramos, und dieser riet ihr, zunächst unterzutauchen. Er werde zwar in der nächsten Woche kaum in Manila sein, sie aber sofort aufsuchen, wenn die Umstände dies erlaubten. Dann würde man weiter sehen.

Maria befolgte seinen Rat. Sie zog zu einer Freundin. Von ihr erfuhr sie, daß sich Intellektuelle und Künstler in Manila insgeheim über die Gründung einer illegalen Organisation verständigten, die den Kampf gegen die japanischen Okkupanten zum Ziel hatte. Maria schloß sich dieser zunächst losen Gruppierung an, die sich »Freie Philippinen« nannte.

Bereits wenige Tage nach ihrem Einmarsch begannen Hommas Soldaten eine gezielte Jagd auf Kommunisten und Gewerkschaftler. Den Besitzenden gegenüber hatten sie strengen Befehl, jegliche Übergriffe zu unterlassen, und so lebten die Reichen unangefochten in ihren Villen. Sie erhielten sogar die Erlaubnis, ihre Autos zu benutzen. In Manila wurden die Nahrungsmittel knapp. Die Mehrheit der Bevölkerung mußte sich mit minderwertigen Lebensmitteln begnügen, und auch die wurden nur selten verteilt. Von Corregidor aus war gelegentlich die Stimme von Carlos Romulo zu vernehmen, der über den noch intakten Sender im Auftrage MacArthurs, dessen persönlicher Berater er war, nun die Bevölkerung aufforderte, endgültig zu kapitulieren. Romulo schärfte den Hörern ein: »Man muß sich notgedrungen den Japanern unterordnen. Leistet keinen Widerstand, es hat keinen Sinn!«

Die japanischen Politiker begannen sofort mit der einheimischen Grundbesitzerklasse und der Bourgeoisie ein Bündnis herzustellen. Sie spekulierten auf die Raffgier dieser Leute und erwarteten, daß sie sich das Geschäft nicht entgehen lassen würden, zumal sie selbst dabei unter dem Schutz der Besatzungsbehörden stehen würden.

Wie sich schon bald zeigte, hatten die Japaner sich nicht getäuscht. Zu dem skrupellosen Geschäftsgeist der Großgrundbesitzer und Zwischenhändler gesellte sich noch deren nüchterne Überlegung, daß sie unter der Hegemonie der Japaner sozusagen jene Kommandostellen in der Wirtschaft und im Handel besetzen könnten, die bislang den Amerikanern vorbehalten gewesen waren. Dies aber war ein Wechsel auf die Zukunft. Blieben die Japaner, dann lief das Geschäft ohnehin, kamen die Amerikaner zurück, dann konnte man sich mit dem Hinweis herausreden, die oberste amerikanische Behörde habe den Einwohnern nachdrücklichst empfohlen, sich den Anweisungen der Japaner nicht zu widersetzen. So drängelten sich bald nach dem Einmarsch reiche Fabrikanten, Hazienderos, Händler, Spekulanten und politische Karrieristen, besonders aus der Partei der Nationalisten, im Vorzimmer General Hommas und boten ihre Dienste an.

Eine Anzahl besonders diensteifriger Kollaborateure tat sich zusammen und verfaßte eine Deklaration an Homma. Die Unterzeichner erklärten sich bereit, die Bevölkerung über die Befreierrolle Japans aufzuklären und dafür zu sorgen, daß sich niemand den Befehlen der Besatzungsbehörden widersetze. Unter der Deklaration fanden sich die

Namen von Jorge Vargas und José Laurel, ehemals Mitglieder der »autonomen Regierung«. Aber sie waren nicht die einzigen. Benigno Aquino, José Favella, Teofilo Sison und ein rundes Dutzend ehemaliger »Regierungsmitglieder« unterzeichneten ebenfalls. Dazu kamen Millionäre wie der Kaufmann Madrigal; Führer faschistischer Schlägertruppen wie Sotero Baluyot; sogar der inzwischen betagte ehemalige selbsternannte »Präsident« der Philippinen, Emilio Aguinaldo, beeilte sich zu unterzeichnen. Er setzte den Weg des Verrats an der Nation fort, den er 1897 mit dem Mord an Bonifacio, dem Führer des Unabhängigkeitskampfes gegen die Spanier, begonnen und 1901 mit seinem Loyalitätseid gegenüber den Vereinigten Staaten weitergeführt hatte. So machte gerade sein Name unter dem Ergebenheitsdokument jedem ehrlichen Bürger der Philippinen letztlich klar, daß es sich bei denen, die den Invasoren ihre Dienste anboten, um notorische Verräter handelte.

Ricardo Torrena war ebenfalls unter den Unterzeichnern. Felicitas erfuhr es durch ein Flugblatt, das ihr einer der Bauernfunktionäre zugesteckt hatte. Es war in Manila gedruckt worden. Weder Felicitas noch Andrew Conway wußten, daß es von Maria Flores verfaßt worden war. Die junge Redakteurin war von der Gruppe »Freie Philippinen« für die Vorbereitung einer illegalen Zeitung verantwortlich gemacht worden. Bis diese Absicht realisiert werden konnte, verfaßte sie regelmäßig Flugschriften, um die Bevölkerung über die wichtigsten Ereignisse zu informieren.

General Homma überlegte nicht lange. Ende Januar erließ er einen Befehl, in dem er alle Unterzeichner der Deklaration zunächst zu Mitgliedern eines »Konsultativen Staatsrates« ernannte, dem ein Verwaltungsapparat untergeordnet wurde, der praktisch die Exekutive der japanischen Besatzungspolitik darstellte. Vargas wurde zum Chef der Exekutive ernannt, Laurel spielte darin ebenfalls eine entscheidende Rolle. Überhaupt veränderten die Japaner das Verwaltungssystem, das sie vorfanden, kaum. Sie schleusten lediglich japanische Aufseher ein. So erweckten sie den Anschein, als sollten sich die Philippinen in Zukunft selbst verwalten. Auf diese Weise hofften sie auch patriotisch gesinnte Kreise des Großbürgertums zu gewinnen.

Daneben beeilten sie sich, eine Art »politisches Leben« zu entwickeln. Nach dem Einmarsch waren alle Parteien verboten worden. Schon bald aber beauftragte Homma geeignete Politiker mit den Vorbereitungen für die Gründung einer »Gesellschaft für den Dienst an den neuen Philippinen«. Zum Vositzenden wurde noch vor dem Gründungsakt Jorge Vargas ernannt. Die philippinische Abkürzung für diese Besatzungspartei »Kalibapi« wurde bald ein Wort, das bei allen Patrioten Abscheu erregte.

Frappierend für viele Beobachter war, wie schnell sich die Japaner mit der katholischen Kirche arrangierten. Sie verdankten die schnelle Einigung einem ihrer aktivsten Sympathisanten, dem Oberhaupt der Katholiken Manilas, Erzbischof O'Dogherty.

Wenig später traf ein Schreiben von Papst Pius XII. ein, in dem dieser seine Sympathie für »den gerechten Kampf Japans« ausdrückte. Auch der von Amerikanern geleitete stockreaktionäre Orden der Jesuiten auf den Philippinen schwor den Japanern Treue. So verwunderte es nicht, daß die Besatzer daraufhin den umfangreichen Besitz der Jesuiten nicht antasteten und die amerikanischen Mönche nicht − wie andere Amerikaner − internierten, sondern ihnen sogar Privilegien zugestanden. Die Jesuitenklöster durften beispielsweise ungehindert Immobilien und Land erwerben. Vielfach taten sie das im Auftrag philippinischer Kompradoren, die im Hintergrund zu bleiben wünschten, bis sich die politischen Verhältnisse wieder gewandelt hatten.

Die Besatzungspolitik gegenüber dem einfachen Volk verlief in ganz anderen Bahnen. Bereits im Januar erließ General Homma eine Bekanntmachung, in der jedem Filipino, der einen japanischen Soldaten angriff, der Tod und die Hinrichtung weiterer zwölf Zivilisten angedroht wurde. Auf jede Handlung, die sich gegen die Interessen Japans richtete, stand die Todesstrafe. Kontrolliert wurde das Leben der Bevölkerung durch die japanische Geheimpolizei Kempeitai, die sich aus philippinischen Kollaborateuren, bewaffneten »Schutztruppen« der Grundbesitzer, antikommunistischen Schlägerbanden und aus der ehemaligen Constabulary einen engmaschigen Überwachungsapparat aufbaute.

Um besonders in den größeren Städten eine möglichst präzise Bespitzelung der Bevölkerung zu sichern, führte die Kempeitai das in Japan erfolgreich praktizierte System »Tonari Gumi« ein: Jeweils etwa ein Dutzend Familien in einem Wohnbezirk wurden zusammengefaßt. Die Vorsitzenden der vielen »Wohngemeinschaften« wurden von der Kempeitai angeleitet und hatten über die ihnen unterstehenden Familien genau zu berichten. Sie waren den Japanern verantwortlich dafür, daß in den

Wohnvierteln »Ruhe und Ordnung« herrschten. Diese Überwachungsmethode sollte den Besatzungsbehörden das Aufspüren von Patrioten, die Widerstand leisteten, erleichtern.

Überhaupt vertrauten die Besatzer kaum auf die Wirkung ihrer Parole von der »Sphäre des gemeinsamen Wohlstandes« sowie auf die hemmungslose Rassenhetze, die sie betrieben, um den Filipinos einzutrichtern, sie müßten sich als Asiaten mit Japan gegen die »weißen« Amerikaner verbünden. General Homma versicherte zwar immer wieder, das Hauptziel Japans auf den Philippinen wäre, die Bewohner dieses Landes von der Herrschaft der USA zu befreien, aber die praktischen Unterdrückungsmaßnahmen sprachen eine andere Sprache.

Ende Januar wurde in Manila, im Armenviertel Tondo, ein alter Mann von zwei japanischen Soldaten auf der Straße kurzerhand erschlagen. Er hatte es versäumt, sich vor den beiden Soldaten, die an ihm vorübergingen, zu verbeugen. Er war der erste von vielen. Wenige Tage nach dem Vorfall konnten die Leser von Tokioer Zeitungen erfahren, die »befreiten Filipinos« zeigten eine gewisse Starrsinnigkeit bei der Aneignung der neuen Moral, »die zum Hineinwachsen in die Sphäre des gemeinsamen Wohlstandes nötig wäre«. Japans Besatzungspolitik nahm von Woche zu Woche an Schärfe zu. Sie richtete sich gegen das einfache Volk, nicht gegen die Begüterten, die sich arrangiert hatten.

Kurze Zeit später hingen an vielen Häusern in Manila Plakate, in denen General Homma den Filipinos offen androhte: »Wenn ihr für unsere hochherzigen Absichten nicht bald das nötige Verständnis aufbringt, werden unsere Soldaten euch mit Gewalt dazu bringen, die Größe der geschichtlichen Mission Japans zu begreifen!«

General Douglas MacArthur machte einen müden, nervösen Eindruck, als er an jenem Abend im frühen Februar 1942 in seinem Stabsbunker hin und her lief. Von draußen drang unablässig das Gewummer der japanischen Artillerie herein. Wie immer in den letzten Tagen lag das Stellungssystem auf Bataan unter schwerem Beschuß.

MacArthur hatte am frühen Morgen einen Funkspruch absetzen lassen, der den Präsidenten informierte, Bataan sei nur noch kurze Zeit zu halten. Jetzt wartete er auf Antwort. Der General schwitzte, seine Uniform war verschmutzt. In der Tat gab es keine Hoffnung mehr, das Blatt zu wenden. Das Gebiet, in dem sich die Amerikaner und ihre philippinischen

Hilfstruppen noch behaupten konnten, schmolz von Tag zu Tag mehr zusammen.

Als der Adjutant mit der Antwort im Bunker erschien, griff MacArthur zitternd nach dem Zettel. Jetzt würde sich sein Schicksal entscheiden.

»In nüchterner Beurteilung der Lage«, schrieb Washington, »erteilt der Präsident Ihnen den Befehl, die Philippinen zu verlassen. Das Kommando ist an den dienstältesten Offizier zu übergeben. Transport erfolgt mit U-Boot.«

Es folgten Angaben, auf welcher Wellenlänge sich das U-Boot melden würde, sobald es vor der Halbinsel angelangt war.

MacArthur atmete auf. Zu dem Adjutanten sagte er: »Sie begleiten mich. Geheimakten in Kisten verpackt bereitstellen! Und — sagen Sie Quezon Bescheid; er geht mit!«

Es dauerte über eine Woche, ehe sich das U-Boot meldete. Über Funk wurde es an einen Küstenstrich dirigiert, der noch nicht im Feuerbereich der Japaner lag. MacArthur brach nachts mit einem kleinen Kommando auf. Einen Tag lang hielten sich die drei Männer und ihre Sicherungsgruppe im Wald, etwa einen Kilometer von der Küste entfernt, verborgen. Als die Nacht hereinbrach, tasteten sie sich zum Strand vor.

Nach Stunden machte der Adjutant ein Blinksignal auf See aus. Er ließ es beantworten. Dann dauerte es noch endlos, bis das vom U-Boot ausgesetzte Schlauchboot am Ufer erschien.

MacArthur drängte seinen Adjutanten und die zwei Matrosen im Schlauchboot, sich mit dem Einladen zu beeilen. Dann half er Quezon beim Einsteigen. Völlig durchnäßt gelangten sie unmittelbar vor Sonnenaufgang bei dem U-Boot an, dessen Kommmandant unruhig mit dem Fernglas den Horizont nach japanischen Schiffen absuchte.

»Abfahren!« befahl MacArthur nur knapp, nachdem er die Meldung des Kommandanten angehört hatte. Er stieg in den Turm und half Quezon die Leiter hinunter.

Das Kommando über die restlichen Truppen in Bataan und auf Corregidor hatte von nun an Generalmajor Jonathan Wainwright, ein nicht sehr talentierter Offizier. Er befahl Anfang April 1942, als die Japaner die Verteidiger schon auf einem ziemlich kleinen Gebiet im Südzipfel der Halbinsel zusammengedrängt hatten, noch einen Gegenangriff. Die Soldaten liefen ins Feuer; außer neuen Verlusten brachte der Angriff nichts ein.

General Wainwright, einem mittelmäßigen Kommandeur, fiel das undankbare Los zu, nach dem Weggang von MacArthur Corregidor bis zum letzten zu verteidigen und danach in japanische Gefangenschaft zu gehen

Am nächsten Tag, dem 9. April, griffen die Japaner an, und Wainwright mußte zurückweichen. Er kommandierte um diese Zeit noch etwa 36 000 Mann, von denen allerdings die meisten Angehörige der philippinischen Hilfstruppen waren.

Auf der Festungsinsel Corregidor befanden sich noch insgesamt 11 000 Verteidiger. Sie verkrochen sich hier vor dem japanischen Feuer in die tiefen Kasematten und Felstunnel, und es gelang ihnen, die Landung des Gegners etwa einen weiteren Monat lang zu vereiteln.

Erst am 6. Mai kam der Großangriff. Von allen Seiten zugleich steuerten Landungsfahrzeuge auf die Insel zu. Die Luft dröhnte vom Lärm der Flugzeugmotoren. Während die japanischen Bomber die Besatzung in die Felsverstecke trieben, landeten die Boote. Japanische Soldaten schwärmten über die von der Artillerie zerschossenen Stellungen. Flammenwerfer richteten sich auf die Eingänge der Tunnel. Da gaben die Verteidiger auf.

Die philippinischen Soldaten legten ihre veralteten Enfield-Gewehre ab, die aus dem Jahre 1896 stammten und über die sich die Eroberer amüsierten. Schweigend traten die Filipinos den Marsch in die Gefangenschaft an. In den letzten Wochen und Monaten hatte sich unter diesen Soldaten eine starke Ernüchterung bemerkbar gemacht. Nicht wenige begriffen, daß ihr Vaterland von den USA deshalb nicht bis zur letzten Konsequenz verteidigt worden war, weil es für sie als ein spekulativer Besitz galt, für den man aus strategischen Überlegungen zwar einiges einsetzte, nicht aber sein Leben. Keiner der Gefangenen erfuhr zunächst, daß General MacArthur bereits in Australien weilte. Dort verkündete er vor Reportern und Kameraleuten feierlich: »Ich komme wieder!«

Hukbalahap

Francisco Ramos kam als letzter und mit Verspätung. Maria war bei ihm, und da er sie nicht gut zu der Besprechung mitnehmen konnte, verabschiedete er sich am Straßenrand von ihr. Der Abschied zog sich ein wenig in die Länge. Das rettete Francisco das Leben.

Der Stadtteil Ermita schloß sich nordwärts an das Kaigelände an. Man konnte hier noch den Geruch des Wassers spüren, ein bißchen roch es nach Seetang, nach Öl auch. Es war ziemlich dunkel, aber einige der Straßenlaternen brannten. Die Japaner hatten das Elektrizitätswerk wieder in Betrieb gesetzt. An diesem Abend des 25. Januar 1942 arbeitete es bereits mit Dreiviertel der alten Kapazität.

Pedro Abad Santos wohnte hier in einem der Häuser, deren Front im Dunkel lag. Abad Santos und Crisanto Evangelista hatten einige Mitglieder des Zentralkomitees gebeten, unmittelbar nach Einbruch der Dunkelheit in Santos' Wohnung zusammenzukommen. Außerdem waren andere Kader der Partei geladen. Die Besprechung sollte unter anderem auch eine Entscheidung über den künftigen Aufenthaltsort des Zentralkomitees treffen. Seit dem Einmarsch der Japaner hielt sich das ZK in Manila auf. Noch war keines der Mitglieder von den Besatzern verhaftet worden.

Abad Santos vertraute darauf, daß die Japaner zunächst noch mit anderen Dingen beschäftigt waren. Aber man hatte erkannt, daß die Gefahr wuchs. Zuerst waren die meisten ZK-Mitglieder der Meinung, Manila, die unübersichtliche Stadt, sei der idealste Aufenthaltsort für die illegale Leitung der Widerstandsbewegung. Hier war es schwer, einen bestimmten Menschen ausfindig zu machen, im Gewimmel der Leute, im Gewirr der Gassen. Nach und nach aber hatte sich die Erkenntnis durchgesetzt, daß die Sicherung der führenden Kader in der Hauptstadt umfangreiche Schutzmaßnahmen erfordern würde. Doch die Partei hatte ihre Kräfte auf den Kampf zu konzentrieren. Also war zu entscheiden, ob man sich in eines der Verstecke zurückziehen sollte, die weiter im Land lagen.

Während Francisco im Dunkel Maria umarmte, sah er das Auto kommen. Ein japanisches Fahrzeug, mit abgeblendeten Scheinwerfern. Es war kein ungewohntes Bild; überall in der Stadt fuhren japanische Militärlastwagen herum. Aber dieser hier hatte keine Plane, er war wie ein Stabswagen gebaut, die Ladefläche mit einem hölzernen Aufbau versehen. Schon wollte Ramos sich wieder Maria zuwenden, als er merkte, daß der Wagen langsamer fuhr und schließlich vor Santos' Haus hielt. Er zog Maria noch weiter unter die überhängenden Zweige eines Gebüsches, so daß die beiden nicht mehr zu erkennen waren. Dann sah er die Soldaten aus dem kastenartigen Aufbau des Wagens springen, sah sie ins Haus eilen und hörte das Stimmengewirr. Er erschrak und zog Maria an sich.

»Sei ganz still!«

Maria schmiegte sich an ihn. Seit zwei Stunden hatte sie ihn zu bewegen versucht, sie aufs Land mitzunehmen. Sie wollte nicht in der Stadt bleiben. In Manila gab es Gerüchte, daß sich in der Provinz Kämpfer gegen die Japaner sammelten. »Ich will dabeisein«, hatte sie beharrt.

Ramos war unentschlossen gewesen. Er hielt ihr vor, das Leben in einer militärischen Einheit sei beschwerlich, abgesehen davon, daß jede Stunde den Tod bringen konnte. Außerdem war er der Meinung, Maria könnte in Manila nützlicher sein. »Du könntest uns eine Menge wertvoller Nachrichten übermitteln«, gab er ihr zu überlegen. »Du kannst dich hier frei bewegen. Du gehörst der Partei nicht an, man sucht dich nicht. Und du hast ein Gespür für Dinge, die wichtig sind.«

Er wußte, daß sie bei den »Freien Philippinen« mitarbeitete, und er war der Ansicht, die militärische Widerstandsorganisation, die gegenwärtig in den Provinzen entstand, könnte sehr erfolgreich mit jener Gruppe in Manila zusammenwirken. »Wir würden uns ergänzen«, meinte er. »Schließlich sind wir alle Filipinos, Patrioten. Das ist eine gemeinsame Basis. Wäre es nicht wirklich besser, du bliebst hier?«

»Und wir sehen uns nie wieder?« fragte sie beklommen.

Er schüttelte den Kopf. »Ich werde oft in der Stadt sein, Maria. Ich habe bereits einen Krieg hinter mir. Man will mich für besondere Missionen einsetzen, weil ich sozusagen das ABC kenne. Natürlich würden wir uns hin und wieder sehen.«

Da war der japanische Lastwagen gekommen, und nun sahen die beiden, wie die Soldaten Männer aus dem Haus führten, an den Händen gefesselt: Abad Santos und Evangelista, Guillermo Capadocia, ein langjähriger Gewerkschaftsführer, Agapito del Rosario und einige andere, die Ramos nicht kannte, deren Gesichter er in der Dunkelheit auch nicht genau ausmachen konnte.

Ein paar Sekunden überlegte Ramos, ob er helfen könnte. Aber da war nichts zu helfen; er stand allein, unbewaffnet, gegen ein Dutzend japanischer Militärpolizisten.

Er blieb still mit Maria in der Dunkelheit stehen und wartete, bis der Wagen abgefahren war. Dann löste er sich von dem Mädchen. Maria stellte keine Fragen, als er sich knapp verabschiedete und davonlief. Er mußte die anderen Genossen warnen. Wer konnte wissen, ob die Kempeitai nicht in derselben Nacht noch weitere Aktionen vorhatte!

Ob Ramos damit die restlichen Genossen vor der Inhaftierung bewahren konnte, erfuhr er nie. Die Gefährdeten wechselten ihre Unterkünfte, Ramos selbst ging ebenfalls nicht in seine Wohnung über dem Buchladen zurück. Er verbrachte die Nacht im Luneta Park und verließ am nächsten Morgen die Stadt.

Der Kempeitai war ein entscheidender Schlag geglückt. Informanten hatten berichtet, Santos halte sich in seinem Haus auf und empfange dort Besucher. Daraufhin hatte man die Gegend beobachten lassen und schließlich zugegriffen. Die Gefangenen wurden ins »Manila-Hotel« gebracht, wo die Kempeitai ihr Hauptquartier hatte.

Als General Homma die Nachricht von den Festnahmen erhielt, befahl er, die Gefangenen taktisch klug zu behandeln. So wurden sie zunächst nicht geschlagen. Ein junger Vernehmungsoffizier teilte ihnen lediglich mit, man erwarte von ihnen eine schriftliche Erklärung, in der sie alle übrigen führenden Kader der Kommunistischen Partei aufforderten, sich unverzüglich den japanischen Behörden zu stellen. Sie würden sofort freigelassen, wenn sie öffentlich jeder gegen Japan gerichteten Tätigkeit abschwörten.

Um Mitternacht erschien Oberst Kodama im Hotel. General Homma hatte ihn beauftragt, die Vernehmung persönlich zu leiten. Kodama war ein gewiefter Kempeitai-Offizier, der auf eine lange Praxis im besetzten China zurückblicken konnte. Er begann mit Agapito del Rosario. Vermutlich wollte er bei ihm zunächst Erfahrungen sammeln, bevor er sich dem Vorsitzenden der Partei, Evangelista, und dessen Stellvertreter, Abad Santos, zuwandte.

Der Oberst nahm zur Kenntnis, daß Rosario keine Zeile geschrieben hatte. Daraufhin befahl er, ihm fünfundzwanzig Hiebe mit einem stählernen Ladestock zu verabreichen. Als dies geschehen war, erschien er erneut in dem Hotelzimmer und wandte sich an den blutenden, am Boden liegenden del Rosario: »Sind Sie bereit, die von uns geforderte Erklärung zu unterschreiben?«

»Nein«, antwortete del Rosario. Sein Gesicht war geschwollen, der Kopf dröhnte ihm von den Schlägen. Aber er war bemüht, sich die Schmerzen nicht anmerken zu lassen.

»Sie weigern sich?«

»Ich habe für Japan nichts zu unterschreiben«, entgegnete er. »Japan ist in unser Land eingedrungen; es hat kein Recht, von einem Bürger irgend etwas zu fordern.«

Kodama, ein für einen Japaner ziemlich großer, schlanker Mann mit gepflegtem Äußeren, wippte auf den Stiefelsohlen. Vielleicht sollte man ein Exempel statuieren? Er überlegte. Dann versuchte er es nochmals. »Was wollten die Kommunisten anderes als die Abschaffung der amerikanischen Herrschaft? Die Amerikaner sind fort. Die Philippinen werden unter der weisen Leitung Japans ein wohlhabendes Land werden. Es ist unnütz, sich dagegen zu stemmen. Sie können leben, frei und ungebunden. Vorausgesetzt, Sie schwören allen subversiven Tätigkeiten ab.«

Rosario, der vor einiger Zeit öffentlich vorausgesagt hatte, was auf den Philippinen geschehen würde, antwortete nur: »Ich habe nichts abzuschwören, ich werde für die Befreiung meines Landes kämpfen, solange ein fremder Soldat hier steht. Oder ich werde sterben.«

Kodama lächelte. »Sie wollen wirklich sterben? Wissen Sie denn, daß wir Ihnen dieses Sterben zu einem Prozeß machen können, der sich über Wochen hinzieht? Wissen Sie, wie kläglich es sich stirbt, wenn einem alle Knochen im Leibe zerschlagen sind? Wenn man kaum noch atmen kann? Wollen Sie das tatsächlich?«

Del Rosario schwieg. Er hatte nichts mehr zu sagen. Noch bevor Kodama das Zimmer verließ, wandte der Gefangene seine Aufmerksamkeit dem breiten Fenster zu, hinter dem ein Balkon lag. Ein Posten stand dort; er konnte das Zimmer überblicken. Aber das Fenster ...

Bevor del Rosario einen Entschluß fassen konnte, kamen die Helfer Kodamas wieder. Er erhielt weitere fünfundzwanzig Stockhiebe. Danach löschten sie das Licht und verschwanden. Der Posten blieb auf dem Balkon.

Del Rosario hatte begriffen, daß es für ihn keine Rettung gab. Kollaboration wäre der einzige Ausweg gewesen, aber der existierte für ihn nicht. Lange beobachtete er den Posten. Dann bewegte er die Glieder. Noch waren die Knochen heil. Nach und nach kehrten die Kräfte wieder. Durch das Fenster konnte del Rosario auf den Luneta Park blicken. Im Mondlicht sah er die Statue José Rizals stehen, bleich, stumm; Rizal, den die Spanier getötet hatten.

Es war eine Stunde nach Mitternacht, als der Posten zusammenfuhr und die Hände vor das Gesicht riß. Der Gefangene hatte sich mit aller Kraft von der gegenüberliegenden Wand abgestoßen, war durch die dünne Glasscheibe gesprungen, weit über den Rand des Balkons hinaus, fünf Stockwerke hinab.

Del Rosario war nicht sofort tot. Man brachte den Bewußtlosen nach Fort Santiago. Dort wurde er auf dem Hof von einem Offizier der Kempeitai mit der Pistole erschossen und eingescharrt.

Die Schicksale der übrigen Gefangenen waren unterschiedlich. Evangelista, der sich ebenfalls standhaft weigerte, mit den Japanern zu verhandeln, wurde gefoltert, bis er nicht mehr vernehmungsfähig war. Dann erschoß ihn Kodama persönlich. In der Zwischenzeit aber hatte sich General Homma überlegt, daß man eventuell mit lebenden Gefangenen mehr erreichen könnte. So dachte er sich für Pedro Abad Santos und Guillermo Capadocia einen besonderen Trick aus. Nachdem er die übrigen Gefangenen ebenfalls hatte beseitigen lassen, verbreitete er das Gerücht, Capadocia und Abad Santos hätten sich mit den japanischen Behörden arrangiert und seien zu loyaler Haltung bereit. Dann ließ er die beiden frei und verlauten, sie wollten mit ihren Genossen im Untergrund verhandeln, damit auch diese sich den Japanern stellten.

Es gelang den Japanern mit diesen Gerüchten, auch mit gefälschten Unterschriften der beiden, einige Verwirrung zu stiften. Aber Abad Santos und Capadocia selbst blieben, was sie immer gewesen waren. Santos tauchte in einem Dorf unter; er starb 1945 an einer schweren Krankheit. Capadocia gelang es, zu den Kräften des Widerstands zu stoßen.

Während die Geschütze General Hommas noch auf die Kasematten von Bataan und Corregidor feuerten, MacArthur auf das U-Boot wartete, das ihn in Sicherheit bringen sollte, und Präsident Quezon, der sich ebenfalls zur Flucht rüstete, seinen Vertrauten, den ehemaligen Finanzminister Manuel Roxas, in Übereinstimmung mit MacArthur beauftragte, sich nach der Kapitulation den Japanern als Sachverständiger zur Verfügung zu stellen, während dies alles geschah, hatte die Kommunistische Partei bereits den ersten Schritt getan, den Kampf gegen die Invasoren zu organisieren.

Am 6. Februar 1942 trafen sich auf Einladung der Kommunisten in der kleinen Ortschaft Bawit in der Provinz Nueva Ecija heimlich Vertreter aller patriotischen Organisationen, um über das gemeinsame Vorgehen gegen die Japaner zu beraten. Neben den Kommunisten hatten die Gewerkschaften ihre Vertreter entsandt, ebenso die Bauernorganisationen, chinesische Bevölkerungsgruppen, Studentenverbände, Organisationen fortschrittlicher Intellektueller und auch die Unabhängige Kirche der Philippinen.

Bawit lag weit von den nächsten Stützpunkten der Japaner entfernt, und diese waren noch nicht in der Lage, das gesamte Territorium unter Kontrolle zu halten. Um dennoch kein Risiko einzugehen, waren um die Ortschaft bewaffnete Bauerngruppen verteilt, die bereits unmittelbar nach dem japanischen Angriff gebildet worden waren. So konnten die Delegierten in relativer Sicherheit beraten. Sie beschlossen, aus allen patriotischen Organisationen unter Führung der Kommunistischen Partei eine »Nationale Antijapanische Einheitsfront« zu gründen.

Als die Delegierten wieder die Heimreise antraten, einzeln, von Wegekundigen geführt und beschützt, abseits der großen, von den Japanern kontrollierten Straßen, lag als Ergebnis der Zusammenkunft ein Dokument vor, das bald illegal in ganz Luzon verbreitet wurde. Es war das politische Programm der Einheitsfront. Seine wesentlichsten Punkte lauteten:

1. Militärischer Kampf gegen die japanischen Okkupanten bis zu deren Vertreibung von den Philippinen
2. Zusammenarbeit mit den Alliierten
3. Nationale Unabhängigkeit; Beendigung der amerikanischen Vorherrschaft
4. Bildung einer demokratischen Regierung, die soziale Gerechtigkeit für alle garantiert

5. Ausschaltung oder Bestrafung aller Verräter und Kollaborateure, die mit den Japanern paktieren

Parallel mit der Gründung der Volksfront organisierte die Kommunistische Partei den bewaffneten Volkskampf. Die Volksfront erhielt damit einen militärischen Apparat, der aus den bereits spontan oder von der Partei gebildeten Widerstandsgruppen hervorging, die Hukbalahap.

Für den 29. März hatte die Partei auf dem von Andrew Conway erkundeten Gelände des Arayat eine Zusammenkunft einberufen, an der alle Führer der Widerstandsgruppen und weitere Kader teilnehmen sollten, die für den militärischen Kampf in Frage kamen. Dies sollte die Geburtsstunde des bewaffneten Armes der Volksbewegung werden. Noch bevor sie offiziell gegründet war, am 8. März, schlugen Einheiten dieser Streitmacht des Volkes zum erstenmal zu.

Felipa Culala beobachtete das Herrenhaus lange, bevor sie sich entschloß, den Männern, die hinter ihr in den Büschen versteckt lagen, das Zeichen zu geben. Sie hob die Hand. Fünf Schatten gesellten sich zu ihr. Es war eine warme, mondlose Nacht, und das Haus des Gutsherrn in Arroyo, des ersten, der sich hier öffentlich für die Unterordnung aller Einwohner der Provinz unter die »weisen Anordnungen der japanischen Retter« ausgesprochen hatte, war unbeleuchtet. Also stimmte der Hinweis, den ein Landarbeiter gegeben hatte, der Besitzer sei mit seiner Familie beim Empfang des japanischen Provinzkommandanten in Candaba.

»Wir gehen alle zusammen«, entschied Felipa Culala, die von ihren Begleitern Dayang-Dayang genannt wurde, eine aus dem Malaiischen entlehnte Bezeichnung für »die Mächtige«.

In Candaba, wo sie zu Hause war, kannten sie viele Leute als Funktionärin der Bauernbewegung. Es gab kaum ein Dorf, in dem sie nicht Reden gehalten und Demonstrationen organisiert hätte. Felipa Culala war von untersetzter, ja vierschrötiger Gestalt. Sie besaß große körperliche Kraft, und ihre Umgangsart war wenig zart. Vielleicht fügten sich die Männer gerade wegen dieser Eigenschaften unter ihr Kommando. Einige Tage war sie in Arroyo unterwegs gewesen und hatte Mitkämpfer um sich gesammelt, die bereit waren, gegen die Japaner aufzustehen. Etwa drei Dutzend Männer waren ihr gefolgt, zunächst in ein Versteck, in dem sie jetzt auf den Erfolg der ersten Aktion warteten, die ihre Anführerin mit fünf von ihnen unternahm. Es ging um die Beschaffung von Waffen. Der Gutsherr besaß einen gefüllten Gewehrschrank.

»Los!« rief die Frau heiser. Sie ging den anderen voran auf das Haus zu. Ihre scharfen Augen hatten längst erspäht, daß im Erdgeschoß mehrere Fenster offen standen. Durch eines stieg die Gruppe ein. Vorsicht war nicht mehr nötig; man wußte, die Bewacher, die sich der Gutsherr hielt, schliefen einige hundert Meter entfernt in ihrem Quartier. So schaltete die Culala in dem geräumigen Herrenzimmer auch unbesorgt die Beleuchtung ein, und da war der Gewehrschrank!

»Zehn!« zählte die Frau. »Jeder nimmt zwei.«

Während die Männer das leichte Schloß des verglasten Schrankes aufbrachen und sich die Flinten umhängten, spürte die Culala Schachteln mit Munition aller Art auf. Sie verteilte sie. Im Schreibtisch fand sich noch ein amerikanischer Revolver, den sie an sich nahm. Dann schickte sie ihre Begleiter hinaus und hieß sie warten.

Als sie nach einiger Zeit aus dem Fenster stieg, staunten die Männer. Die Culala trug einen eleganten Reitanzug des Gutsherrn. Zwar gaben ihr die weiten Breeches-Hosen ein etwas eigenartiges Aussehen, aber sicher würde der strapazierfähige Anzug im Wald nützlich sein.

»Nichts zu essen da«, bemerkte sie kurz. »Wir holen Verstärkung, und dann besuchen wir den Lebensmittelladen!«

Zwei Stunden später brach Felipa Culala mit einem Dutzend Männern in den Dorfladen ein. Das ging nicht ohne Lärm vor sich, und der chinesische Besitzer rannte durch die Hintertür davon.

»Laßt ihn laufen«, befahl die resolute Frau. »Packt alles in Säcke.« Sie stellte Lebensmittel zurecht, als tätige sie einen Großeinkauf. Der Gedanke an eine Gefahr kam ihr nicht.

Dem Händler war es inzwischen gelungen, die Constabulary zu alarmieren. Er traf in der Polizeistation sogar den Bürgermeister an, den die Japaner eingesetzt hatten. Noch bevor die Culala mit ihren Männern verschwinden konnte, hatten die Gendarmen den Laden umstellt.

»Einzeln herauskommen!« kommandierte der Bürgermeister. Die Männer erschraken. Einzig die Culala behielt die Nerven. Sie befahl den Rückzug durch die Hintertür. Aber die Männer zögerten zu lange, behinderten sich mit den prall gefüllten Säcken gegenseitig, und als die Gendarmen das Feuer eröffneten, gerieten sie vollends in Panik. Nur drei konnten mit der Culala entkommen, die übrigen wurden gefangengenommen.

In der Nacht gab es in dem Lager im Wald eine lange, hitzige Debatte.

Gewiß, die Aktion sei nötig gewesen. Man habe kaum noch etwas zu essen gehabt, und sicher wäre alles anders verlaufen, hätte man kaltblütiger gehandelt. Aber man dürfe jetzt die Gefangenen nicht im Stich lassen. Also schickte die Culala noch in derselben Nacht drei Männer nach Arroyo, um zu erkunden, was man unternehmen könne.

Gegen Morgen kamen die drei zurück. Die Gefangenen waren noch vor ihrem Eintreffen abtransportiert worden, ins Gefängnis nach Candaba. Konnte man es wagen, sich in dieser Stadt sehen zu lassen? Japaner waren dort nicht, das war bekannt. Und die Gendarmen?

»Wir werden sie überraschen«, entschied Felipa Culala schließlich. »Außerdem gibt es in diesem Gefängnis bestimmt Waffen. Wir brauchen welche. Also los!«

Am nächsten Abend lagen die Männer vor der kleinen Stadt. Alles war ruhig. Doch die Culala entschied: »Wir machen es morgen bei Tageslicht, da fühlen sie sich so sicher, daß sie nicht mit uns rechnen.«

Sie schliefen, bis die Sonne sie weckte. Dann ließ die Culala die Gewehrträger ihre Waffen mit Kleidungsstücken umwickeln, die anderen verbargen ihre Bolos, die schweren Haumesser, am Körper. Aus verschiedenen Richtungen gingen die Männer auf die Stadt zu. Felipa Culala marschierte, den Revolver in der Tasche, auf der Landstraße in die Stadt. Sie gelangte unbeachtet bis zum Rathaus, in dem sich das Gefängnis befand, und wartete. Nach und nach trafen ihre Gefährten ein. Zu ihrem Erstaunen war das Rathaus nicht sonderlich bewacht. Mittags, als ein Teil der Polizisten und auch die Angestellten zum Essen gingen, drang die Culala mit ihrem Trupp in das Gebäude ein. Sie hatten Glück, außer dem Aufseher und zwei Polizisten gab es hier keine Bewaffneten. Felipa Culala setzte dem Aufseher den Revolver an die Schläfe und forderte ihn barsch auf: »Öffnen!«

Der verängstigte Mann schloß alle Zellen auf, während die Leute der Culala bereits die Waffen der Polizei einsammelten. Zuletzt wurden die drei Beamten in eine der Zellen gesperrt, und dann trat der Trupp mit den Befreiten den Rückzug an. Es war kein Schuß gefallen, und so konnten sie ohne viel Aufsehen die Stadt verlassen.

Nach kurzer Beratung wandten sie sich dem Dorf Mandili zu, das am Rande der Candabasümpfe lag, einer unübersichtlichen Gegend, in der jedoch die Männer, die hier zu Hause waren, jeden Steg genau kannten, jedes Versteck. Die Dorfbewohner lauschten staunend den Erzählungen der Männer mit den Gewehren. Einige Tage vergingen in Ruhe. Immer mehr junge Männer aus Mandili und einigen anderen Dörfern in der Umgegend wollten in den Trupp der Culala aufgenommen werden. Sie wies keinen zurück. Vor Monaten hatte die Partei die Aufstellung bewaffneter Widerstandgruppen beschlossen, also mußte man handeln.

Felipa Culala postierte Späher auf den Zufahrtswegen und beschloß abzuwarten. Vielleicht ergab sich die Möglichkeit, für die Hinzugekommenen ebenfalls noch Waffen zu erbeuten. Außerdem war die Versorgung für die inzwischen recht große Gruppe in einem Dorf leichter. Die Bauern spendeten willig Lebensmittel für die Kämpfer.

Eines Morgens meldeten die Späher das Anrücken japanischer Soldaten und einheimischer Gendarmen. Die Nachricht überraschte Felipa Culala nicht.

»Ich habe damit gerechnet. Bezieht eure Posten!«

Sie hatte ihre Vorbereitungen getroffen. Die Umgebung des Dorfes war von Wassergräben durchzogen, die um diese Jahreszeit trocken waren. Hier hatte Felipa Culala einen Hinterhalt legen lassen, in den die Anrückenden ahnungslos hineinliefen. Kurz vor dem Ort sprangen plötzlich mehr als hundert Kämpfer aus den Gräben und stürzten sich auf die Überraschten. Die Bauern erschlugen, erstachen oder erschossen in wenigen Minuten etwa hundert Soldaten, worauf sich der Rest fluchtartig nach Mandili rettete, und zwar in das einzige feste Bauwerk am Platze, die Kirche.

Die Guerillas sammelten zunächst die von den Japanern und Polizisten weggeworfenen Waffen auf und nahmen den Toten alles ab, was von Wert war, dann rüsteten sie sich zum Angriff auf die Kirche. Aber der Gegner schwenkte dort eine weiße Fahne. Daraufhin zogen sich die Guerillas zunächst zum Dorfrand zurück. Sie hatten stundenlang regungslos in den Gräben gelegen, jetzt waren sie hungrig. Die Dorfbewohner versorgten sie mit Reis und Hühnerfleisch. Während der Rast entging ihnen, daß eine japanische Nachhut am Kampfplatz eintraf, die Situation erfaßte und sofort Verstärkung anforderte.

Felipa Culala mußte eine schnelle Entscheidung treffen. Zwar waren jetzt fast alle hundert Guerillas mit erbeuteten Waffen ausgerüstet, trotzdem würde das Gefecht nicht zu gewinnen sein. So befahl Felipa den Rückzug in die Sümpfe.

Die Soldaten zogen unverrichteterdinge ab. Zuvor durchsuchten sie die

Dörfer am Rande der Sümpfe; dabei töteten und verwundeten sie viele Dorfbewohner. Niemand jedoch gab die Guerillas preis, jedermann schwieg, auch wenn es ihn das Leben kostete. Die Solidarität der Bevölkerung mit den Partisanen wurde zum erstenmal so eindeutig demonstriert, daß die Japaner keine Illusionen mehr über die Gewinnung der einfachen Leute für Tokio haben konnten.

Eine knappe Woche später führte der Bauernfunktionär Lope de la Rosa im Norden des Bezirkes Manila eine ähnliche Aktion durch, an der über hundert Guerillas teilnahmen. De la Rosa, der mit Felipa Culala bekannt war, fühlte sich durch das Beispiel ihrer Einheit ermuntert. Er zog seine Kämpfer, die in Ortschaften südöstlich der Candabasümpfe beheimatet waren, zusammen und legte an einer Landstraße, die zur Hauptstadt führte, einen sorgfältig vorbereiteten Hinterhalt. Die Guerillas waren einigermaßen gut bewaffnet. Rechts und links der Straße gab es dichtes Unterholz, hier legten sie sich auf die Lauer.

Sie ließen mehrere Streifen passieren; erst als eine Kompanie anmarschierte, gab de la Rosa das vereinbarte Signal. Schlagartig begann das Feuer auf die Kolonne. Die überraschten Japaner fanden keine Deckung. Sobald sie sich dem Straßenrand näherten, wurden sie beschossen. Also mußten sie sich mitten auf der Fahrbahn verteidigen und boten den im Hinterhalt liegenden Guerillas ein kaum zu verfehlendes Ziel.

Nach einigen Minuten Feuerwechsel, als bereits etwa hundert Soldaten kampfunfähig waren, brannte de la Rosa die Zündschnur einer Dynamitpackung an, die aus einem Steinbruch stammte, und warf diese provisorische Granate unter die Japaner. Daraufhin ergriffen die etwa zwanzig Überlebenden die Flucht. Sie kamen in Manila an, als sich de la Rosas Einheit bereits wieder auf dem Rückmarsch in ihr Versteck in der Nähe von San Miguel befand.

Die Nachricht von den beiden siegreichen Aktionen verbreitete sich mit Windeseile in den Barrios. Zum erstenmal zeigte das einfache Volk, daß es seine Unterdrücker selbst vernichten konnte. Freiwillige strömten den Guerillaeinheiten zu. Auch viele ehemalige Soldaten, die zu den philippinischen Hilfstruppen gehört hatten und sich aus den Kämpfen um Bataan retten konnten, stießen zu den Kämpfern. Es waren zum größten Teil ehrliche junge Bauernburschen, die begriffen, daß das Volk eine eigene Armee formieren mußte. Sie waren willkommen, immerhin handelte es sich um ausgebildete Soldaten, von denen nicht wenige ihre Waffen mitbrachten.

Die Freude über die ersten Siege beherrschte auch die Teilnehmer der Zusammenkunft auf dem Mount Arayat. Sie begann am 29. März, nachdem Tage zuvor die Abgesandten der einzelnen Widerstandsgruppen angekommen waren. Auf einer Lichtung im dichten Wald stand ein Tisch, den man aus einem Dorf herbeigetragen hatte. Rundum saßen einige hundert Kämpfer. Revolutionäre Lieder wurden gesungen, Frauen brieten Büffelfleisch und schleppten Krüge mit Wasser herbei. Die trockene, heiße Jahreszeit war angebrochen. Das gesamte Gebiet um den Arayat war durch Posten gesichert. Die japanischen Truppen lagen so weit entfernt, daß man ihr Anrücken in jedem Falle rechtzeitig bemerkt hätte.

Eine Woche lang beriet man über Grundsätze und Ziele, Aufbau und Struktur einer antijapanischen Streitmacht. Sehr schnell einigte man sich über die Organisationsstruktur. Sie wurde den Gegebenheiten angepaßt: Grundeinheit war die Abteilung, die etwa Kompaniestärke hatte. Jede Abteilung hatte einen Kommandeur, einen Stellvertreter, einen politischen Instrukteur und je einen Verantwortlichen für Aufklärung und Versorgung, wobei die beiden letzteren gleichzeitig für die enge Verbindung zur Bevölkerung zu sorgen hatten. Zwei Abteilungen bildeten ein Bataillon, zwei Bataillone ein Regiment.

Von vornherein wurde beschlossen, die relativ kleinen Einheiten möglichst disloziert zu halten, dabei aber die Beweglichkeit im Falle kombinierter Aktionen oder massierter Gegenangriffe zu sichern.

Weiterhin wurden Gegenden als Hauptoperationsgebiete gewählt, in denen es bereits engen Kontakt zur Bevölkerung gab sowie die Möglichkeit, sich bei gegnerischen Attacken ungehindert zurückzuziehen, sich zu zerstreuen und sich anderswo wieder zu sammeln. Die militärischen Schwerpunkte waren der Norden und der Westteil der Provinz Pampanga, das gesamte Gebiet der Candabasümpfe, wo sich die Provinzen Pampanga und Bulacan berührten, sowie die Provinzen Tarlac und Nueva Ecija. Von hier aus sollte sich der militärische Widerstandskampf nach und nach auf die anderen Gebiete Luzons ausweiten. Später sollten kampferfahrene Kader auf andere Inseln des Archipels entsandt werden, um dort den Kampf zu organisieren.

»Hukbong Bayan Laban sa Hapon« nannte sich die neugeschaffene Kampftruppe, »Antijapanische Volksarmee«. In der Bevölkerung nannte man sie bald verkürzt Hukbalahap oder ganz einfach Huk. Der Name sollte sich für immer ins Bewußtsein der Filipinos einprägen.

Die Kommunistische Partei war durch den Verlust ihrer führenden Kader zwar schwer getroffen worden, aber sie ersetzte die getöteten Genossen rasch durch andere fähige und erfahrene Funktionäre. So wurde Vicente Lava, ein bekannter Naturwissenschaftler, zum Generalsekretär gewählt, ein Intellektueller, der — aus einer bürgerlichen Familie stammend — ebenso wie seine Brüder José und Jesus, früh zum Marxismus gefunden hatte. Seine Ehrlichkeit und Einsatzbereitschaft machten ihn zu einem beliebten Führer. Überhaupt besaß die Familie Lava durch ihr Engagement in der revolutionären Bewegung einen guten Namen.

Neben Vicente Lava leiteten solche bewährten Arbeiterpersönlichkeiten wie Mateo del Castillo, Primitivo Arrogante und Emeterio Timban das neue Zentralkomitee der Partei. Als Führer der Hukbalahap wurden für die militärischen Aktionen erfahrene Funktionäre wie Mariano Balgos, Casto Alejandrino und Juan Feleo bestimmt. Dazu kamen erprobte Funktionäre der Bauernbewegung wie Luis Taruc. Er war aus der Sozialistischen Partei hervorgegangen und wurde zum Vorsitzenden des Militärkomitees ernannt. Casto Alejandrino wurde sein Stellvertreter.

Vor der Kommunistischen Partei stand die schwierige Aufgabe, eine Volksarmee sozusagen aus dem Boden zu stampfen. Gewiß gab es kämpferische Traditionen unter den Arbeitern und Bauern, aber die politische Bildung, das Allgemeinwissen und die militärischen Kenntnisse waren gering, selbst unter den führenden Kadern. Zudem mußte sich die Partei bei der Schaffung der bewaffneten Kräfte fast ausschließlich auf die Bauernschaft und die Landarbeiter beschränken. Größere Teile der Arbeiterklasse waren nicht verfügbar, weil die Japaner sofort die Familien zur Rechenschaft gezogen hätten, aus denen Männer ohne nachweisbaren Grund die streng kontrollierten Städte verließen. Abgesehen davon aber wäre es ihnen sehr schwergefallen, sich in den Barrios wie die bäuerlichen Angehörigen der Hukbalahap zu bewegen; unauffällig ihren täglichen Pflichten nachgehend, keinen Argwohn bei den Kollaborateuren und Denunzianten erweckend, und doch jederzeit bereit, die Waffe aus dem Versteck zu holen und zum Sammelplatz der Einheit zu eilen.

Ihre einseitige Beschränkung auf die Landbevölkerung war eine entscheidende Schwäche der Huk. In der Folgezeit sollte das unter anderem dazu führen, daß sich der Kampf der Landbevölkerung im gewissen Sinne verselbständigte. Nur selten war er mit den Aktionen der Arbeiter in den Städten koordiniert, wodurch viele Kampfformen, die von den Arbeitern hätten genutzt werden können, ungenutzt blieben. Überhaupt erhielt die Arbeiterbewegung von der mit dem bewaffneten Widerstand in den Provinzen vollauf beschäftigten Parteiführung nicht die nötige Aufmerksamkeit.

Vorerst konzentrierte sich die Partei darauf, die Hukbalahap nicht nur zu einer schlagkräftigen Streitmacht zu entwickeln, sondern auch den Kämpfern politisches Grundwissen zu vermitteln. Das alles hatte im Kampf zu geschehen, eine Aufgabe, die nicht leicht war, vor allem, wenn man berücksichtigt, daß die soeben entstehenden Abteilungen Zulauf von Schichten fanden, denen die sprichwörtliche Disziplin von Revolutionären weitgehend fremd war. So endete auch die Beratung auf dem Mount Arayat mit dem Beschluß, Richtlinien zu schaffen, nach denen später in jeder Einheit Ordnung und Disziplin eingeführt werden sollten.

Francisco Ramos blieb noch mehrere Tage in der Gegend, in der man die Huk gegründet hatte. Luis Taruc, Juan Feleo und einige andere militärische Kader arbeiteten die Richtlinien für die Volksarmee aus.

Jesus Lava, von Beruf Arzt, sammelte Leute um sich, die den Kern eines Sanitätswesens bilden sollten. Er war der einzige Mediziner der Hukbalahap und kannte seine schwere Verantwortung. Ein anderer hätte vielleicht vor der scheinbar unlösbaren Aufgabe kapituliert, doch er begann zielstrebig mit der Arbeit. Er führte Kurse in Erster Hilfe durch, zeigte, wie Schußwunden provisorisch zu verbinden waren, und stellte eine Liste des Materials auf, das unbedingt beschafft werden mußte: Mullbinden, chirurgische Bestecke, Schienen, Medikamente. Das meiste würde erbeutet werden müssen. Aber Lava schrieb auch einheimische Pflanzen auf, die zu Heilzwecken verwendet werden konnten. Die ersten Sanitäter wurden mit dem Auftrag zu ihren Einheiten entlassen, weitere Helfer heranzubilden und unter der Bevölkerung eine Sammlung der Dinge anzuregen, die für die Betreuung Verwundeter gebraucht wurden.

Francisco Ramos beobachtete, wie Lava mit einem Extrakt aus Palmenblüten experimentierte. Tagelang saß er vor dem Feuer, über dem ein Topf mit schwärzlichem Sud brodelte, aus dem er schließlich ein Destillat gewann, das eine schmerzstillende Wirkung hatte. Als Ramos Lava zu verstehen gab, es würde vielleicht einfacher sein, Morphium von den Japanern zu erbeuten, lächelte der junge Arzt.

»Ich werde froh sein, wenn uns das gelingt. Nur — bis dahin müssen wir uns selbst helfen, Paco. Wir werden uns auf vielen Gebieten selbst helfen müssen!«

In der Tat war Ramos selbst bald darauf vor eine ähnliche Frage gestellt: die Bewaffnung. Immer noch waren nur wenige moderne Feuerwaffen vorhanden. Mit Jagdgewehren und Bolos allein würden die Hukbalahap eine Armee wie die japanische kaum ernsthaft gefährden können. Taruc schlug im Stab vor, eine Expedition nach Bataan zu unternehmen. Ende März ging es auf der Halbinsel dem Ende zu. Immer mehr Amerikaner wurden gefangengenommen, der Rest zog sich zurück. Es konnte sich nur noch um Tage handeln. Der hagere, verschlossen wirkende Taruc wollte mit einigen Dutzend Männern nach Bataan aufbrechen, um auf den inzwischen verlassenen Schlachtfeldern herumliegende Waffen aufzusammeln. Man erörterte die Chancen für die Expedition. Schließlich einigte man sich im Stab, nicht eine einzige große Aktion zu unternehmen, sondern jede Abteilung sollte Leute nach Bataan schicken. So würde gesichert sein, daß — wenn auch nicht alle — so doch die Mehrheit der kleinen Trupps mit ihrer Beute durchkommen würde.

Ramos brach noch in der Nacht mit sechs Angehörigen des zentralen Militärkommandos auf. Er kannte den Weg, und er kannte Bataan. Die Gruppe bestand aus Landarbeitern, die in den Dörfern um den Arayat zu Hause waren; kräftige, furchtlose Männer.

Bereits am ersten Abend merkten sie in dem Dorf, in dem sie nach Unterkunft fragten, daß sie gern gesehene Gäste waren, obwohl die Japaner verboten hatten, Fremde zu beherbergen. Die Hütte, in der sie schliefen, gehörte der Familie eines ehemaligen Angehörigen der philippinischen Armee, der bereits vor Wochen ins Dorf zurückgekehrt war. Er hieß Juan Tesos und war ein ausgebildeter Aufklärer, ein Scout, wie die amerikanischen Herren ihn genannt hatten. Juan Tesos hatte selbst in Bataan gekämpft. Freundlich forderte er Ramos und seine Gruppe auf, sich in seiner Hütte wie zu Hause zu fühlen. Er war allein, die Eltern lebten nicht mehr. Fachmännisch betrachtete er die Waffen, die die Männer mitführten, und zog die Augenbrauen hoch. Aber er sagte nichts. Erst als Ramos ihm mitteilte, wer sie seien und zu welchem Zweck sie unterwegs wären, nickte der ehemalige Soldat und bemerkte lakonisch: »Ich habe es mir gedacht. Von den Huk habe ich gehört. Die Leute sprechen darüber.«

Er verschwand für eine Weile und kam mit Reis und Fisch zurück. Die

Nachbarn hatten für die Fremden gekocht. »Ich selbst führe keinen Haushalt«, sagte Tesos. »Keine Frau. Eigentlich bin ich nur über die Zeit hiergeblieben, in der die Leute den Reis setzen, um ihnen zu helfen. Jetzt muß ich weitersehen.«

Er blickte Ramos dabei an. Der merkte, Tesos wartete darauf, daß sie ihn aufnahmen. So wandte er sich ohne Umschweife an ihn, ob er bereit sei, mitzukämpfen.

»Warum sollte ich nicht mit euch ziehen«, meinte er nach einer Weile. »Hier hält mich nichts. Ich war Soldat in der Armee, die sie ›philippinisch‹ nennen. Aber wir waren nur Laufburschen. Es hört sich gut an, was ihr vorhabt.«

Sie sprachen bis in die tiefe Nacht über das, was auf den Philippinen vorging. Tesos war enttäuscht, daß die Amerikaner den Japanern das Land so einfach überlassen hatten. Er haßte die Japaner.

»Sie haben einige meiner Kameraden an Pfähle gebunden und dann die jüngsten aus ihren Reihen mit dem Bajonett an ihnen üben lassen«, berichtete er. »Wir anderen mußten zusehen. Sie sind Barbaren. Aber man kann sie nicht schlagen, wenn man so unentschlossen ist wie die Amerikaner. Die haben ihre Artillerie zurückgelassen, wenn sie flohen. Als wir Scouts die Geschütze übernehmen wollten, haben sie die Verschlüsse weggeschleppt.«

»Du bist Gefangener gewesen?«

»Eine Woche. Dann bin ich in der Nacht geflohen.«

Er ging nach draußen. Wenig später kam er mit einem Gewehr zurück. Es war sauber, geölt und in einen Sack gewickelt. Tesos lächelte. »Ich verstecke es außerhalb der Hütte. Man muß schlau sein.«

Dann bot er Ramos an: »Ich kann euch führen. In Bataan kenne ich fast jeden Kampfplatz. Wir werden finden, was wir brauchen. Wenn ihr mich aufnehmt ...«

Sie nahmen ihn auf. Ramos erläuterte ihm die Richtlinien der Huk und verpflichtete ihn vor den anderen, sich als Kämpfer des Volkes nicht zu schonen. Tesos nickte und sagte: »Ich bin bereit.«

Die Männer hatten das Gefühl, einen erfahrenen Gefährten gefunden zu haben. Bereits am nächsten Tag merkten sie, daß sie sich nicht getäuscht hatten.

Tesos brach mit ihnen auf, als die Sonne bereits aufgegangen war. In der Nähe des Dorfes gab es keine Japaner. Sie marschierten über die

Dämme der frisch bestellten Reisfelder, durch lichte Wälder, bis sie an die Straße kamen, die auf die Halbinsel Bataan führte. Das war gegen Abend. Die Straße war stark befahren, ein Konvoi der Japaner rollte hinter dem anderen. Die Männer warteten, bis es dunkel war, dann überquerten sie den asphaltierten Fahrweg und verschwanden im Wald. Tesos führte sie umsichtig. Er vermied die Kontrollpunkte und ging stets hundert Meter vor den anderen. Beim geringsten Zeichen von Gefahr hob er die Hand. So gelangten sie zu der spärlich bewaldeten Hügelkette, wo die erste Verteidigungslinie der Amerikaner gewesen war. Eilig ausgehobene Gräben gab es hier, stellenweise waren sie nicht benutzt worden. Anderswo wieder war die Erde von Granaten umgepflügt. Als einer der Männer ein amerikanisches Gewehr aufhob, das in einem Trichter lag, winkte Tesos ab.

»Laß es liegen, es ist angesplittert. Ich weiß bessere!«

Sie kamen durch verlassene, zerschossene Siedlungen. Nachts schliefen die Männer im Unterholz. Sie aßen Bananen. Manchmal fingen sie kleine Schlammfische und Krebse. Nach einer Woche hatten sie an mehreren Stellen Waffen gestapelt — amerikanische Armeegewehre, Maschinengewehre, Revolver. Auch Munition fand sich in großen Mengen. Die Japaner hatten offenbar noch keine Gelegenheit gehabt, die Kampfplätze systematisch abzusuchen.

Anfänglich hatte Ramos gehofft, wenigstens soviel Waffen und Munition vorzufinden, daß jeder einige Gewehre mit zum Arayat nehmen könnte. Jetzt stand er vor dem Problem, wie sie die unübersehbaren Mengen abtransportieren sollten.

In den wenigen Tagen stellten sie über fünftausend Gewehre sicher, abgesehen von den anderen Waffen. Einer der Männer ging zurück, um dem Militärkomitee die Funde zu melden und Träger hierherzuführen.

Aus der Ferne beobachteten Ramos' Leute einen Zug Gefangener, der von schwerbewaffneten japanischen Soldaten nordwärts getrieben wurde. Sie konnten auch sehen, daß die Posten Gefangene, die erschöpft liegenblieben, einfach am Wegrand erschossen. Ramos wollte einen Hinterhalt legen. Aber Tesos riet ab. Die Japaner waren in der Überzahl, und das Gelände bot keine Deckung. Ramos mußte ihm recht geben.

»Verschieben wir es auf später«, meinte Tesos. Er lächelte dabei, aber es war kein freundliches Lächeln.

Das Militärkomitee handelte rasch. Träger wurden von verschiedenen

Huk-Einheiten abkommandiert und auf Schleichwegen nach Bataan geführt. Ramos, Tesos und die anderen erwarteten sie an vereinbarten Stellen, zeigten ihnen die Waffenstapel und organisierten den Abtransport. Mitte Mai besaßen die Huk-Einheiten die ersten siebentausend Gewehre, dazu genügend Munition, auch einige Maschinengewehre, mit denen allerdings niemand umgehen konnte. Der Grundstock war gelegt.

Tesos wurde am Arayat offiziell in die Huk aufgenommen und einer Sicherungsabteilung des Militärkomitees zugeteilt, in der er für die Aufklärung verantwortlich war. Als Ramos sich von ihm verabschiedete, weil er den Auftrag erhielt, wieder nach Manila zurückzukehren, war Tesos traurig.

»Man trennt sich nicht gern von verläßlichen Kameraden«, sagte er. Aber Ramos tröstete ihn. Man würde sich bald wiedersehen. Irgendwo. Der Kampf begann erst.

Im Mai 1942, als die japanischen Streitkräfte Corregidor eroberten und General Wainwright formal kapitulierte, war die Hukbalahap bereits einige tausend Mitglieder stark. Sie hatte ihre ersten Aktionen durchgeführt und den Invasoren einen Vorgeschmack auf das gegeben, was noch zu erwarten war. Die Japaner hatten die Philippinen zwar insofern erobert, als es keine amerikanische Gegenwehr mehr gab, aber sie waren noch nicht in der Lage gewesen, alle Teile des Archipels unter ihre Kontrolle zu bringen, als ihnen bereits ein neuer entschlossener Gegner erwuchs.

Die besten Gelegenheiten für schnelle Angriffe boten sich den Hukbalahap-Einheiten in Gebieten, in denen sie feste Verbindungen zur Bevölkerung hatten. So spielten sich die meisten Gefechte im Frühjahr und Sommer 1942 in den Provinzen Pampanga und Nueva Ecija ab, in Tarlac und Bulacan.

Unmittelbar nach dem Fall von Corregidor griff die Abteilung José de Leons eine starke japanische Patrouille bei Laur, in Nueva Ecija, an, wobei fast alle japanischen Soldaten getötet wurden. Die Straßen zwischen Magalang und La Paz, zwischen Angeles und San Fernando waren Schauplatz ständiger Gefechte. Hier reichte der Wald dicht an die Fahrwege. Die Huk-Soldaten griffen Fahrzeugkolonnen an, und wenn die Japaner sich von der Straße zum Wald flüchteten, gerieten sie in vorher angelegte Fallgruben oder verwundeten sich an fest in den Boden gerammten Bambusstäben. Bald fuhren auf diesen Straßen, ebenso wie auf der Hauptstraße, die von Manila nach Norden führte, nur noch Konvois mit starker Bewachung. Doch auch diese waren nicht sicher. Die Huk-Kämpfer bastelten Sprengladungen, die einer Schlange täuschend ähnlich sahen. Japanische Kraftfahrer pflegten Schlangen, die sich auf der Straße sonnten, zu überfahren. Bevor die japanische Führung verbot, Reptilien zu überrollen, konnten die Hukbalahap viele Fahrzeuge vernichten. Und auch das Verbot nutzten die örtlichen Huk-Einheiten wieder zu ihrem Vorteil: Wenn jetzt die japanischen Lastwagenfahrer anhielten, um das mitten auf der Straße liegende Hindernis, in dem sie eine Mine vermuteten, aus dem Weg zu räumen, begann aus dem Hinterhalt der Beschuß.

Doch diese Überfälle blieben nicht die einzige Taktik der Partisanen. Überall wurde die Stärke des Gegners und seine Verteidigungstaktik genau erforscht, worauf man dann zum Angriff überging. So begaben sich Huk-Soldaten in unauffälliger Bauernkleidung in kleine Städte und erkundeten Möglichkeiten des Eindringens. Meist führte das zu einer kurzfristigen Eroberung solcher Städtchen.

Mateo del Castillo führte seine Abteilung auf diese Weise nach San Antonio in Nueva Ecija. Nachdem mehrere Kundschafter einige Tage lang die Stützpunkte der Japaner und der einheimischen Polizei in der Stadt aufgeklärt hatten, rückten del Castillos Soldaten von mehreren Seiten in den Ort ein. Die Japaner wurden dadurch verwirrt, daß sie nicht nur von den in die Stadt Marschierenden beschossen wurden, sondern auch aus dem Hinterhalt, nämlich von den Männern del Castillos, die ungesehen bereits seit mehreren Tagen in der Stadt auf der Lauer gelegen hatten. Zwischen zwei Feuer geraten, zogen sich die Japaner bald zurück und verließen den Ort genau dort, wo del Castillos Männer eine Lücke gelassen hatten. In der Zwischenzeit besetzte die Abteilung das Rathaus, hißte dort die philippinische und die amerikanische Flagge und holte dann die gesamte Verwaltung zusammen, die mit den Japanern kollaborierte. Polizisten, die sich Grausamkeiten an der Bevölkerung hatten zuschulden kommen lassen, wurden sofort erschossen. Den Notabeln der Stadt wurde öffentlich geraten, das Volk in seinem Kampf zu unterstützen, anderenfalls würden die Huk sie ebenfalls zur Rechenschaft ziehen.

Vor allem die einfachen Leute wurden aus ihrer Hoffnungslosigkeit gerissen. Sie begriffen plötzlich, daß es eine Kraft im Lande gab, die in der Lage war, den Feind zu schlagen. Die Einheiten der Huk gewannen bei diesen Aktionen viele neue Mitkämpfer.

In San Luis wurde die gesamte Constabulary, einschließlich des Majors, der sie kommandierte, gefangengenommen. Mitten in Zaragoza, in Nueva Ecija, lieferte eine Abteilung Huk-Soldaten der japanischen Garnison ein Gefecht, bei dem hundertfünfzig Japaner getötet wurden.

Noch waren die Japaner nicht in der Lage, in allen Barrios Militärposten zu stationieren. Diesen Umstand nutzten die Partisanen. Sie errichteten überall dort, wo der Gegner nicht war oder wo sie ihn hatten vertreiben können, Volksverwaltungen. Dazu gehörten als Wichtigstes die Volksverteidigungskomitees, denen es oblag, die Verbindung mit der Huk aufrechtzuerhalten, die Kollaborateure zu zügeln und vor allem Nahrungsmittel und Kleidung für die Huk zu beschaffen. Durch diese Volksverteidigungskomitees war die Guerilla-Armee fest in der Bevölkerung verankert.

Übergabe. Am 6. 5. 1942 kapitulierten die Reste der US-Truppen in Corregidor. Um diese Zeit waren die Huk bereits in ganz Zentralluzon aktiv

Einige Bezirke in Zentralluzon waren um die Mitte des Jahres 1942 bereits in der Hand der Huk. Dort wurden Wahlen abgehalten, Volksvertretungen in ihr Amt eingesetzt, Schulen für die Kinder eingerichtet und die Einwohner über die politische Lage aufgeklärt. Die Partisanen sorgten auch dafür, daß die Japaner aus den befreiten Gebieten keine Lebensmittel oder Rohstoffe beziehen konnten. Grundbesitz von Kollaborateuren wurde an die Bauern aufgeteilt. Grundbesitzer, die sich nach Gesprächen mit den Huk-Kadern bereit erklärten, die Befreiungsbewegung zu unterstützen, durften ihr Eigentum behalten. So entwickelte sich schon in den ersten Monaten des Kampfes in Luzon ein Volksregime, das in vieler Hinsicht zwar noch in den Kinderschuhen steckte, das aber immerhin Zeichen für die Zukunft setzte.

Die Volksverteidigungskomitees waren verläßliche Helfer der Huk-Kämpfer. Sie versteckten Verwundete in den Barrios, wo sie in Ruhe genesen konnten, und besorgten Transportmittel, vor allem Kähne, mit denen die Partisanen die Flüsse überquerten, aber auch Pferdefuhrwerke, auf denen Beute in die Lager der Abteilungen transportiert wurde. Außerdem konnten die Mitglieder der Verteidigungskomitees, die legal in den Barrios lebten, wichtige Aufklärungsarbeit betreiben, gegnerische Truppen beobachten, Kollaborateure ausfindig machen und viele andere wertvolle Verbindungsdienste leisten. Ihrer Initiative war es zu verdanken, daß sich in den vom Feind nicht mehr beherrschten Gebieten Anfänge einer demokratischen Ordnung und Rechtspflege herausbildeten.

Einen weiteren Aufschwung erhielt die Huk-Bewegung, als im Spätsommer 1942 die hektografierte Wochenzeitung »Katubusan ng Bayan« (Nationale Befreiung) und später die Zeitschrift der Guerillas »Hukbalahap« erschienen. Menschen sehr unterschiedlicher Herkunft begannen nun, den Kampf zu unterstützen. Manche spendeten Geld; Ärzte und Apotheker stellten Medikamente und Verbandstoff zur Verfügung. Es gab kleinere Fabrikanten, die Ausrüstung für die Huk produzieren ließen. Vor allem aber half sich das einfache Volk selbst. Obwohl inzwischen viele Waffen vorhanden waren, wurden in den Dörfern unzählige Gewehre angefertigt, darunter gefährliche Schrotflinten, deren Lauf aus altem Wasserleitungsrohr bestand. Sie eigneten sich besonders für den Nahkampf.

Japans militärische Führung begriff, daß es sich bei dem Guerillakampf nicht mehr um sporadische Verzweiflungsakte handelte, sondern um eine zielgerichtete Volksbewegung, die von den Kommunisten geführt wurde. Obzwar sich die spektakulärsten Aktionen immer noch auf Luzon beschränkten, gab es vereinzelt auch in anderen Gebieten Überfälle. Die Okkupanten fürchteten, diese Bewegung könnte sich nach und nach auf alle Inseln ausbreiten. Deshalb griff General Yamashita, der »Schlächter von Singapore«, der inzwischen das Oberkommando in Manila übernommen hatte, zu Maßnahmen, die einer erneuten Eroberung der Philippinen gleichkamen.

Zunächst nutzte er den Umstand, daß der Huk aus allen Teilen der Bevölkerung Anhänger zuströmten. Das japanische Kommando schleuste geschickt Kollaborateure ein und erfuhr durch sie, wo sich die Volksarmee konzentrierte. Yamashita beabsichtigte, diese Basen zu zerschlagen und die Huk-Bewegung so nach und nach zum Erliegen zu bringen. Im September packte er zum erstenmal zu, mit mehr als tausend Soldaten, Artillerie, Granatwerfern und Flugzeugen.

Die Wachposten auf dem Mount Arayat sahen die Kolonnen in der Ebene heranziehen. Dichte Staubwolken hüllten die Fahrzeuge ein. Aus den Dörfern kamen Kuriere mit der Meldung, der Gegner wolle den Arayat angreifen. Aber die Huk-Angehörigen fühlten sich sicher. Sie kannten das Terrain besser als die Invasoren, sie hatten viele Hinterhalte gelegt, und es gab Wege, auf denen man sich im Notfall zurückziehen konnte.

Die Führung der Huk versäumte es, den Truppen auf dem Arayat zu befehlen, dem massierten Schlag rechtzeitig auszuweichen. Dies wäre angesichts des überlegenen Gegners die angemessene Taktik gewesen. Dazu kam, daß sich das Militärkommando nicht mehr ständig auf dem Arayat befand, sondern seinen Aufenthaltsort laufend wechselte. Das erschwerte die Verbindung zusätzlich. Jede Nachricht mußte durch Melder überbracht werden; Funkgeräte gab es nicht. So erwarteten die Einheiten auf dem Arayat den Angriff, statt den Gegner ins Leere stoßen zu lassen.

Sie wurden durch außerordentlich starkes, gut gezieltes Artilleriefeuer überrascht, das sie zu Boden zwang. In der Zwischenzeit hatten japanische Soldaten die Berghänge dort erstiegen, wo sich nach Aussagen der Kollaborateure keine Posten befanden. Als das Feuer aussetzte, wurden die Huk-Kämpfer plötzlich nicht nur frontal, sondern auch im Rücken angegriffen. Gleichzeitig erschienen Dutzende Jagdflugzeuge, die die Basis beschossen und Bomben abwarfen. Dies alles spielte sich so schnell ab, daß die Gegenwehr weitgehend unorganisiert blieb. Einigen umsichtigen Abteilungskommandeuren gelang es schließlich, die Truppen ohne nennenswerte Verluste im Schutz der Dunkelheit aus der Umzingelung herauszuführen. Die Japaner fanden eine verlassene Basis vor. Immerhin waren die Huk-Einheiten zum erstenmal vom Gegner überrascht worden, und das Gesetz des Handelns hatte nicht bei ihnen gelegen. Doch über der Welle neuer Aktionen, die in ganz Luzon unmittelbar nach dem Überfall auf den Arayat anlief, blieb keine Zeit zum Nachdenken. Von Mitte September bis in den Dezember hinein ließen die Einheiten der Huk den Japanern keine Ruhe. Ein Angriff folgte auf den anderen.

Das Militärkommando analysierte inzwischen die Ursache für den relativ gelungenen japanischen Überraschungsangriff auf die Basis am Arayat. Fehler wurden erörtert, aber es herrschte immer noch eine gewisse Euphorie, die verhinderte, daß man sich über das tatsächliche Kräfteverhältnis zwischen der Hukbalahap und den Japanern klar wurde. Die Devise lautete weiterhin: Angriff.

Es gab nun bereits an die vierzig Abteilungen. Aber sie operierten fast ausschließlich in Zentralluzon. Trotz gelegentlicher Erfolge von Agitatoren, die auf die anderen Inseln geschickt wurden, entstand dort keine nennenswerte Partisanenbewegung.

In Zentralluzon jedoch wurde es den Japanern unter den Füßen heiß: Lastwagenkolonnen und kleinere Einheiten wurden überfallen. Das Rathaus von San Simon wurde gestürmt, die Stadt mehrere Tage besetzt. Offenbar aus Angst, das gleiche Schicksal wie sein Kollege in San Luis zu erleiden, den die Partisanen wegen Kollaboration erschossen hatten, ergab sich der Bürgermeister den Volksstreitkräften und gelobte Loyalität. Als General Yamashita den Chef seines Stabes, Hauptmann Tanaka, hinschickte, um Ordnung zu schaffen, legte ihm die Huk einen Hinterhalt. Tanaka starb in dem Gefecht.

In der Provinz Pampanga gelang es Huk-Einheiten, die Städte Arayat, Candaba und Apalit für mehrere Tage zu besetzen. Sie riefen die Einwohner zu Meetings zusammen, auf denen sie über die Ziele der Befreiungsbewegung aufgeklärt und zur Mitarbeit aufgefordert wurden. Bevor die Huk-Abteilungen die Städte wieder verließen, weil sie sie natürlich auf lange Sicht nicht hätten halten können, gründeten sie illegale

Volksverteidigungskomitees, die eng mit den Guerillas zusammenarbeiten sollten.

Ebenfalls in diesem Spätsommer griffen die Huk-Einheiten, die inzwischen gut bewaffnet und ausgebildet waren, japanische Truppenunterkünfte an. Dem Gegner wurde beträchtlicher Schaden zugefügt. Weit stärker als die rein militärischen Erfolge aber zählte das Ansehen, das die Huk in diesen Monaten im Volke gewann.

Die relative Leichtigkeit, mit der das erreicht worden war, nährte in manchen Kommandeuren die Illusion, der Gegner würde nicht in der Lage sein, sich auf die Guerillabekämpfung einzustellen. So veranlaßten sie nicht, Lager im Wald oder in den Bergen anzulegen, sondern vertrauten darauf, daß sie nicht mehr ernstlich zu gefährden wären.

Für die Japaner jedoch waren die Philippinen nicht allein von großer strategischer Bedeutung, sondern auch dazu ausersehen, in großem Maße Reis, das Hauptnahrungsmittel für die Truppen des Tenno, zu liefern. Außerdem hatten japanische Experten errechnet, daß die von den Amerikanern angelegten unrentablen Zuckerplantagen relativ schnell zum Anbau von Baumwolle genutzt werden konnten. Baumwolle war wichtig für die Bekleidung der japanischen Millionenarmee. Diese wirtschaftlichen Pläne waren durch die Widerstandsbewegung, die sich in den fruchtbarsten Gebieten Luzons entfaltete, ernstlich gefährdet. Das veranlaßte die Okkupanten zu einer Umorientierung ihrer bisherigen Besatzungspolitik.

In aller Stille wurden die Truppen auf die Partisanenbekämpfung gedrillt und die Vorbereitungen für eine stärkere Durchsetzung der Provinzen mit Militärposten abgeschlossen. Im Dezember 1942 schlugen die Japaner zu.

Sie wählten, nachdem sie Agentenberichte gegeneinander abgewogen hatten, den Südteil der Provinz Pampanga. Informanten schätzten die Zahl der hier anwesenden Huk-Kämpfer auf mehrere Tausend. In Wirklichkeit waren es nicht ganz siebenhundert, die sich in der durch ihre Fischteiche bekannten Gegend der Bezirke Masantol und Minalin aufhielten. Die Japaner boten etwa viertausend Soldaten gegen sie auf, außerdem Fliegerkräfte.

Die Huk-Abteilungen, die in dem unübersichtlichen Territorium operierten, bemerkten das Anrücken der Japaner. Sie vertrauten aber dem schwierigen Gelände: Hier gab es wenig Wege. Größere Truppenkontingente hätten über die Flüsse und Teiche transportiert werden müssen, und mit dieser Möglichkeit rechneten die Partisanen nicht.

Am 5. Dezember, kurz nach Sonnenaufgang, dröhnten die Motoren japanischer Bomber über den Fischteichen. Welle auf Welle flog von der ehemaligen amerikanischen Luftbasis Clark Field an. In das Krachen der Bomben mischte sich das Geratter der Bordwaffen, mit denen die Flugzeuge auf alles schossen, was sich am Boden bewegte. Sie zerstörten in dem eingekreisten Gebiet systematisch alle Häuser und Hütten. Nach dem heftigen Luftbombardement warteten sie mit einer weiteren Überraschung auf: Gut getarnt hatten sie Lastkähne herbeigeschafft, die von Motorbooten geschleppt wurden, und die nun Truppen in einer nicht erwarteten Zahl über die Wasserhindernisse ins Zentrum der Huk beförderten.

Die Japaner rechneten allerdings nicht mit der Beweglichkeit des Gegners. Noch während sie ihre Lastkähne bestiegen, gruppierten sich die Partisanen zur Abwehr. Dabei kam ihnen die bessere Kenntnis des Terrains zugute. Die Japaner hatten sich bei der Fahrzeit für die Lastkähne verkalkuliert; sie kamen langsamer vorwärts, als angenommen worden war. So wurden die japanischen Soldaten bereits in ihren Booten, wo sie dicht gedrängt hockten, beschossen und konnten sich nicht entfalten.

Im Laufe des Tages entschlossen sich die Huk-Kämpfer dann aber doch, dem bereits arg geschwächten Gegner auszuweichen, bevor er weitere Luftangriffe fliegen oder Artillerie heranschaffen konnte. Sie räumten ihre Stellungen und verschwanden auf nur ihnen bekannten Pfaden, wobei sie allerdings den Fehler begingen, sich in eine Ortschaft zu begeben, nach Macabebe. Dafür bestand eigentlich kein Anlaß, denn sie hatten kaum Verwundete, auch mit Lebensmitteln und Munition waren sie noch ausreichend versorgt.

Während sie in Macabebe eine Ruhepause einlegten, gruppierten die Japaner ihre Truppen um. Informanten hatten ihnen mitgeteilt, wohin die Partisanen verschwunden waren. Am 7. Dezember hatten einige japanische Einheiten Macabebe umzingelt. Sorgfältig achteten sie darauf, daß den Huk-Angehörigen nirgendwo ein Entkommen möglich wurde. Dann zwangen sie ihnen ein Gefecht auf und setzten Granatwerfer ein, nachdem sie weitere Truppen nachgezogen hatten. Die Partisanen befanden sich in einer Falle. Zwar kämpften sie unerschrocken und konnten noch etwa zweihundert Japaner ausschalten, doch dann ging ihre Munition aus. Ihr Kommandeur Bernardo Poblete erkannte, daß dieses Gefecht höchstwahrscheinlich mit der Vernichtung seiner Einheiten enden würde. Er sah keine Möglichkeit für einen geschlossenen Ausbruch, daher befahl er den Soldaten, sich einzeln durchzuschlagen.

Den meisten gelang das. Aber die Huk-Kämpfer ließen nach diesem Gefecht, das sie in der Nacht abbrachen, viele Tote zurück. Eine ebenfalls nicht geringe Anzahl von Pobletes Soldaten verlor die Nerven, warf die Waffe weg und rettete nur das nackte Leben.

Die Japaner zögerten nicht, die beiden Gefechte, in denen sie weitaus mehr Verluste gehabt hatten als die Huk, in einen ersten großen Sieg Japans über die »unfolgsamen Insurgenten« umzulügen. Immerhin waren die Gefechte von Masantol und Macabebe für das Militärkommando der Huk Anlaß zu ernstem Nachdenken, nicht nur über strategische und taktische Fragen, sondern auch über militärische Disziplin.

Zu erörtern hatte das Militärkommando außerdem das Verhalten der Abteilungskommandeurin Felipa Culala, jener schon immer als ziemlich herrisch und selbstherrlich bekannten Frau, die einst den ersten Angriff einer Huk-Einheit auf die Japaner bei Mandili geführt hatte. In den vergangenen Monaten hatte sie sich zu ihrem Nachteil entwickelt. Sie behandelte ihre Soldaten wie Sklaven, verfuhr nicht nach den Regeln, die sich die Huk selbst gegeben hatte, ordnete ungerechtfertigte Strafen an und zwang vor allem die Bevölkerung in den Orten ihres Bezirkes zu allerlei Abgaben, an denen sie sich persönlich bereicherte. Damit stand das Ansehen der Volksbewegung auf dem Spiel. Bei der Beratung zeigte sich, daß Felipa absolut uneinsichtig und nicht gewillt war, sich den Befehlen des Militärkommandos zu fügen. Daraufhin trat ein Feldgericht zusammen, dem als Beisitzer Soldaten aus Felipa Culalas Einheit angehörten. Das Verfahren endete mit dem Todesurteil, Felipa Culala wurde erschossen.

Die Japaner führten indessen ihre Offensive weiter. Stärkere Truppenteile durchkämmten die Gegend um die Candabasümpfe, das Arayat-Gebiet, Cabiao und Nueva Ecija. Einige Einheiten der Huk mußten vor dem massierten Druck des Gegners in die Provinz Zambales ausweichen. Ununterbrochen griffen die Japaner an. Sie zeigten, daß sie aus der Vergangenheit gelernt hatten: Fortan stationierten sie in jedem Barrio einen Posten, der die Bewohner kontrollierte. Maskierte Informanten wurden auf den Dorfplätzen in Bambushäuschen postiert, an denen alle Dorfbewohner vorbeizugehen hatten. Dabei verrieten die Informanten den Japanern die Angehörigen der Huk oder der Volksverteidigungskomitees, die sofort, meist nach grausamen Foltern, getötet wurden.

Insgesamt hatte die Huk gegen Ende 1942 die strategische Initiative aus der Hand geben müssen. Die bisherige Gewohnheit, mehr oder weniger offen in den Barrios zu leben, war nicht mehr einzuhalten. Das Militärkommando war zum Umdenken gezwungen. Es wurde nötig, die Volksstreitkräfte mobiler als bisher zu führen und für die Einheiten neue Quartiere außerhalb der Barrios einzurichten.

Während die Huk mit der Neuformierung und Umorientierung befaßt war, gingen ihre Aktionen verständlicherweise zurück. Die Japaner wähnten sich bereits als Sieger. Auch sie unterschätzten ihren Gegner und verlegten sich im Gefühl der Sicherheit auf die intensive Ausbeutung der philippinischen Ressourcen, die sie für ihren weiteren Krieg so nötig brauchten, zumal ihr Vordringen an den Fronten im Pazifik inzwischen zum Stillstand gekommen war.

Koprosperität

Maria Flores drehte sich mehrmals um, während sie den mit schweren Teppichen belegten Korridor entlangging, an dessen Ende sie das Zimmer jener Frau wußte, die unter dem Namen Estrella López in Manila das Etablissement »Aloha-Club« betrieb.

Aus dem Erdgeschoß war bis hier herauf die Musik zu hören, die das kleine Bartrio machte, eine süßliche, einschmeichelnde Musik, wie sie in Hawaii für den Export fabriziert wurde. Auch die Japaner liebten diese Art Gedudel. Im »Aloha-Club« konnten sie es den ganzen Abend hören, bis gegen Mitternacht, wenn das Etablissement geschlossen wurde.

Bevor Maria an die Tür klopfte, vergewisserte sie sich nochmals, daß ihr keiner der Japaner aus der unteren Etage gefolgt war. Die Frau, die ihr öffnete und sie lächelnd bat, einzutreten, nahm ihr die Besorgnis.

»Keine Angst, sie haben Befehl, die oberen Stockwerke nicht zu betreten. Wir stehen uns recht gut mit dem Stadtkommandanten, also wagt es niemand, uns zu belästigen.«

Das Zimmer war geräumig, verschwenderisch möbliert, mit einem Balkon, von dem aus man einen Blick auf den Lunetapark hatte. Estrella Lopez war nach Marias Schätzung knapp dreißig Jahre alt. Sie sah gut aus, war ein wenig geschminkt und erinnerte mit ihrem pechschwarzen Haar und den großen runden Goldohrringen an eine Spanierin auf alten Gemälden. Doch Estrella Lopez war keine Spanierin; es gab nicht einmal einen spanischen Vorfahren in ihrer Familie. In Wirklichkeit hieß sie Margie Craig und war die Witwe des US-Serganten John Craig, der in Bataan stationiert gewesen war. Sie hatte in einer kleinen Wohnung im Zentrum gelebt, Gesangsunterricht genommen, ab und zu auch Schauspielunterricht, weil sie von einer Bühnenkarriere träumte. Ihr Mann hatte nichts dagegen, wenn sie sich die viele Freizeit auf diese Weise vertrieb.

Manila unter japanischer Besatzung. Die Stadt ist stark zerstört. Das Bild zeigt den Armeta-Distrikt. (3 – »Manila«-Hotel, in dem die japanische Geheimpolizei Kempeitai residierte; 5 – Statue Rizals im Luneta-Park)

Craig war zwar nur Sergeant, aber da er in der Verwaltung arbeitete, hatte er gelegentlich dem einen oder anderen Lieferanten der Armee einen Gefallen getan. Mal waren die Lebensmittel, die ein Kaufmann anlieferte, nicht absolut frisch — Craig übersah es. Mal fehlten ein paar Dinge, die auf der Rechnung verzeichnet waren — Craig übersah es ebenfalls. Er übersah eigentlich eine ganze Menge, und das fiel nicht einmal auf, denn eine gut kontrollierte Verwaltung war nie die Stärke der US-Armee auf den Philippinen. So schuf sich das Ehepaar eine Anzahl von Freunden unter dem gehobenen Bürgertum der Hauptstadt, es wurde gelegentlich zu Parties eingeladen und lernte dort weitere einflußreiche Leute kennen. Dadurch war es Margie Craig nach dem Einmarsch der Japaner nicht schwergefallen, auf eine sehr geschickte Weise unterzutauchen und wenig später als völlig neue Person ganz legal in Manila weiterzuleben.

Don Vicente Madrigál, einer der Reichsten in der Hauptstadt, Besitzer von Kohlengruben und Zementfabriken, Ölmühlen und Holzverarbeitungsbetrieben, zudem Chef einer der größten Reedereien des Landes, hatte die junge Amerikanerin einige Wochen in seinem Haus verborgen. Später, als er sich mit den Japanern bereits arrangiert hatte, war es ihm ein leichtes gewesen, über einen Oberst der Armee Ausweispapiere für seine »aus dem spanischen Zweig der Familie stammende Nichte« zu beschaffen. Um echt zu wirken, hatte Margie Craig sich das dunkelblonde Haar tiefschwarz gefärbt und trug es nun mit einem strengen Mittelscheitel. Außerdem hatte sie einige kosmetische Veränderungen an ihren Augenbrauen, den Wimpern und selbst den Augen vorgenommen. Letztere badete sie täglich mit einem Kräuterauszug, der den Pupillen einen auffälligen Glanz verlieh. So verändert, hatte sie — mit dem Geld, das ihr Don Vicente Madrigál lieh — das alte Restaurant am Rande des Lunetaparks erworben und es zu einem modernen Club für die Offiziere der japanischen Armee ausgebaut. Ihr Mann war inzwischen gestorben. Er war in Bataan verwundet worden; für den langen Hungermarsch in die Gefangenschaft hatten seine Kräfte nicht mehr gereicht. Wo die Japaner ihn verscharrt hatten, war unbekannt.

Nun war das »Aloha« nicht nur ein Club, in dem japanische Militärs Entspannung fanden. Gewiß, hier gab es Bier, gutes Essen, Musik und Mädchen, die für Unterhaltung sorgten. Dies alles geschah im Interesse der Besatzungsmacht. Insgeheim ging aber von diesem Club eine Tätigkeit aus, von der die Japaner keine Ahnung hatten.

Don Vicente Madrigál war ein kluger Mann. Die Rettung einer Amerikanerin würde ihm bei der früher oder später zu erwartenden Wiederkehr der Yankees zugute kommen. Wenn man schon wirtschaftlich mit den Japanern zusammenging, konnte man für später ein Alibi gebrauchen. Doch Don Vicente wollte noch weiter nach oben: Konspirative Zusammenarbeit mit den Amerikanern während der japanischen Besatzung — natürlich unter dem Tarnmantel der ökonomischen Kollaboration mit Japan — das würde ihn nach der unvermeidlichen Rückkehr der Amerikaner an die Spitze der Politik bringen. Dafür war er bereit, einiges zu riskieren. So stattete er den Salon »Aloha« großzügig aus und besorgte Margie Craig auch Mitarbeiter und Mitarbeiterinnen, die er zuvor genau instruiert hatte. Sie registrierten jede unvorsichtige Bemerkung eines Offiziers, jeden Termin, zu dem eines ihrer Schiffe auslief, jede Einzelheit, die für die Amerikaner von Interesse sein konnte. Und Don Vicente bahnte sehr früh Beziehungen zu Amerikanern an, die der Gefangennahme entronnen waren und nun in den Zambalesbergen saßen, gut versteckt, ausgezeichnet mit Nahrungsmitteln versorgt, auch mit Waffen, von denen sie allerdings kaum Gebrauch machten, um sich nicht zu verraten. Vor allem aber besaßen sie weitreichende Funkgeräte, die es ermöglichten, jede im »Aloha« aufgelesene Nachricht wenig später dem US-Oberkommando zu übermitteln.

Dies alles wußte Maria Flores nicht, obwohl sie ahnte, daß diese spanisch aufgemachte Frau sicher keine Kneipenwirtin im üblichen Sinne war. Zuweilen ließ sie durchblicken, daß sie Verbindungen hatte. Auf diese Weise war auch die Bekanntschaft mit einigen Mitgliedern der »Free Philippines« zustande gekommen, und Estrella Lopez hatte sich bereit erklärt, ihnen Informationen zukommen zu lassen. Maria Flores war von der illegalen Organisation beauftragt, Kontakt zur Wirtin des »Aloha« zu halten.

»Einen Whisky?« erkundigte sich die schwarzhaarige Schönheit. Maria entschied sich für einen Kaffee. Estrella pries sogleich ihren Kaffee: »Wunderbar! Er ist erst vorige Woche aus Java geliefert worden, ein starker, schwarzer Kaffee mit vorzüglichem Aroma!«

Sie drückte auf eine Klingel, ein Hausmädchen in züchtiger schwarzer Kleidung, mit weißer Schürze, erschien, verschwand wieder und brachte Minuten später duftenden Mokka.

»Es ist mir nicht ganz wohl dabei, mich hier aufzuhalten«, gestand

Maria der Gastgeberin. »In diesem Haus verkehren doch so gut wie keine Frauen. Werden Sie meinetwegen keinen Ärger haben!«

Estrella lachte nur. »Beunruhigen Sie sich nicht, meine Liebe! Ich habe einen sehr guten Ruf. Niemand vermutet, ich könnte etwas anderes sein als die Chefin dieses Clubs. Und übrigens pflege ich einmal in der Woche mit Frauen aus den höchsten Kreisen der Stadt Bridge zu spielen, hier in diesem Zimmer. Niemand nimmt an Besuchern Anstoß, die zu mir kommen, dies ist schließlich mein Haus!«

Sie dachte nicht daran, Maria Flores mitzuteilen, daß sie mehrmals in der Woche einen Kurier in die Zambalesberge schickte, mit Nachrichten für einen Colonel mit Decknamen Tim, und sie erwähnte erst recht nicht, daß sie diesen Tim selbstverständlich von ihrer Zusammenarbeit mit den »Free Philippines« unterrichtete. Hätte man Margie Craig gefragt, ob sie ihre konspirative Tätigkeit aus Patriotismus aufgenommen habe, würde sie keinesfalls uneingeschränkt zugestimmt haben. Sie kannte die Gründe selbst nicht genau, weil sie es nicht fertigbrachte, sich streng zu analysieren. Ein bißchen Rachedurst war dabei, weil die Japaner ihren Mann hatten sterben lassen. Ein wenig Abenteuerlust auch, ebenso wie die Freude an der Schauspielerei, die dieses Geschäft mit sich brachte. Und dann war da noch der Gedanke an die Zukunft. Anders wohl als bei Don Vicente, aber ähnlich.

Margie Craig war klug genug, um zu wissen, daß MacArthur die Ankündigung »Ich komme wieder!« absolut ernst gemeint hatte. Der bisherige Kriegsverlauf in der pazifischen Region sprach bereits dafür, daß Japan seine Reserven hochgradig erschöpft und sich in seinem Expansionsdrang übernommen hatte.

Im »Aloha« kamen auch — gewissermaßen unter den Augen der Japaner — die Gelder zusammen, die zu Lebensmittelkäufen auf dem schwarzen Markt und zur Beschaffung von Medikamenten und Kleidung für jene amerikanischen Soldaten verwendet wurden, die sich in den Zambalesbergen und anderswo verkrochen hatten. Jeder dieser Männer wußte, daß es in Manila eine mysteriöse Frau gab, die den Decknamen Claire benutzte und eine Menge tat. Von Angesicht zu Angesicht kannten sie nur wenige; selbst die Kuriere, die die von ihr beschafften Nachrichten oder Material abholten, kamen nur mit ihren Mittelsmännern in Berührung.

Die »Free Philippines« stellten in der Rechnung von Margie Craig einen besonderen Posten dar. Kuriere aus dem Zambalesbergen hatten sie informiert, General MacArthur riete zu vorsichtiger Zusammenarbeit mit dieser Organisation. Zwar zählte der Bund nur etwa hundert Mitglieder, immerhin aber zog er die fähigsten Vertreter der bürgerlichen Intelligenz an. Die »Free Philippines« besaßen bereits Verbindungen zu Gleichgesinnten außerhalb Luzons. Und was in MacArthurs Überlegungen noch wichtiger war: Die »Free Philippines« genossen das Vertrauen der Huk. Möglicherweise war auf dem Umweg über diese Organisation Einfluß auf die Widerstandsbewegung zu gewinnen. Konnte man die Huk nicht noch während der japanischen Besatzungszeit paralysieren, sie zur Aufgabe ihrer radikalen sozialen und politischen Ziele bewegen, dann würden sie nach der Wiedereroberung der Inseln eine ständige Bedrohung für die Interessen der USA sein. Also gab MacArthur entsprechende Anweisungen.

Nun allerdings verlangte die Organisation von Margie Craig unmittelbaren Zugang zu der Informationsquelle, die der »Aloha-Club« darstellte. Stimmte man zu, dann würden die Huk als Verbündete der »Free Philippines« ebenfalls zu den Nutznießern der Informationen gehören. Das aber war von MacArthur inzwischen über Funk ausdrücklich untersagt worden.

Als nach einiger Zeit die Rede darauf kam, wiederholte Maria den Vorschlag nochmals: Ein zuverlässiges Mitglied der »Free Philippines« sollte von Margie Craig als Hausbesorger eingestellt werden und so Gelegenheit haben, selbst Informationen im Club zu sammeln. Obwohl dies durchaus möglich gewesen wäre und Margie in der Tat einen Hausmeister hätte brauchen können, schüttelte sie bedauernd den Kopf.

»Ich kann das Risiko leider nicht eingehen. Man kontrolliert mich scharf. Im Interesse der Sache darf ich mich nicht unnötig exponieren.«

Im Interesse der amerikanischen Sache, dachte Maria, aber sie sagte es nicht. Madame Estrella Lopez lügt. Es ist nicht schwer zu durchschauen, warum.

»Nun gut«, sagte sie. »Es war eine Frage. Ich werde die Antwort übermitteln.« Sie kam nicht mehr auf dieses Problem zurück, es hatte wohl auch keinen Zweck. Diese Frau handelte im Auftrag.

»Wir bleiben selbstverständlich Verbündete«, beschwichtigte Margie Craig sie eilig. »Unsere Informationen gehen Ihnen weiterhin zu.« Sie holte aus einem Sandelholzschränkchen ein paar Blätter mit Aufzeichnungen und übergab sie Maria. Das war so üblich. Die »Free Philippines« druckten solche Nachrichten zuweilen in ihren illegalen Flugblättern.

Maria fragte sich, wie lange man sich wohl auf diese Amerikanerin noch würde verlassen können. Verrat lag in der Luft, sobald man sich mit jenen Leuten einließ, die aus der Ferne von MacArthurs Stab gesteuert wurden. Einige Einheiten der Huk hatten das in der letzten Zeit erfahren müssen. Noch war die Situation nicht genau zu überblicken, aber soviel stand fest: Die amerikanischen Soldaten, die sich zu sogenannten Widerstandsgruppen zusammengeschlossen hatten, lehnten eine Zusammenarbeit mit der Huk ab. An verschiedenen Orten hatte es bereits bewaffnete Zusammenstöße gegeben. Es waren Fälle bekannt, in denen amerikanische »Guerillas« Einheiten der Huk an die Constabulary verraten hatten, woraus sich verlustreiche Gefechte entwickelten.

Maria warf einen Blick auf die Nachrichten. Während sie las, begann Margie Craig zu erzählen. Sie hatte etwas erfahren, wovon in den Aufzeichnungen noch nicht die Rede war.

»In Japan wird gegenwärtig in den höchsten Kreisen erwogen, wie den Philippinen die Unabhängigkeit zu gewähren sei. Vieles spricht dafür, daß man Mandschukuo als Vorbild zu nehmen beabsichtigt.«

Maria verzog das Gesicht. »Nun haben wir leider keinen Pu Yi, den man zum Kaiser von Japans Gnaden machen kann!«

»Das nicht. Aber mit einer Entscheidung ist in Kürze zu rechnen. Ein hoher Offizier sagte mir, Tojo selbst sei damit befaßt. Er soll im Reichstag die Unabhängigkeit für die Philippinen angekündigt haben, vorausgesetzt, die Filipinos benähmen sich unter der Besatzung vernünftig und hielten sich an die Regeln der Zusammenarbeit.«

»Kollaboration als Vorbedingung für eine auf dem Papier gewährte Unabhängigkeit«, warf Maria ein. »Und weiterhin japanische Bajonette. So wäre das doch wohl zu verstehen?«

Die Amerikanerin wiegte den Kopf. »Man kann das aus verschiedenen Blickwinkeln betrachten. Ein gewisses Maß an Bereitschaft zur Zusammenarbeit würde vielen Leuten hier das Leben erleichtern. Unsere Kommission, die jetzt noch unter den Japanern arbeitet, würde vermutlich in den Rang einer ordentlichen Regierung erhoben.«

Maria nickte. Natürlich, Kollaboration brächte Nutzen für die Kollaborateure. Die bewaffnete Widerstandsbewegung sollte immer mehr an Boden verlieren, je weiter die Kollaboration gedieh. Die Amerikaner unterstützten die Huk nicht, aber Werkzeuge der Japaner wie Laurel oder Vargas ließen sie wissen, daß sie mit ihrer Tätigkeit zur »Aufrechterhaltung von Ruhe und Ordnung« durchaus einverstanden seien.

Maria redete noch eine Weile mit Margie Craig über belanglose Dinge, dann ging sie los, vorbei an einer Gruppe japanischer Offiziere, die sich vor dem »Aloha« mit drei Tänzerinnen fotografieren ließen.

Eine Stunde später traf sie sich mit Francisco Ramos, der sich seit Wochen wieder in der Hauptstadt aufhielt. Obwohl die Japaner bislang die Buchhandlung unangetastet gelassen, ja nicht einmal seine Wohnung durchsucht hatten, wechselte er sein Quartier. Er wohnte in Tondo bei verschiedenen Arbeiterfamilien, die er noch aus der legalen Periode der Parteiarbeit kannte und die ihn bereitwillig aufnahmen.

Die Partei hatte ihn beauftragt, die Verbindungen zur Arbeiterschaft der Hauptstadt auszubauen. Immer noch gelang es nicht, die bewaffneten Aktionen der Huk mit der politischen Arbeit in den Städten zu koordinieren. Dafür gab es mehrere Gründe: Die Parteiorganisation unter den Arbeitern war schwach. Zudem waren die Gewerkschaften liquidiert worden und den Arbeitern bei Todesstrafe überhaupt jegliche politische Betätigung untersagt. Schließlich befanden sich die besten Kader der Partei bei der Huk.

Francisco Ramos hatte einige Leute um sich gesammelt, er hielt Schulungen ab, übermittelte Informationen, aber der Kreis, mit dem er arbeiten konnte, blieb klein.

Jetzt saß er mit Maria zusammen, in der Wohnung eines Malers, der zu den »Free Philippines« gehörte und dessen Atelier günstig für illegale Treffs lag. Ramos war von der Absage, die Maria von Margie Craig mitbrachte, nicht übermäßig überrascht. Sie deckte sich mit dem Verhalten der untergetauchten Amerikaner anderswo. Deshalb meinte er nur: »Nimm weiter, was du von ihr bekommen kannst, und baue nicht auf sie. Ich habe in der letzten Zeit viel überlegt. Ich glaube, wir machen überhaupt den Fehler, in diesem Kampf auf die Amerikaner zu bauen. Sie wollen doch die Philippinen nicht verlieren! Sie überlassen sie unter dem Zwang der Umstände einige Zeit den Japanern, sozusagen zur Nutzung. Das soziale Gefüge soll dabei möglichst unverändert bleiben, damit sie nachher so weitermachen können wie zuvor.«

»Und was hältst du von der japanischen Unabhängigkeitsankündigung?«

Ramos lächelte. »Das ist nicht schwer zu durchschauen. Die Japaner stecken in der Klemme. Auch auf dem europäischen Kriegsschauplatz haben die Dinge nicht den von ihnen erwarteten Verlauf genommen. Jetzt wollen sie ihr neues Imperium wenigstens innerlich festigen, soweit es geht. Diese Farce mit der Unabhängigkeit würde fraglos viele unserer Leute täuschen. Sie würden übersehen, daß die Japaner gar nicht in der Lage sind, uns tatsächlich die Unabhängigkeit zu gewähren. Sie brauchen unser Land als Rohstoffbasis. Sie möchten doch nur, daß wir uns unabhängig wähnen, um uns über eine Handvoll ausgekochter Kollaborateure bequemer ausbeuten zu können.«

Sie warfen ab und zu einen Blick aus dem Atelierfenster auf die Gasse vor dem Haus, aber hier gab es keine Gefahr. Kinder spielten auf dem Gehsteig. Sobald Japaner auftauchten, risse der Lärm sofort ab. Jeder wartete gespannt darauf, was sie tun würden. Schießen? Jemanden verhaften? Ein Haus durchsuchen?

»Sie haben ihre Sorgen mit den Philippinen«, sagte Ramos. »Abgesehen von der Huk. Ihr wirtschaftliches Konzept geht nicht auf. Das hat sie verschiedentlich zu Maßnahmen gezwungen, mit denen sie den einheimischen Großbürgern in die Quere kamen. Jetzt winken sie ihren Kollaborationspartnern mit der Unabhängigkeit. Das zeigt, daß sie genötigt sind, ihre Sympathisanten bei der Stange zu halten.«

In der Tat hatte sich bis jetzt der Besitz der Philippinen nicht in dem erwarteten Maße günstig für die Japaner ausgewirkt. Die Reiserträge waren im Vergleich zur Friedenszeit um etwa die Hälfte zurückgegangen, so daß dieses Nahrungsmittel zum Spekulationsobjekt geworden war, an dem sich die einheimischen Grundbesitzer bereicherten.

Die Minen arbeiteten ebenfalls nur mit minimalen Förderraten. An Gold wurde ein Zehntel der Vorkriegsproduktion gewonnen, an Chromit der fünfte Teil und an Eisenerz etwa ein Siebentel der Jahresleistung von 1940.

Die weitere drastische Verkleinerung der Anbauflächen für Zuckerrohr zugunsten von Hanf und Baumwolle führte zu einem erheblichen Rückgang der Zuckerproduktion. Ähnlich verhielt es sich bei der Tabakerzeugung und auf einigen anderen Gebieten. Obwohl die Besatzungsbehörden dort, wo sie ungestört amtieren konnten, ein strenges Kontrollsystem anwendeten, zeigte sich am Rückgang der Produktion in so vielen Bereichen letztlich das Unvermögen der japanischen Militärverwaltung, die Wirtschaft der Philippinen fest in den Griff zu bekommen.

Japans Militärs spürten sozusagen das Messer an der Kehle und riefen die großen Konzerne des Kaiserreiches zu Hilfe. So eignete sich vor allem

Mitsui immer mehr Gruben an, und ein Gremium von landwirtschaftlichen Gesellschaften begann mit der systematischen Bevormundung der Grundbesitzer. Deren Begeisterung für die Japaner reduzierte sich unter dem Eindruck dieser Misere, aber deshalb unterstützten sie noch lange nicht die Befreiungsbewegung. Sie zogen es vielmehr vor, sich heimlich mit den in Australien lauernden Amerikanern ins Benehmen zu setzen und so einen Wechsel auf die Zukunft zu ziehen.

Maria schaltete das Radio an. Der Maler hatte ihnen das Atelier für die Nacht überlassen. In einer Ecke gab es ein breites Schlaflager, sonst war der Raum unaufgeräumt, lag voller Farbtuben, Büchsen mit Verdünnung, alter Pinsel, Sackleinwand.

Der Künstler, der hier wohnte, hatte vor dem Krieg auf die Dummheit amerikanischer Kuriositätensammler gesetzt und jede Woche ein kitschiges Landschaftsbild mit Palmen und Meeresstrand auf einen alten Zuckersack gemalt. Er nahm viel dabei ein und finanzierte damit seine eigentliche Arbeit, die darin bestand, das einfache Volk zu porträtieren. Doch diese Bilder verkaufte er nicht, er bewahrte sie an einem Ort auf, den außer ihm niemand kannte. Zu den »Free Philippines« war er sehr früh gekommen. Es sei eine Selbstverständlichkeit, etwas zu tun ...

Maria sah, wie Francisco den Einstellknopf des Radios drehte. Musikfetzen, dazwischen Stimmen. Japanisch, ein paar englische Worte, und dann die süßliche Stimme der Ansagerin von Radio KZRK, des japanischen Besatzungssenders, der sich offiziell »Stimme der Philippinen« nannte. Die Japaner ließen die Ansagen von einer jungen Frau sprechen, die das Tagalog so akzentuierte wie Amerikaner, die diese Sprache zwar perfekt gelernt hatten, aber eben nur gelernt. Francisco lauschte gespannt. Er winkte Maria, näher zu kommen.

Aus dem Lautsprecher war danach die tiefe, etwas schleppende Stimme Manuel Roxas' zu hören, des ehemaligen Finanzministers im Kabinett Quezon. Er sprach über die wirtschaftliche Lage der Philippinen, die nicht sehr gut sei. Man müsse Anstrengungen unternehmen, um zum Erfolg der gemeinsamen Sache beizutragen, der Koprosperität. Es sei nicht patriotisch, über die Reisknappheit zu klagen. Die Soldaten des Tenno müßten an der Front mit weit geringeren Lebensmittelrationen auskommen als die Bürger der Philippinen. Verwerflich sei die Praxis der »Banditen« in Zentralluzon, der Huk, die den Reis überall dort, wo sie ungestört operieren könnten, vor den Eintreibungskommandos in Sicherheit brächten. Wenn die Bevölkerung Hunger leide, so gehe dies auf das Konto jener sogenannten Patrioten, die sich im Bergdschungel die Bäuche vollschlügen.

»Er ist ein phantastischer Demagoge«, bemerkte Ramos.

»Du meinst, die Leute glauben ihm?«

»Ich fürchte es. Wir haben so gut wie keinen Propagandaapparat, mit dem wir die Lügen kontern könnten. Die Zeitung der Huk, ja. Ein abgezogenes Blättchen, das man unregelmäßig, wenn man Glück hat, irgendwo erwischt. Und der Hunger ist eine Tatsache.«

Roxas stellte zwar die Dinge auf den Kopf, aber er tat das mit solch biedermännischer Gelassenheit, daß die Wirkung nicht ausblieb.

»Schließen wir uns zusammen, Filipinos«, forderte er die Zuhörer auf. »In kluger Voraussicht hatten unsere japanischen Gäste bei ihrer Ankunft die alten politischen Parteien aufgelöst, die den Volkswillen spalteten. Heute haben wir eine neue Situation. Alle Bürger der Philippinen drängt es danach, sich in einer einzigen großen Gemeinschaft für Recht und Ordnung zusammenzuschließen, und unsere japanischen Gäste haben diesen Wunsch begrüßt. Scharen wir uns enger um die ›Gesellschaft für den Dienst an den neuen Philippinen‹. (»Kapisanan sa Paglilingkod sa Bagong Pilipinas«, abgekürzt »Kalibapi«.)

Jeder Bürger muß sich verpflichtet fühlen, für die Ziele der neuen Vereinigung einzutreten, ganz gleich, ob er Mitglied wird oder nicht. Die ›Kalibapi‹ wird unserem Vaterland ein neues politisches Gesicht geben, sie wird ...«

Während Roxas weiterredete, sagte Francisco bedächtig: »Ich werde den Verdacht nicht los, daß er das alles tut, nachdem MacArthur es ihm aufgetragen hat. Diese Leute denken in längeren Zeitläufen, als wir es gegenwärtig tun. Sie machen einen Mann populär, mit dem sie später operieren können.«

Maria protestierte: »Du glaubst doch nicht, daß er die Okkupation überlebt? Sobald der letzte Japaner verjagt ist, wird man Roxas hängen! Spätestens dann!«

Ramos wiegte den Kopf. Er glaubte nicht daran. Die Propaganda Roxas' war geschickt. Er sammelte Leute um sich, die er im geeigneten Augenblick wieder als getreue Untertanen der Amerikaner ausgeben konnte, ebenso wie er jetzt den Anschein erweckte, ein getreuer Untertan des Tenno zu sein.

»Wußtest du, daß zwei Söhne unseres ehemaligen Vizepräsidenten Osmena mit den Japanern zusammenarbeiten?« fragte er Maria. »Einer davon ist ein hohes Tier bei der ›Biba‹, der Bigasang Bayan, wie sich die japanische Zentrale zur Eintreibung von Reis nennt.«

Maria lächelte. »Ich lese die ›Patnubay‹!«

Ramos hörte noch eine Weile zu, wie Roxas über das Projekt der Unabhängigkeit sprach, das gegenwärtig in Tokio wohlwollend beraten werde. Aber er war nicht mehr bei der Sache. Zu Maria sagte er knurrig: »Er sollte lieber über die neue Bestimmung reden, wonach jeder Filipino zwischen sechzehn und zwanzig einen Tag je Woche unentgeltlich für die Besatzer arbeiten muß! Der Herr Minister ohne Geschäftsbereich könnte auch erwähnen, daß er für die Japaner schon einige Tausende von Filipinos zusammengetrieben hat, die man mit Schiffen nach Burma bringt, zum Bau von Straßen und Bahnlinien! Sie sterben dort wie die Fliegen, das melden die Engländer über Kurzwelle.«

»Du ärgerst dich?« Maria hatte sich auf das Schlaflager niedergelassen. Sie war müde. Wie lange Francisco wohl bleiben konnte? Dies hier war ein offenbar recht sicheres Quartier, und man sah sich so selten!

Ramos kam zu ihr. »Ich ärgere mich, ja. Weil ein Schurke wie Roxas die Wahrheit beliebig verdrehen kann, weil wir nicht in der Lage sind, die Wahrheit mit annähernd der gleichen Intensität zu verbreiten!«

Sie schaltete das Radio ab. Von der Straße war weiter das Stimmengewirr der Kinder zu hören. Es wurde Abend.

»Bleibst du?« Ramos nickte. »Bis morgen früh. Da geht das Leben weiter.«

Er sagte ihr nicht, daß er am Vormittag Casto Alejandrino abzuholen hatte. Es war besser, wenn sie die Gefahr nicht kannte, in die er sich begeben mußte. Auf Alejandrinos Kopf hatten die Japaner einen Preis ausgesetzt, ebenso wie auf die Köpfe anderer führender Kader der Huk.

Francisco Ramos umging kurz nach Sonnenaufgang die japanischen Posten, die an den Zugängen des Arbeiterviertels Tondo standen. Tondo war nicht gesperrt, aber die Kempeitai verfolgte mit besonderer Aufmerksamkeit, was hier vor sich ging. Wenn sich die Arbeiter in ähnlicher Weise erhoben wie das Landproletariat in Luzon, dann konnte für die Besatzer eine unhaltbare Situation entstehen.

Bei einem ehemaligen Gewerkschafter, den die Japaner übersehen hatten, wohl weil er als Invalide lebte, zog Ramos zerschlissene Bauernkleidung an und verließ dann die Stadt. Im Gewirr der Abfallhalden, der Hüttensiedlungen, die am Rande Manilas wie Geschwüre hingen, ging Ramos nordwärts, zur Landstraße nach Santa Maria. Dort verbarg er sich im Gestrüpp, bis er den Karren kommen sah. Eine zweirädrige Carreta mit einem scheinbar verschlafenen Bauern darauf, der Rattanrohr transportierte. Der Eselskarren wurde von einer Kolonne japanischer Lastwagen überholt. Der Fahrer des Führungsfahrzeuges, eines Schützenpanzerwagens, wies den Bauern an, die Kolonne vorbeizulassen. Den Lastwagen folgte ein weiterer Panzerwagen. Die Straße lag im Operationsbereich der Huk.

»Du wirkst überzeugend«, spottete Ramos, als der Karren vor ihm hielt. Casto Alejandrino, dessen breitflächiges Gesicht mit den Schlitzaugen an den chinesischen Teil seiner Vorfahren erinnerte, schmunzelte.

Sie begrüßten sich, lenkten das Gefährt in die Büsche und banden den Maulesel an die lange Leine, damit er grasen konnte. Dann ließen sie sich in der Nähe nieder, an einem schattigen Platz, von dem aus sie das Gelände einigermaßen überblicken konnten, selbst jedoch nicht zu sehen und so gegen Überraschungen gesichert waren. Alejandrino zog einen sechsschüssigen japanischen Revolver aus dem Hosenbund und legte ihn ins Gras. Dann drehte er für sich und Ramos Zigaretten. Rauchend unterhielten sie sich leise; sie hatten sich lange nicht gesehen. Ramos informierte Alejandrino über alles, was er in den letzten Tagen in der Stadt erfahren hatte, und Alejandrino gab dem Freund einen Überblick, was sich bei der Huk abspielte. Am späten Nachmittag würden sie in Tondo eine Zusammenkunft mit Arbeitern haben. Ehemalige Gewerkschafter, unter ihnen Mitglieder der Partei. Es ging darum, die zukünftige Zusammenarbeit zu planen.

Ramos war wenig zuversichtlich. »Wir haben keine solide Basis in den Städten«, meinte er. »Die Gründe dafür sind zahlreich. Es wird lange Zeit vergehen, bis wir die hier und da existierenden Grüppchen, die zum Widerstand entschlossen sind, zu einer schlagkräftigen Organisation entwickelt haben.«

»Aber wir brauchen die Organisation«, gab Alejandrino zu bedenken.

»Es ist schwer, während des Kampfes die Kräfte in den Städten zu stärken«, erwiderte Ramos. »Es wird viel Zeit in Anspruch nehmen, und wir haben nur wenig Zeit.«

»Also — weißt du einen Ausweg?«

Ramos zuckte die Schultern. »Es gibt wohl keine Patentlösung. Aufbauen und zugleich kämpfen — was bleibt uns übrig!«

Alejandrino wußte genau, daß Ramos das Kernproblem berührt hatte. Natürlich war es unter dem Besatzungsterror nur allmählich und mit äußerster Vorsicht möglich, den Widerstand in den Städten zu organisieren. Neben dieser schweren Aufgabe hatte die Partei noch andere Sorgen. Die Huk war heute eine ausgesprochene Bauernarmee, wenngleich sie von der Partei geführt wurde und sie über einige proletarische Kommandeure verfügte. Zudem mußte sich die Partei fast völlig auf die militärische Seite des Kampfes konzentrieren. Hinter den rein militärischen Aufgaben aber mußte die politische Arbeit zu oft zurücktreten, und das war nicht immer gut, vor allem, weil die Huk auf dem Lande das einzige Instrument war, das auch für politische Arbeit genutzt werden konnte. Die Klassenorganisationen der Bauern und des Landproletariats waren in der Huk aufgegangen. Die ersten Auswirkungen hatten sich bereits gezeigt, als die Japaner angriffen. Schwächen waren sichtbar geworden, man hatte den Gegner unterschätzt. Nach diesen bitteren Erfahrungen verkehrte sich die Denkweise vieler Funktionäre ins Gegenteil, nun überbewertete man die Chancen des Gegners. Alejandrino erklärte Ramos ausführlich, daß es in der Parteileitung immer noch Diskussionen um die richtige Strategie und Taktik gäbe.

»Wir mußten unsere Taktik nach den ersten Erfolgen der Japaner ändern. Unsere Leitung hat die Parole ausgegeben: Zurückziehen und verteidigen! In dieser Position sind wir im Grunde immer noch. Du wirst bemerkt haben, daß wir uns im Augenblick schwer tun mit tatsächlich wirkungsvollen Aktionen. Wir beschränken uns auf Störtätigkeit. Ansonsten haben wir uns in die Stützpunkte zurückbegeben, bilden Kader aus, trainieren, bahnen Verbindungen zu Ortschaften an, aber wir haben immer noch keine grundlegende Strategie.«

»Gehen wir vielleicht von falschen Voraussetzungen aus?« fragte Ramos. »Sind wir nicht ein wenig naiv, was die Amerikaner angeht? Wir erklären, wir kämpfen an ihrer Seite für die Befreiung der Philippinen. Aber wenn wir die Japaner verjagt haben — was kommt dann?«

Alejandrino winkte ab. »Auch das ist eine Frage, über die wir immer wieder diskutieren, Paco. Wenn ich ehrlich sein soll, so weiß ich selbst noch keine endgültige Antwort. Stell dir nur ein einziges Mal die Frage: Wer soll nach dem Sieg das Finanzministerium leiten? Verstehst du etwas von Staatsfinanzen? Ich nicht! Ich weiß auch niemand anderen, der etwas davon verstünde. Also müßten wir uns auf eine lange Übergangsphase orientieren, in der wir gemeinsam mit dem fortschrittlichen Bürgertum, vielleicht sogar mit Leuten des alten Beamtenapparates das Land zu regieren haben. In einer Koalition aller patriotischen Kräfte vielleicht. Und wie sammeln wir die? Wo sind sie? Bei denen, die heute mit den Japanern paktieren? Gewiß nicht. Bei den ›Free Philippines‹? Das sind hundertfünfzig Leute, wenn es hoch kommt.«

»Hundertzwanzig«, sagte Ramos.

»Nun ja. Ich will dir das alles nicht weiter vortragen, aber ich bin höchst unzufrieden, daß wir uns keine weitreichenden Gedanken über die Zukunft machen. Alle Signale sind auf Kampf gestellt, auf militärische Ausbildung, auf den Augenblick. Wo bleibt die Strategie für übermorgen? Bei jeder Zusammenkunft unserer führenden Kader stelle ich die gleichen Fragen. Wir quälen uns ab, Antworten zu finden. Am Ende sehen wir ein, daß wir noch nicht genug wissen, um sie wirklich zu geben. Wissen! Verstehst du, was ich meine? Wir sind Kämpfer, Junge. Spontan aufgebrochen, bereit unser Leben zu opfern. Aber wir wissen zu wenig.«

»Andererseits aber führt der Weg zu einem echten Bündnis mit dem fortschrittlichen Bürgertum nur über unsere Kampferfolge«, meinte Ramos. »Zeigen wir der Nation nicht, daß wir in der Lage sind, den Gegner zu beherrschen, wird sich das Bürgertum nicht mit uns verbünden. Dann wird es lieber auf die Amerikaner warten und sich ihnen wieder unterordnen.«

Alejandrino nickte. »Das ist unser Dilemma. Wir müssen kämpfen. Aber wir wissen nicht, ob man unsere Opfer nicht eines Tages mißachtet, ob man uns nicht einfach zur Seite schiebt. Wir sind es dem Volk schuldig zu kämpfen. Wer von dem Sieg später profitiert — danach darfst du mich heute nicht fragen!«

Eine Weile saßen sie schweigend und rauchten. Von der Straße her kam ab und zu das Geräusch vorbeifahrender Fahrzeugkolonnen. Alejandrino stand auf und blickte rundum; hügeliges Gelände, von Büschen und niedrigem Wald bedeckt. Der Stadtrand war zu sehen. Kleine Felder mit Gemüse. Bananenstauden, Palmen.

Eine Universität müßten wir haben, dachte Ramos. Hochschulen, in denen wir Kommunisten befähigen, die Wirtschaft zu lenken, die wir der

Bourgeoisie aus den Krallen winden wollen. Mediziner müßten wir ausbilden können und Naturwissenschaftler — Träume.

»In der Stadt gibt es sechzig Gramm Reis je Tag«, sagte er, als sich Alejandrino wieder zu ihm setzte. »Roxas und die Seinen erklären den Leuten, daran wären die Huk-Anhänger schuld. Sie würden den Reis stehlen.«

Alejandrino nickte müde. »Ich habe es gehört. Und wir können die Lügen nicht einmal entkräften. Trotzdem werden wir den Kampf um den Reis weiterführen. Wir müssen das tun, es ist eine der wenigen Möglichkeiten, den Krieg zu verkürzen. Die Japaner brauchen unseren Reis. Sie schaffen ihn mit ihren Frachtschiffen nach Japan oder zu ihren Truppen im Süden. Nehmen wir ihnen diese Nahrungsquelle, dann werden die Soldaten des Tenno bald nicht mehr gut kämpfen können.«

Ramos lächelte. »Der Idealzustand wäre, wenn die Huk-Kämpfer der hungernden Stadtbevölkerung den Reis gäben, den sie erbeuten. Auf dem Lande tun wir das. Aber in den Städten . . .«

»Ich werde darüber mit den Arbeitern in Tondo sprechen«, sagte Alejandrino, »und ihnen erklären, worum es geht. Man muß ihnen offen sagen, wofür sie hungern müssen.«

»Es werden nicht viele zu den Treffs kommen«, machte ihn Ramos aufmerksam. »Ich habe alles versucht, was möglich war, aber die Zahl wird klein sein.«

»Angst?«

»Auch Angst«, gab Ramos zurück. »Aber mehr noch Unentschlossenheit. Lethargie oft. Erscheinungen, die wir auf dem Lande ein bißchen überwunden haben. In den Städten herrschen sie noch vor.«

»Auf dem Lande«, sagte Alejandrino nachdenklich. »Junge, wenn wir ehrlich zu uns selbst sind, müßten wir sagen: in Zentralluzon. Wo sonst ist es uns gelungen, die Massen zu mobilisieren? Im Grunde stehen wir noch ganz am Anfang. Doch in der Zwischenzeit dreht sich die Welt weiter.«

Die Welt, dachte Ramos. Sie kämpft gegen den Faschismus, gegen den wir damals bereits in Spanien angetreten sind. Und es scheint, als ob der Faschismus nicht durchkommt. Es hat Stalingrad gegeben. Die deutsche Armee hat eine vernichtende Niederlage hinnehmen müssen. Die Japaner stehen in der Verteidigung. Eigentlich besteht Hoffnung. Ganz anders als damals in Spanien, wo die Faschisten uns mit ihrer Übermacht erdrücken konnten. Heute spüren sie selbst, was es heißt, geschlagen zu werden.

Alejandrino erkundigte sich: »Wann haben wir den ersten Treff?«

»Um fünf Uhr.«

Alejandrino schaute nach der Sonne. Als er sah, daß Ramos auf seine Armbanduhr blickte, meinte er lächelnd: »Ich muß mir eine neue Uhr besorgen! Die alte ist im Sumpf geblieben, bei Candaba.«

»Wir gehen besser jetzt«, schlug Ramos vor. »Es kann noch unerwartete Aufenthalte geben.«

Alejandrino nickte. »Gehen wir, Paco, lassen wir uns nicht davon irritieren, daß die Zukunft noch grau ist.«

Sie benutzten die Pfade, die Ramos bereits kannte, südwärts, am Rande der Stadt entlang, immer auf Sicherheit bedacht. Einige Male sichteten sie japanische Patrouillen, aber sie konnten ihnen ausweichen.

Als sie vor Tondo angekommen waren, legten sie noch eine kurze Rast ein. Alejandrino erinnerte sich, daß er Conway lange nicht gesehen hatte, und fragte: »Was macht der Americano? Ist seine Frau in Sicherheit? Und das Kind? Es war ein Mädchen, ja?«

»Ein Mädchen«, bestätigte Ramos. »Sie sind so sicher, wie man eben sein kann. Andrew ist ohnehin die meiste Zeit unterwegs. Er konnte nicht auf der Hazienda bleiben. Wenn ich recht informiert bin, hält er sich bei einer Gruppe nördlich von San Fernando auf. In zwei Wochen werde ich ihn vielleicht wiedersehen, wir haben uns verabredet. Die Zeitung der ›Free Philippines‹ will das Verhalten der in den Bergen untergetauchten Amerikaner unter die Lupe nehmen, und ich werde Andrew konsultieren, bevor ich darüber schreibe.«

Alejandrino winkte ab. »Eine weitere Sorge. Wenn ich von diesen sogenannten amerikanischen Guerillas schon höre! Sie machen uns viel zu schaffen, manchmal könnte man glauben, sie lägen nicht im Krieg mit den Japanern, sondern mit uns!«

»Sie liegen in einem Krieg für ihre Zukunft«, bekräftigte Ramos, »nicht für unsere. Wir hingegen fühlen uns für einen Sieg verantwortlich, der in erster Linie ihr Sieg sein wird, wenn mich meine Vermutungen nicht trügen.«

Alejandrino hatte keine Lust, weiter auf dieses unerfreuliche Thema einzugehen. Die ganze Sache war undurchsichtig. Oder auch zu durchsichtig, wie man es eben betrachtete.

»Komm«, sagte er. »Lassen wir die Genossen nicht warten.«

Auf der Hazienda »Felicitas« hatte am frühen Morgen ein japanisches Kommando die Speicher kontrolliert. Es fand sich kein Reis. Der Kommandoführer stellte Felicitas Conway zur Rede, aber die erklärte ihm ruhig, leider könne sie nichts dagegen tun, wenn sich Guerillas bereits auf den Feldern des Erntegutes bemächtigen und es abtransportierten.

»Meine Leute sind unbewaffnet«, sagte sie. »Sie können sich nicht wehren.«

Der Kommandoführer war unzufrieden. Er wurde von einem philippinischen Aufkäufer aus San Fernando begleitet, der nicht nur Felicitas, sondern auch ihren Mann kannte und der vor allem wußte, welche Position ihr Vater in Manila bekleidete. So bemerkte er bloß vorsichtig: »Leider wird es nicht möglich sein, Ihre Leute mit Waffen zu versehen, Frau Conway. Sie kennen den Grund.«

»Natürlich kenne ich ihn! Alle anderen Hazienderos halten sich inzwischen bewaffnete Wachtrupps. Nur ich darf das nicht, weil mein Mann Amerikaner ist.«

»Er sollte sich gefangengeben«, meinte der Aufkäufer. »Es wäre das beste für Sie und für ihn.«

Felicitas antwortete knapp: »Sagen Sie ihm das selbst. Ich habe ihn seit Kriegsbeginn nicht mehr gesehen. Vielleicht ist er umgekommen.«

Sie schwieg. Natürlich wußte sie genau, wo er war. Aber dieser Aufkäufer war ein Werkzeug der Japaner, was ging es ihn an! Sie merkte auch bei diesem Besuch wieder, daß die Besatzer offenbar ihren Vater respektierten. Gut so. Ihr werdet trotzdem keinen Reis bekommen.

Felicitas wartete, bis sich die Soldaten entfernt hatten. Als einer der Arbeiter ihr meldete, sie seien mit ihrem Lastwagen davongefahren, ging sie ins Haus zurück. Auf der Veranda hing die kleine Hängematte mit dem Kind. Es schlief. Felicitas versetzte die Matte in eine leichte Schaukelbewegung. Das Kind war eigentlich unerwartet gekommen. Andrew war erschrocken, als sie es ihm gestand. Aber sogleich hatte er überlegt: »Ein Kind ist immer gut! Gewünscht haben wir es uns ohnehin, was macht es schon, daß es nicht gerade zur günstigsten Zeit kommt! Laß den Kopf nicht hängen, freu dich.« Insgeheim dachte er, vielleicht ist es gut so, denn wer kann wissen, ob ich es überlebe? Aber das sagte er Felicitas nicht. Und er ahnte nicht, daß sie denselben Gedanken hatte.

Die Hazienda lag wie ausgestorben. Mit Beginn des Überfalles hatte Conway die Schweinezucht auf ein Minimum reduziert. Er sah nicht ein, daß er die Mägen der japanischen Soldaten füllen sollte. So erzeugte die »Felicitas« heute nur das, was die Bewohner der Hazienda und die in der Umgebung operierenden Huk-Abteilungen brauchten. Den Japanern gegenüber redete sich Felicitas mit den Schwierigkeiten heraus, die man hatte, wenn der Mann verschwunden war und die meisten Landarbeiter auch.

Als an diesem Mittag ihr Vater auf der Farm auftauchte, erschrak die junge Frau zunächst. Don Ricardo Torrena war seit ihrer Heirat nicht mehr zu Besuch gekommen, überdies lebte er ohnehin in Manila; seinen Landbesitz ließ er von Verwaltern bewirtschaften. Er hatte sich vor dem Krieg bei den Nacionalistas betätigt, und auch jetzt war Don Ricardo wieder politisch aktiv. Zusammen mit seinen alten Freunden Laurel und Vargas war er in den von den Besatzungsbehörden geschaffenen Konsultativen Staatsrat aufgenommen worden. Don Ricardo war ein kleiner, schmächtiger Mann, dem man seine zähe Energie nicht ansah. Er wirkte zierlich, und seine schlohweißen Haare konnten jeden täuschen, der ihn nicht genau kannte und wußte, daß der Alte noch an jedem Tag eine Stunde Galopp ritt, keinerlei Beschwerden fühlte und trotz seiner sechzig Jahre als wohlhabender Witwer eine nicht ganz unbekannte Persönlichkeit in der Manilaer Lebewelt war, die sich im Schutz der Japaner entwickelt hatte.

Moral kannte Don Ricardo nicht, wenn es um Geld ging. Auch bei seinen Liebschaften war er nicht besonders rücksichtsvoll. Aber eine Eigenschaft hatte sich bei ihm ausgeprägt erhalten: eine gewisse Verbundenheit zur Familie. Wenn es um ein Mitglied der Familie Torrena ging, brachte Don Ricardo es fertig, selbst auf politische Vorteile zu verzichten und Solidarität zu üben.

So war es ihm zwar überhaupt nicht recht gewesen, daß seine einzige Tochter ausgerechnet diesen hergelaufenen Amerikaner heiratete, aber er war nie auf den Gedanken gekommen, sie etwa zu verstoßen. Im Gegenteil, er machte sich in letzter Zeit immer mehr Sorgen um sie. Informanten hatten ihm mitgeteilt, daß ein Kind angekommen sei und Mutter wie Kind sich ausgezeichneter Gesundheit erfreuten. Über Umwege hatte Don Ricardo es verstanden, japanische Patrouillen und Aufkauftrupps von der »Felicitas« möglichst fernzuhalten. Nicht wenige Leute, die bei der BIBA arbeiteten, der japanischen Reisaufkaufzentrale, waren von Don Ricardos Gunst abhängig. Sie erkauften sie, indem sie seine Tochter in Ruhe ließen. Was den Amerikaner betraf, so war Don Ricardo inzwischen informiert, daß er nirgendwo als Toter registriert worden war und auch in den Listen der Internierten nicht auftauchte. Andrew Conway war verschwunden. Wußte Felicitas, wo er sich aufhielt? Oder war er tatsächlich irgendwo gestorben, ohne Zeugen? Wenn ja, dann wäre das als der beste Ausgang der ganzen Sache zu betrachten. Eine verwitwete Tochter mit einem Kind, das gab es in vielen Familien.

Don Ricardo hatte allerdings nicht mit einer derart unangenehmen Wahrheit gerechnet. Seine Tochter verschwieg ihm nicht, daß Andrew im Untergrund kämpfte. Zudem warf sie ihm vor, er habe sich freiwillig in die Abhängigkeit der Japaner begeben. Sie vermied zwar den Ausdruck Kollaborateur, ließ aber keinen Zweifel aufkommen, was sie von der Tätigkeit des Vaters hielt.

Torrena war mit einem Auto gekommen. Die Japaner hatten es ihm zur Verfügung gestellt, seitdem er eine neue, verantwortungsvolle Funktion übernommen hatte. Er war Chef des von den Besatzern eingerichteten »Direktoriums für Wirtschaftsfragen« geworden, einer Behörde, die die Philippinen systematisch von einem Rohstofflieferanten der USA in einen für Japan umwandeln sollte.

Der alte Mann war eigentlich in der Absicht gekommen, die Tochter zur Übersiedlung nach Manila zu bewegen. Dort lebte es sich in seinen Kreisen leichter als auf dem Lande. Man bekam von den Japanern viele Privilegien und konnte das gesellschaftliche Leben genießen. Clubs, Reitbahnen, Kinos, Theater und Abendgesellschaften. Die Hazienda hätte ein Verwalter führen können. Nun aber erfuhr Don Ricardo, daß er umsonst gekommen war.

»Ist dein Mann bei den amerikanischen Guerillas?« erkundigte er sich vorsichtig. Er hatte noch einen Funken Hoffnung. Aber die Tochter machte eine verächtliche Geste.

»Bei diesen Herumliege-Guerillas! Fressen und saufen, bis MacArthur zurückkommt! Nein, er ist bei den Huk.«

Natürlich, Andrew Conway war Kommunist. Es war zu befürchten gewesen, daß er sich zu diesem Gesindel schlug, das aus den Philippinen so etwas wie eine Sowjetrepublik machen wollte. Was tun? überlegte Don Ricardo, während er auf der Veranda neben der Hängematte mit dem Kind saß. Er schaukelte das Baby leicht und überlegte dabei. Eine Weile spielte er mit dem Gedanken, hier helfe vielleicht nur Härte. Felicitas spüren lassen, was sie ohne die schützende Hand des Vaters war. Aber Don Ricardo entschloß sich doch, mit Milde vorzugehen. Es ist meine Tochter, sagte er sich. Und das Kind ist mein einziger Enkel. Diesen Amerikaner kann man später zur Vernunft bringen. Vielleicht. Die Zukunft wird es lehren. Er versuchte es mit einer sachlichen Unterhaltung.

»Sieh einmal, Kind«, begann er ruhig, »ich mag dir zwar nach außen hin als ein Mann erscheinen, der sein Land verrät. In Wirklichkeit ist das anders. Du mußt lernen, taktische Schachzüge als das zu erkennen, was sie sind. Ich rede offen mit dir. Wir alle wissen, die Japaner haben diesen Krieg schon so gut wie verloren. Sie stecken überall fest, müssen sich verteidigen, und die Amerikaner werden sie bald in ihr Inselreich zurücktreiben.«

»Anschließend werden sie hierher zurückkommen und die Kollaborateure bestrafen«, entgegnete Felicitas boshaft.

Der Vater blieb gelassen. Er nickte. »Das werden sie tun. Nur, falls du dabei Gefahr für mich sehen solltest, so kann ich dich beruhigen, es wird mir nichts geschehen.«

»Immerhin dienst du den Japanern. Es ist eine Sache, in einem vom Feind besetzten Land leben zu müssen, aber es ist eine andere, dem Feind zu helfen, das besetzte Land auszuplündern.«

Der Alte schüttelte den Kopf. »Du überblickst die Dinge nicht, mein Mädchen. Laß dich von mir aufklären. Die Japaner zu besiegen ist für Amerika nur eine Frage der Zeit. Wenn allerdings nicht bald dem Treiben der Huk Einhalt geboten wird, dann stehen wir alle hier plötzlich einer neuen Macht gegenüber, die uns endgültig unseren Besitz streitig machen wird. Es geht um nichts anderes, als das zu verhindern. Alles, was Leute wie ich tun, dient der Vorbeugung. Ja, bis zu einer gewissen Grenze helfen wir den Japanern sogar, nämlich bei der Dezimierung der Huk. Das ist viel mehr in unserem eigenen Interesse als im Interesse der Japaner. Tu mir den Gefallen und sei einen Augenblick vernünftig. Möchtest du eines Tages enteignet werden? Sollen Hungerleider die Hazienda unter sich aufteilen, und willst du die Straße kehren? So ist das. Ich erkläre es dir schonungslos: Wir benutzen die Japaner, um unsere politischen Gegner von morgen zu dezimieren. Und MacArthur weiß es genau! Er hat es sogar angeregt. Doch dies alles ist vielleicht weniger wichtig. Wichtig ist, daß sich dein Mann bei den Huk befindet.«

Er schüttelte betrübt den Kopf.

Felicitas murmelte: »Ein widerwärtiges Geschäft!«

Don Ricardo quittierte es mit einem Nicken. »Ja, das ist es. Aber, vergiß nicht, es geht auch für uns Torrenas um die Existenz. Deshalb müssen Leute wie wir in großen Dimensionen denken. Nicht ins Heute verbeißen, das Morgen planen.«

»Das tun die Huk auch.«

»Eben. Nur sie planen gegen uns.«

Aus der Hängematte kam die leise Stimme des Kindes. Felicitas erhob sich, nahm es in den Arm; dann knöpfte sie die Bluse auf.

Don Ricardo sah verzückt zu, wie seine Tochter das Kind stillte. »Unsere Familie hat einen Enkel! Wie heißt er?«

»Clara-Maria.«

»Wie die Mutter! Du bist eine gute Tochter. Ach, wenn nur diese Geschichte mit deinem Mann nicht wäre... Kannst du mit ihm reden?«

Felicitas bewegte leicht die Schultern. Sie zog es vor, auch vor dem Vater nicht zuzugeben, daß Andrew gelegentlich auf der Hazienda erschien, mit seinen Genossen, meist nachts.

»Laß es mich halten«, bat der Alte, als das Kind gesättigt war. Er nahm es und betrachtete es genau. Die leichten Schaukelbewegungen, die er vollführte, schienen dem Kind zu behagen, es verzog das Gesicht zu einem zufriedenen Lachen.

»Mein Enkel!« Don Ricardo küßte das kleine Mädchen auf die Stirn, bevor er es der Mutter zurückgab. Dann setzte er sich, und seine Miene wurde ernst. »Ich hatte dich vorhin gefragt, ob du mit deinem Mann sprechen kannst«, begann er. »Ich will nicht hinter seine konspirativen Schliche kommen, sie interessieren mich nicht. Außerdem ist er immerhin ein Mitglied meiner Familie, auch wenn ich nicht sehr begeistert von ihm bin. Wie dem auch sei, ich bitte dich, ihm einen Rat zu übermitteln. Hörst du zu?«

Felicitas kam von der Hängematte zum Tisch zurück und setzte sich wieder dem Vater gegenüber. »Ich höre.«

»Gut. Richte ihm aus, oder lasse es ihm durch einen zuverlässigen Mann ausrichten, ich bitte ihn dringend, an die Zukunft zu denken, und zwar an seine eigene ebenso wie an die deinige und die des Kindes. Ich will ihm helfen, daß er nicht nur den Krieg übersteht, sondern auch das, was danach kommt. Also soll er, sobald er kann, die Huk verlassen. Er soll sich hier auf der Hazienda verstecken, und ich werde dafür sorgen, daß er zu den amerikanischen Guerillas gebracht wird, dorthin, wo er eigentlich sein sollte. Das wird ihm — Kommunist oder nicht — später die entscheidende Startchance geben. Unter den Leuten, die nach Kriegsende im Lande etwas zu sagen haben, werde ich nicht der geringste sein. Ich kann viel für euch tun, und ich werde es tun.«

Es ist phantastisch, dachte Felicitas. Was gibt ihm nur diese Sicherheit, mit der er die Zukunft vorausplant? Zu einer Zeit, in der Tausende anständiger Männer im Dschungel leben, japanische Garnisonen überfallen, Krieg führen gegen Eroberer, für eine freie philippinische Republik! Sie sagte leise: »Ich weiß nicht, ob ich Andrew erreichen kann. Es ist unbestimmt. Wahrscheinlich werde ich ihn nicht erreichen.«

»Versuch es«, drängte der Alte. »Es hängt viel davon ab, für ihn und für dich und das Kind. Man muß immer zuerst an sich selbst denken und dann erst an die großen Ideen, oder was immer man dafür hält!«

Er redete ihr noch eine Weile zu, nach Manila zu übersiedeln, aber Felicitas lehnte das ab. Der Vater verstand, daß sie die Besitzung nicht verlassen wollte, und im gewissen Sinne war er sogar stolz auf sie.

»Nun gut«, meinte er schließlich. »Ich werde dich nicht aus den Augen verlieren. Sobald ich kann, bin ich wieder hier. Und denk daran: Du bist eine Torrena!«

Sie verzichtete darauf, ihm klarzumachen, daß sie zu ihrem Mann stehen würde, gleich was käme. Sie begleitete den Vater zu seinem Auto, wo der Fahrer diensteifrig die Tür aufriß, die Mütze in der Hand. Senator Ricardo Torrena, Mitglied des Konsultativen Staatsrates, Vorstandsmitglied der Kalibapi, Vertrauter der Japaner, Leiter des von ihnen gebildeten Wirtschaftsrates. Er winkte aus dem heruntergekurbelten Fenster, als der Wagen anfuhr.

Casto Alejandrino war müde wie selten zuvor. Er blickte auf die fünf Männer, die vor ihm auf dem Boden der armseligen Behausung in Tondo hockten, und überlegte. Was kann ich ihnen noch sagen? Womit kann ich ihre Bedenken zerstreuen? Wie kommt es, daß sie sich zwar nicht in ihr Schicksal ergeben wollen, trotzdem aber kaum einen Weg sehen, unseren Kampf zu unterstützen? Diese Männer hier, die er ausnahmslos kannte und die lange Erfahrungen in der Arbeiterbewegung besaßen, hatten ihm unumwunden erklärt, dem Manilaer Proletariat sei durch die engmaschige

Überwachung der Japaner so gut wie jede Möglichkeit genommen, sich revolutionär zu betätigen. Partei und Gewerkschaften waren verboten. Beim geringsten Zeichen von Ungehorsam verhängten die Japaner sofort drastische Strafen. Sabotage der japanischen Schiffstransporte war unerhört schwierig. Gelegentlich gelang es, Ladungen zu beschädigen. Einmal konnte ein Stauer im Laderaum eines Schiffes ein Ventil öffnen, das die Ladung unter Wasser setzte. Doch dies alles war Stückwerk, weit entfernt von organisiertem Widerstand.

Zuerst hatte Alejandrino ihre Bedenken nicht wahrhaben wollen, aber als die Diskussion intensiver wurde, hatte er eingesehen, daß er umdenken mußte.

»Ich glaube«, sagte einer der ehemaligen Gewerkschaftsfunktionäre, der auch jetzt noch im Hafen arbeitete, »wir haben ein geteiltes Land, Casto. Die eine Hälfte, das sind die vielen tausend Barrios mit der Landbevölkerung. Sie kann von den Japanern bis heute nicht vollkommen kontrolliert werden. Deshalb gibt es dort die Huk, und deshalb sind die Besatzer dort sozusagen in der Defensive. Die andere Hälfte sind die Städte. Sie sind fest in der Hand der Japaner, die sich zudem auf unsere alten politischen Gegner verlassen können. Wir haben hier nur die Wahl, entweder uns ruhig zu verhalten oder vor ihren Bajonetten zu stehen. Ich finde diesen Zustand unerträglich, und ich bin bereit, heute noch mit dir in den Wald zu gehen, um zu kämpfen.«

Alejandrino schüttelte den Kopf. »Hier müssen wir kämpfen, Genossen. Hier in der Stadt!«

»Aber wie?« meldete sich ein anderer. »Auf zehn Arbeiter kommt ein Spitzel. Jeder Versuch, die verbotene Gewerkschaft neu zu gründen, wird sofort mit dem Tode bestraft. Du weißt, wie viele gute Leute wir bei solchen Versuchen schon verloren haben.«

»Ich weiß.« Alejandrino kannte die Zahl derer, die abgeurteilt und exekutiert worden waren.

»Wir müssen einen ganz neuen Anfang machen. Gleichgesinnte um uns sammeln, ohne daß der Gegner vorerst aufmerksam wird. Zellen bilden, die nach und nach miteinander Kontakt bekommen.«

»Das tun wir. Aber es ist ein weiter Weg, bis solche Zellen Aktionen durchführen können. Und das müßten wir eben heute schon tun, um euch zu unterstützen. Heute, nicht übermorgen. Wir können es einfach nicht.«

126

Wieder begann sich die Debatte im Kreise zu drehen. Alejandrino wechselte das Thema. »Habt ihr wenigstens über den Kampf um den Reis die Wahrheit verbreiten können?«

Ein ziemlich alter Teilnehmer der Runde sagte langsam: »Wir haben es nach Kräften versucht, Casto. Du kannst durch Tondo gehen und in jeder Behausung fragen. Man wird dir sagen, es ist richtig, daß die Japaner den Reis nicht bekommen. Lieber soll er im Sumpf verfaulen.«

»Wir überlegen, wie wir den Reis zu euch schaffen könnten«, sagte Alejandrino. »Wir wissen, daß sie euch hungern lassen. Aber es ist nicht so einfach, Tonnen von Reis durch die japanischen Sperren in die Stadt zu schleusen.«

Der Alte wehrte ab. »Sorgt euch nicht um unseren Hunger, Casto. Schlagt die Japaner. Danach werden wir wieder mehr zu essen haben.«

Der ehemalige Gewerkschafter aus dem Hafen meinte: »Nicht der Hunger ist das schlimmste, den kennen wir von früher. Schlimmer ist die Unsicherheit. Wenn der Spitzel, der meine Familie überwacht, dahinterkommt, daß ich nicht beim Hahnenkampf bin, sondern hier, dann gibt es mich morgen abend nicht mehr. Meine Familie auch nicht.«

»In den Barrios«, begann Alejandrino, »werden nicht die Bauern überwacht, sondern die Spitzel. Sie wissen, daß sie sofort erschlagen werden, wenn man sie erkennt.«

»In den Barrios gibt es die Huk«, erwiderte der Alte gedankenvoll. »Hier nicht.«

Alejandrino fuhr auf. »Zum Teufel, hier gibt es euch! Ihr seid auch die Huk! Wie können wir euch nur helfen? Sollen wir euch Waffen geben, damit ihr euch wehren könnt? Sprengstoff? Sagt es mir!«

Einer nach dem anderen schüttelten die Männer die Köpfe. »Ein Viertel wie Tondo kannst du mit zwei Regimentern in einer Stunde abriegeln und durchkämmen. Sie würden uns abschießen wie Tauben.«

Was war überhaupt zu erreichen? Immer wieder stellte sich Alejandrino diese Frage. Gewiß, diese Männer hier waren mutig; sie trafen sich mit ihm, obwohl es ihr Leben kosten konnte. Aber konnte es nicht ebenso jeden Kämpfer der Huk das Leben kosten, wenn er an einer Aktion teilnahm? Aber das war wohl doch etwas anderes. Sie waren Soldaten. Ihre Gewehre gaben ihnen die Sicherheit, daß der Gegner mit Klugheit und Umsicht zu schlagen war. Diese Sicherheit fehlte den Männern in Tondo. Sie hatten nie einen Sieg erlebt, nie das Gefühl der Überlegenheit nach einem Gefecht gespürt. Das machte sie zögernd. Dazu kam die Sorge um ihre Familie. Auf dem Lande war das alles zwar nicht gerade einfach, aber die Dinge lagen anders. Die Versuche der Japaner, mit Spitzeln Familienangehörige der Huk-Kämpfer ausfindig zu machen, waren gescheitert. Jedes Barrio glich einer schweigenden Festung. Unmöglich, sie zu überwachen.

»Unsere Söhne sollen bei euch kämpfen«, bat der alte Mann, »Tondo vertreten.«

Alejandrino sah ihn verwundert an. Der Alte wies zum Eingang der Behausung. »Sie warten draußen. Acht. Für die Zwangsarbeit in Burma gemustert. Sie sind aus dem Hafen geflüchtet, bevor man sie aufs Schiff treiben konnte. Wir haben sie versteckt.«

Mit einemmal wurde Alejandrino klar, daß er fast den Fehler gemacht hätte, das Gefühl der Solidarität, zu dem diese Männer fähig waren, zu unterschätzen. Nein, sie waren keine Feiglinge, ebenso wie die Söhne, die zu den Partisanen wollten. Sie waren verläßliche Genossen wie eh und je. Nur ihre Kraft reichte an diesem Ort und in diesem Augenblick nicht aus, Entscheidendes zu vollbringen. Wer wollte ihnen einen Vorwurf machen?

Ein kleiner Junge erschien in der Hütte, barfuß, schmutzig, mit flinken, braunen Augen. Er rief: »Der Hahnenkampf ist gleich zu Ende!« Im Nu war er wieder verschwunden.

Der Gewerkschafter drängte: »Du mußt aufbrechen, Casto. Wir haben die Spitzel zum Hahnenkampf gelockt. Es ist besser, wenn sie nichts bemerken.«

Sie umarmten Alejandrino, einer nach dem anderen. Der alte Mann berührte ehrfürchtig den Revolver, der in Alejandrinos Gürtel steckte. Dann drehte er sich um und ging.

Draußen wartete Ramos. Er horchte auf das Stimmengewirr, das von dem kleinen Platz kam, auf dem der Hahnenkampf stattfand.

»Was mich am meisten ärgert«, sagte Alejandrino zu ihm, »sie haben die Spitzel vermutlich beim Wetten gewinnen lassen, um sie dort zu halten, diese Hunde!«

»Nimmst du die acht Burschen mit?« wollte Ramos wissen.

»Und ob, Paco! Schließlich sollen sie Tondo vertreten!«

Er war in einer eigenartigen Stimmung. Unzufrieden, und trotzdem hatte er das Gefühl, es sei niemand schuld daran, daß die Dinge sich so entwickelten. Konnte man der Zukunft vorausgreifen, wenn man es für wünschenswert hielt?

»Man kann historische Prozesse nicht willkürlich beschleunigen, Casto«, meinte Ramos, als er ihm seine Gedanken anvertraute. »Alles, was wir tun können, ist geduldig weitermachen. Auf keinen verzichten, der zu uns gehört. Es ist ein Wettlauf. Noch ist nicht entschieden, wer der Sieger sein wird.«

An einem der offenen Abwässerkanäle, die sie zu überqueren hatten, um aus der Stadt zu gelangen, stießen die acht jungen Burschen zu ihnen. Blitzende Augen in tiefbraunen Gesichtern. Casto Alejandrino war für sie eine fast legendäre Gestalt; sie musterten ihn ehrfürchtig.

Er gab ihnen nacheinander die Hand. »Ihr wißt, daß ihr euer Leben einsetzt?«

Der Jüngste erwiderte lächelnd: »Wir haben sonst nichts, was wir einsetzen könnten.«

In der Hand trug er einen langen Bambusstock, das Ende war messerscharf zugespitzt.

»Mir nach«, kommandierte Alejandrino. Als sie den schmalen Steg hinter sich hatten, der über den Kanal führte, stieß der letzte ihn mit dem Fuß in das schmutzige, stinkende Wasser.

Ramos sah ihnen nach, bis die Dunkelheit sie verschluckte. Dann ging er wieder zurück in die Stadt.

USAFFE

Trotz der verlustreichen Gefechte bei Masantol und Minalin, nach denen das Militärkommando der Huk die Parole ausgegeben hatte, sich in sichere Verstecke zurückzuziehen, die Kräfte zu sammeln und zunächst abzuwarten, gab es keine absolute Ruhepause. Nach und nach kehrte die alte Selbstsicherheit in die Einheiten der Huk zurück und verführte sie, denselben Fehler zu wiederholen: Sie konzentrierten erneut größere Kräfte an Stellen, die zwar schwer zugänglich waren, von denen sie jedoch nicht ahnten, daß die japanische Aufklärung sie bereis ausgemacht hatte. Diese Konzentration ermöglichte es den Partisanen zwar, die politische und kulturelle Arbeit rationeller zu gestalten, aber die Japaner erhielten dadurch erneut die Chance, empfindlich zuzuschlagen. Sie taten es nicht sofort. Noch hatten sie ihre Sorgen mit einigen kleineren Huk-Einheiten, die verstreut im Lande operierten.

So wurde beispielsweise eine aus etwa dreihundert Japanern bestehende Abteilung in dem kleinen Ort Gandue in der Provinz San Fernando im Januar 1943 überfallen und etwa ein Drittel ihres Mannschaftsbestandes vernichtet.

Ende desselben Monats erspähte ein Huk-Aufklärer bei Cantunga, in der Nähe des Arayat, eine hundert Soldaten starke japanische Kolonne, die sich anschickte, einen Fluß zu überqueren. Er lief sofort zu seinen Genossen, und es wurde ein Hinterhalt vorbereitet. Sobald die Japaner am anderen Ufer anlangten, wurden sie von drei Seiten angegriffen. Als einziger Rückzugsweg blieb der Fluß. Das Gefecht zog sich über Stunden hin, und die Japaner riefen über Funk Verstärkung herbei. Weitere hundert Japaner rückten an. Doch bevor sie sich entfalten konnten, waren sie bereits in das Gefecht verwickelt. Es wurde mit zunehmender Erbitterung gekämpft. Zum Schluß blieben den Japanern nur die Bajonette, weil ihnen die Munition ausging. Nur wenigen gelang es, bei Anbruch der Dunkelheit zu entkommen.

Anfang Februar führte Casto Alejandrino in Arayat eine Aktion besonderer Art durch. Er war sich von vornherein darüber im klaren, daß der Erfolg eher psychologischer als militärischer Art sein würde. Doch immer wieder erinnerte er sich an seine Gespräche in den Städten, und es drängte ihn, den Arbeitern einen Auftrieb zu geben. Sie sollten endlich die realen Möglichkeiten erkennen, die im Zusammenwirken mit den Kämpfern der Huk lagen.

Casto Alejandrino war vor der japanischen Okkupation der demokratisch gewählte Bürgermeister der Stadt Arayat gewesen. Jetzt, in den ersten Februartagen, setzten die Japaner einen neuen Bürgermeister ein. Zu diesem Zweck wurde eine Feier arrangiert, an der die Bevölkerung teilzunehmen hatte. Man wollte demonstrieren, daß sich unter der japanischen Schutzherrschaft auf den Philippinen ein eigenes Staatswesen entwickelte. Das entsprach der Propaganda der Japaner, besonders im Hinblick auf die von ihnen in Aussicht gestellte »Verleihung der Unabhängigkeit«.

Casto Alejandrino wählte aus seiner Abteilung etwa zweihundert Kämpfer aus, mit denen er am Tage vor der Inauguration des Marionettenbürgermeisters nach Arayat zog. Die meisten seiner Leute ließ er um die Stadt in Stellung gehen. Den Japanern, auch der einheimischen Polizei, blieben diese Vorbereitungen verborgen. Casto Alejandrino selbst drang mit einer kleinen Gruppe in die Stadt ein. Auf dem Platz vor dem Gebäude der Kommunalverwaltung war eine Rednertribüne errichtet und die Polizei zum Appell angetreten.

Als der »Bürgermeister« das Wort ergriff, umstellten Alejandrinos Männer blitzschnell die Polizisten und richteten ihre Revolver auf die Überraschten. In wenigen Minuten waren sie entwaffnet. Dann besetzten die Männer das Kommunalgebäude, befreiten die Gefangenen und schafften die Waffen der Polizei weg.

Da gelang es dem »Bürgermeister«, eine in seiner Hosentasche versteckte Pistole zu ziehen und plötzlich auf einen Huk-Kämpfer zu schießen.

Die Posten der japanischen Garnison, die ein paar Straßenzüge entfernt untergebracht war, schlugen Alarm. Einige Dutzend Japaner liefen mit Gewehren herbei, aber sie kamen zu spät. Vor dem Kommunalgebäude hatte es eine kurze Schießerei gegeben, bei der der »Bürgermeister« getötet wurde. Danach hatten sich Alejandrinos Männer geschickt zurück-

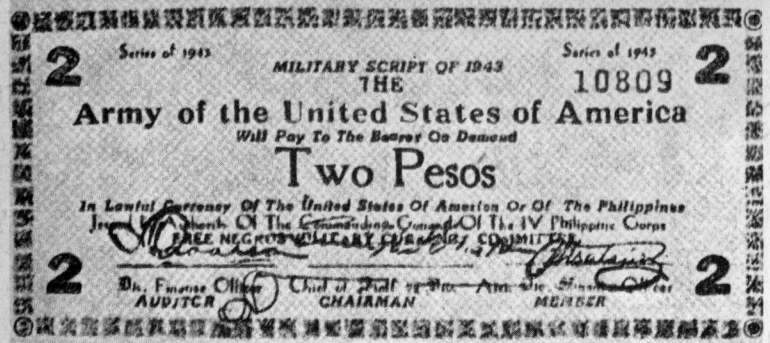

Der USAFFE-Peso, ein von den Militärorganen der USA während der japanischen Besatzung illegal in die Philippinen eingeschmuggeltes Zahlungsmittel, diente einem wichtigen psychologischen Zweck. Er sollte ankündigen, daß die USA ihren Machtanspruch auf die Philippinen unbeeindruckt von der Volksbewegung aufrechterhielten

gezogen, was ihnen im Gewimmel der Neugierigen nicht schwergefallen war. So fanden die Japaner nur die entwaffneten Polizisten vor. Sie verfolgten Alejandrino, aber dieser war bereits außerhalb der Stadt. Mehrere Stunden noch wurden die Japaner von einem Ende der kleinen Stadt zum anderen gehetzt, weil von überallher, wo Alejandrinos Kämpfer in Stellung lagen, gefeuert wurde.

Die Japaner verzichteten darauf, einen neuen »Bürgermeister« für Arayat zu bestimmen.

Es schien bereits, als hätte die Huk wieder die strategische Offensive in der Hand, als sich die Japaner entschlossen, die Huk-Einheiten, die zur Schulung und Ausbildung konzentriert worden waren, anzugreifen.

In einem weiten Waldgelände bei Cabiao, in der Provinz Nueva Ecija standen Anfang März 1943 etwa zehn Abteilungen der Huk auf engem Raum. Die Gegend — sie war nicht weit von dem Platz entfernt, an dem die Huk gegründet worden war — schien den militärischen Führern absolut sicher zu sein. Bei den Partisanen hielten sich hohe Kader der Befreiungsbewegung auf, unter anderem die Brüder Jesus und Vicente Lava sowie der Oberkommandierende Luis Taruc. Das Gelände barg einige Lazarette, Schulen und andere wichtige Einrichtungen.

Eigentlich hätten die militärischen Führer der Huk bereits gewarnt sein müssen, denn wenige Tage zuvor war es in dem Dorf San Julian, in unmittelbarer Nähe des Waldgebietes, zu einem Gefecht mit einer über zweihundert Mann starken japanischen Einheit gekommen. Die vier Huk-Abteilungen, die daran teilnahmen, wurden gezwungen, sich weit in die Provinz Nueva Ecija zurückzuziehen, aber auch dort trafen sie überall auf gegnerische Patrouillen. Schließlich gelang es ihnen, sich zu lösen und sich in das Waldmassiv zurückzuziehen.

Aber die Huk-Führung fühlte sich trotzdem sicher. Deshalb gelang es den Japanern, in aller Ruhe den Ring zu schließen. Sie setzten dafür mehr als fünftausend Soldaten ein, die Granatwerfer und leichte Artillerie mitführten. Weitere fünftausend Constabulary waren an der Aktion beteiligt.

Am 5. März schlugen die Japaner zu. Zuerst drang eine Constabulary-Einheit in den Wald ein und schuf damit erhebliche Verwirrung. Währenddessen besetzten Japaner alle Flußübergänge und die aus dem Gebiet herausführenden Straßen; dann flog eine Staffel japanischer Bomber an und warf ihre Last auf das Lager der Huk ab. Andere Flugzeuge schossen mit Leuchtspurmunition auf die ausgetrockneten Büsche rings um das Waldmassiv und setzten sie in Flammen. Danach griffen Japaner und Polizisten gleichzeitig an.

Die Partisanen verloren in dem Durcheinander die Übersicht. Sie wurden regelrecht überrannt. So blieb der Führung zuletzt nichts übrig, als den Befehl zu erlassen, die Kämpfer sollten in kleinen Gruppen versuchen, den Einschließungsring zu durchbrechen.

Casto Alejandrino konnte mit einer Gruppe bei Nacht über einen Flußlauf entkommen. Andere retteten sich in die im Westen angrenzenden Sümpfe. Aber dort wurden sie ebenfalls bombardiert. Außerdem gab es bald nichts mehr zu essen und zu trinken. Verwundete konnten nicht versorgt werden. Überall dort, wo japanische Soldaten auf Kämpfer der Huk stießen, entbrannten erbitterte Nahkämpfe. Zehn Tage lang durchkämmten die Japaner das Waldgebiet, zerstörten die Einrichtungen der Huk und töteten eine erhebliche Anzahl Partisanen. Andere wurden gefangengenommen, so auch Jesus Lava, der als Arzt verwundete Huk-Kämpfer betreut hatte. Er blieb unerkannt, und es gelang ihm eines Nachts zu entkommen.

Die Japaner rächten sich besonders an den verwundet Gefangengenommenen. Sie transportierten sie in die umliegenden Dörfer, in denen sie Sympathisanten der Partisanen wußten, und zwangen die Dorfbewohner zuzuschauen, wie die Verwundeten zu Tode gequält wurden. Einer von ihnen war Vitaliano Mansansala, ein fortschrittlicher junger Anwalt, der von Beginn an bei den Partisanen kämpfte. Die Japaner brachten ihn nach Cabiao, wo sie ihn auf einem Haufen Dung mit Schaufeln langsam erschlugen. Seine Leiche hängten sie kopfabwärts an einen Baum, an dem sie ein Schild annagelten, auf dem zu lesen war: »So verfahren wir mit jedem Huk!«

Am Ende waren die meisten Huk-Abteilungen aufgerieben, viele führende Kader tot oder in Gefangenschaft. Als die Japaner am 15. März die Aktion abbrachen, konnten sie einen nicht geringen Erfolg für sich verbuchen.

Zu denen, die von dieser Katastrophe nicht überrascht wurden, gehörte Juan Tesos, der ehemalige Soldat, der in Bataan zu den Huk gestoßen war. Er befand sich inzwischen als Aufklärer bei der Abteilung des hervorragenden Kommandeurs Dimasalang, nördlich der eingekreisten Zone. Dimasalang organisierte sofort Entlastungsangriffe im Rücken der japanischen Truppen. Dadurch gelang es vielen Huk-Kämpfern, aus dem Waldmassiv zu entkommen. Aber die Abteilung Dimasalang, zu der später zwei weitere Einheiten stießen, war letztlich nicht in der Lage, den Ausgang der Schlacht entscheidend zu ändern.

Als der Kampf auf dem Höhepunkt war, meldete sich plötzlich Juan Tesos bei seinem Kommandeur. »Laß mich zu den Amerikanern gehen, die einen halben Tag von hier entfernt ihr Lager haben«, bat er. »Sie könnten uns helfen.«

»Du meinst diese Abwarte-Guerillas?« Dimasalang lud sein Gewehr, während er mit Tesos sprach. »Von denen erhoffst du Hilfe?«

Tesos zuckte die Schultern. »Vielleicht, wenn man mit ihnen spricht. Schließlich sind die Japaner auch ihre Feinde.«

Dimasalang hielt nicht viel davon. Er mißtraute den Amerikanern, weil sie sich so ausgezeichnet mit der Constabulary verstanden und mit den japanfreundlichen Grundbesitzern. Aber Hilfe wäre schon willkommen, egal von wem. Außerdem besaßen diese Amerikaner sehr moderne Waffen. Dimasalang wußte, daß Tesos den Vorschlag nicht gemacht hatte, um sich vor dem Gefecht zu drücken, und stimmte schließlich zu.

»Gut. Sag ihnen, was hier vorgeht. Aber — du bittest sie nicht, hörst du? Sie sollen lediglich ihre Pflicht tun, mehr nicht!«

So schlich Juan Tesos durch das an das Waldgebiet grenzende Gelände, bis er nach Stunden in eine Gegend kam, in der völlige Ruhe herrschte.

Er bemerkte den ersten Posten schon von weitem, und auch dieser sah den Fremden kommen. Erst als die beiden Männer sich gegenüberstanden, erkannten sie sich. Tesos rief verblüfft: »Domingo, du?«

Der Posten, ein Filipino in Tesos' Alter, hatte bei derselben Einheit gedient wie er. Domingo Diaz war der Sohn eines Schneidermeisters aus Manila. Als er jetzt seinen ehemaligen Kameraden vor sich sah, fragte er erstaunt: »Wo kommst du her?«

Er lachte laut, als Tesos ihm sagte, er wäre bei den Partisanen. Domingo Diaz war mit seinem amerikanischen Vorgesetzten aus Bataan hierher geflüchtet. Er schwärmte, ihnen fehle es an nichts, tippte respektlos an die Stirn und meinte: »Du mußt eine schwache Minute gehabt haben, als du dich mit diesen Bauernrebellen eingelassen hast! Warum kommst du nicht zu uns? Hier gibt es eine Menge Leute aus unserer Einheit.«

Tesos erläuterte ihm höflich, es sei für ihn ganz natürlich, bei den Bauernrebellen zu stehen, weil er selbst der Sohn eines Bauern sei.

Diaz hörte das mit Bedauern. Er beteuerte zwar, er könne es verstehen, aber er sagte: »Schade. Diese Kerle haben keine Chance. Sie verschleißen ihre Kraft an den Japanern, und wenn MacArthur zurückkommt, sind sie fertig. Dann werden wir da sein.«

Er erneuerte sein Angebot, bei seinem Kommandeur ein gutes Wort für Tesos einzulegen, aber der lehnte ab. Er verlangte, den Kommandeur zu sprechen.

»Major Lapham?« Domingo Diaz schüttelte den Kopf. »Nur Dienstgrade vom Leutnant aufwärts. Wir sind eine militärische Einheit!«

»Aber ich muß ihm eine Bitte vortragen!«

Schließlich wurde Tesos vor einen Sergeanten geführt, einen kräftigen Amerikaner, der ihn freundlich empfing, ihm Bier anbot, richtiges amerikanisches Bier, und sich erkundigte, ob er essen wolle.

Tesos trank einen Schluck, dann kam er zur Sache. Er berichtete von den Kämpfen, in die große Teile der Partisanen verwickelt waren, und von der Möglichkeit, ihnen den Durchbruch zu erleichtern. Der Sergeant hörte sich alles geduldig an, dann schüttelte er den Kopf.

»Tut mir leid. Wenn ich das dem Kommandeur vortrage, wird er ablehnen. Ich werde es trotzdem versuchen. Aber ich kann erst morgen früh mit ihm sprechen, er ist außerhalb des Camps. Leg dich drüben in der Unterkunft schlafen. Ich gebe Befehl, daß du Verpflegung bekommst, morgen früh auch.«

Tesos begriff, seine Mission war so gut wie gescheitert, aber er beschloß, noch nicht aufzugeben.

Das Lager beherbergte etwa hundert ehemalige Soldaten, meist Amerikaner. Sie waren gut bewaffnet, hatten ausreichend zu essen und lebten in verstreut liegenden Nipa-Hütten, die nur mäßig getarnt waren. Die Filipinos, die sich hier aufhielten, hatten zu den philippinischen Hilfstruppen gehört; ein großer Teil von ihnen war aus Bataan entwichen. Sie versahen den Wachdienst, während die Amerikaner sich kaum um die Bewachung des Lagers kümmerten. Tesos entdeckte eine Hütte, in der ein Funkgerät aufgestellt war, er sah auch Stapel von Munitionskisten und Minen. Als er sich bei einigen Filipinos nach Kämpfen erkundigte, bekam er immer wieder die gleiche Antwort: »Wir liegen auf der Lauer, bis die Amerikaner angreifen. Dann werden wir in Aktion treten.«

Am nächsten Morgen teilte der Sergeant ihm mit, der Kommandeur wäre verhindert, aber Tesos sollte weiter warten. Am Nachmittag, als Tesos in der ihm zugewiesenen Hütte döste, hörte er plötzlich seinen Namen. Diaz suchte ihn. Der Filipino vergewisserte sich, daß ihn niemand beobachtete, dann kroch er in die Hütte und flüsterte: »Vergiß, von wem du den Tip hast, Bruder, vergiß, daß du mich überhaupt kennst, aber sieh zu, daß du so schnell wie möglich aus dem Lager kommst.«

»Warum?« erkundigte sich Tesos verwundert. »Droht ein japanischer Angriff?«

Diaz schüttelte den Kopf. Dann sagte er leise: »Sie belügen dich. Der Kommandeur ist nicht verhindert, er wohnt einige Kilometer von hier in einem besonderen Lager. Sicherheitsmaßnahme. Er weiß, daß du hier bist. Der Sergeant hat den Befehl, dich festzuhalten, bis du der Constabulary in die Hände gespielt werden kannst.«

»Aber, das ist Verrat!«

»Nenn es, wie du willst. Wir haben ein Abkommen mit der Constabulary, jeden Huk-Angehörigen zu melden, der auftaucht.«

»Und die Constabulary arbeitet mit den Japanern zusammen!«

»Nun ja, so ist das Leben, Bruder. Flieh, mehr kann ich dir nicht raten!«

Gegen Abend befolgte Tesos den gutgemeinten Rat und schlich sich davon. Es gelang ihm, das Lager ungesehen zu verlassen und noch in derselben Nacht seine Einheit zu erreichen. Dimasalang hörte interessiert seinen Bericht.

Inzwischen waren die Kämpfe abgeflaut. Die im Waldmassiv von Cabiao verstreuten Huk-Einheiten sammelten sich außerhalb des Einschließungsringes. Dimasalangs Abteilung griff noch mehrmals an, aber es kamen jetzt nur noch einzelne Kämpfer.

Währenddessen ging die Meldung von Tesos' Erlebnis ihren Weg und wurde im Stab besprochen. Man hatte dort viele wichtige Fragen zu lösen: Die versprengten Abteilungen neu zu formieren und neue, verstreut liegende Lager zu beziehen, aber man mußte auch zu der von den Amerikanern demonstrierten Feindseligkeit Stellung nehmen. Für viele im Stab der Huk kam Tesos' Erfahrung nicht überraschend; sie bestätigte eine Haltung, auf die man in der Vergangenheit immer wieder gestoßen war und die sich nun zu verfestigen schien. Die Amerikaner distanzierten sich von dieser bewaffneten Volksbewegung, die außer der unmittelbaren Befreiung der Philippinen von den Japanern auch eine Reihe politischer Zukunftsaufgaben in ihrem Programm hatte, Aufgaben sozialer Art, vor allem aber das Endziel einer freien Republik, in der die Ausbeutung durch das amerikanische Monopolkapital beseitigt sein sollte. Es war eine Illusion gewesen, daß die Amerikaner selbst in der Stunde der Bedrängnis durch die Japaner bereit sein könnten, mit Landproletariern und Arbeitern gemeinsam für deren gesellschaftliche Fernziele zu kämpfen.

Auf einer der ersten Zusammenkünfte des Oberkommandos der Huk nach den verlustreichen Kämpfen des Frühjahres 1943 legte Casto Alejandrino noch einmal seine Ansicht über die Haltung der Amerikaner dar. Er war im höchsten Maße skeptisch, und er hatte gute Gründe dafür. Seinerzeit, als die Japaner bereits auf die Halbinsel vorrückten, hatte er sich mit Fernancio Sampang nach Bataan durchgeschlagen, um mit dem Stab MacArthurs über den Widerstand zu sprechen.

»Major Thorpe empfing uns«, rief Alejandrino seinen Genossen jetzt diese Begebenheit nochmals ins Gedächtnis. »Wir wußten, er hatte vor dem Krieg oft genug an Verhören unserer Leute teilgenommen, das machte ihn uns nicht besonders sympathisch. Trotzdem schlugen wir ihm vor, unsere Kräfte gegen die Japaner zu vereinen. Und zu unserer Überraschung sagte er zu.«

Was dann weiter geschah, war verwirrend genug. Major Thorpe versprach Gemeinsamkeit. Er ging sogar soweit, den beiden Huk-Unterhändlern ein offizielles Schreiben des US-Kommandos zu übergeben, das sie als von den Amerikanern bestätigte »Guerilla-Führer« auswies und sie berechtigte, in ihre Einheiten auch versprengte Amerikaner aufzunehmen. Thorpe versprach seinen Gesprächspartnern weiterhin, ihnen Waffen und Munition aus amerikanischen Beständen zuzuleiten.

Nach dem Zusammenbruch der amerikanischen Verteidigung in Corregidor blieb Thorpe auf den Philippinen. Es gelang ihm, in den Zambales-Bergen ein sicheres Lager zu errichten und kampffähige Männer um sich zu sammeln. Eine seiner ersten Entscheidungen war, drei seiner Offiziere zu den Huk-Kämpfern zu entsenden, damit über eine Koordinierung der Widerstandsaktionen verhandelt werden konnte. Seine Abgesandten blieben zwei Monate im Hauptquartier der Huk. Die Verhandlungen waren nicht einfach, aber schließlich wurde die Bildung eines gemeinsamen Hauptquartiers ins Auge gefaßt. Jeder Huk-Einheit

Ein PBY-Flugboot der Amerikaner bringt aus Australien geschulte OSS-Agenten nach den Philippinen. Bei solchen heimlichen Anlandungen waren es nicht selten Huk-Truppen, die die Amerikaner gegen Überraschungen durch die Japaner absicherten

Die Huk kommen aus dem Dschungel. So wie hier kamen sie an vielen Stellen auf die angelandeten Amerikaner zu, um sie zu begrüßen. Sie handelten in dem Bewußtsein, Verbündete zu empfangen. Meist wurden sie entwaffnet und in Lager gesteckt. Die »Verbündeten« waren nicht gewillt, auch nur mit ihnen zu sprechen

sollte allerdings weiterhin neben den vom Hauptquartier befohlenen Aktionen völlige Handlungsfreiheit gegeben sein.

»Wir wissen alle, wie es weiterging«, sagte Alejandrino. »Kurz nach dieser Vereinbarung geriet Thorpe auf ziemlich mysteriöse Weise in einen japanischen Hinterhalt und wurde getötet. An seine Stelle trat Major Merrill. Er war von einem U-Boot an der Küste abgesetzt worden, kam also direkt aus dem Hauptquartier MacArthurs. Und er ließ uns wissen, das von Thorpes Leuten ausgehandelte Abkommen sei ungültig. Er habe direkte Weisungen von MacArthur, die ein anderes Vorgehen empfahlen. Welches — das sagte er uns nie. Aber wir spürten es nach und nach. Es gab keine Gemeinsamkeit mehr. Es gab ein Nebeneinander. Und daraus droht jetzt ein Gegeneinander zu werden, wie wir sehen. Obwohl es Ausnahmen gibt. Doch die sollten uns nicht den Blick für die Realitäten trüben.«

In der Tat gab es solche Ausnahmen. Die drei amerikanischen Offiziere, die im Auftrage Major Thorpes das Abkommen mit der Huk ausgehandelt hatten, blieben nicht bei der Einheit Merrills. Sie zogen in verschiedene Richtungen ab, gründeten auf eigene Faust Guerillagruppen aus Versprengten und arbeiteten — jeder für sich — mit den Huk—Kämpfern zusammen. Aber auch hier griff der »Zufall« ein. Zwei von ihnen wurden durch Verräter an die Japaner ausgeliefert und getötet. Lediglich der dritte, Bernard Anderson, überlebte. Seine Einheit operierte im südlichen Luzon, hatte immer freundschaftlichen Kontakt zur Huk und konnte inzwischen beachtliche Erfolge aufweisen. In Andersons Einheit kämpften einige der bekanntesten progressiven bürgerlichen Politiker der Philippinen, unter ihnen der berühmte Schriftsteller Amado Hernandez.

MacArthur konsultierte indessen Washington. Dort war man ebenso besorgt, den Vereinigten Staaten könnte die erneute Verfügungsgewalt über die Philippinen von einer erstarkten nationalistischen Bewegung streitig gemacht werden. Es häuften sich die Anzeichen dafür, daß auf den Inseln radikale Kräfte an Einfluß gewannen und sich sogar Teile des Bürgertums zu ihnen schlugen. Also griff man auf ein Instrument zurück, das soeben erst geschaffen worden war: das OSS, das »Büro für strategische Dienste«, den ersten Geheimdienst der Vereinigten Staaten, der noch vornehmlich mit militärischer Diversion arbeitete. General William Donovan, der Chef, beauftragte den Leiter der politischen Abteilung der OSS, General Whitney, sich der Philippinen anzunehmen.

Whitney warb in den USA und anderswo lebende Filipinos an, die zur bedingungslosen Zusammenarbeit mit Amerika bereit waren, und entsandte sie auf eine Spionageschule unweit von Brisbane in Australien. Mehrere hundert Filipinos lernten dort, wie sie sich im besetzten Land zu verhalten hatten, wie sie dem Netz der Japaner entgehen und gemeinsam mit den USAFFE-Gruppen den Einfluß der Huk untergraben könnten. In Brisbane wurde gelehrt, zur Erreichung der erneuten amerikanischen Vormachtstellung über die Inseln sei jedes Mittel recht. So reichte die Skala der taktischen Varianten von der Bestechung führender Huk-Kader über den Mord an kooperationsunwilligen Führern bis zum indirekten oder direkten Verrat von Huk-Einheiten an die Japaner.

Mit dem ersten Kontingent von Diversanten hatte MacArthur nun einen Amerikaner auf die Philippinen geschickt, der sein besonderes

Vertrauen genoß, einen gewissen Roy Tuggle, ehemals Angesteller einer Minengesellschaft, der in die Armee übernommen worden war. Von Tuggle gab es inzwischen ein Schreiben an die Führung der Huk, das von dieser als Kapitulationsforderung aufgefaßt werden mußte. Darin hieß es: »Jede Organisation, die sich weigert, uns als Oberkommando anzuerkennen, wird von den amerikanischen Truppen als eine Bande von Gesetzlosen betrachtet und behandelt werden. Die Tötung oder Gefangennahme irgendwelcher philippinischer Bürger wird von uns als Mord betrachtet und bestraft werden.«

Die Führer der Huk, die um Casto Alejandrino saßen, hörten schweigend zu, als dieser das Ultimatum Tuggles verlas. Luis Taruc stützte seinen Kopf in die Hände. Als Alejandrino geendet hatte, sagte er: »Damit haben wir die Wahl, uns entweder unter Aufgabe unserer Ziele den Amerikanern zu unterstellen oder fortan als ihre Feinde zu gelten.«

»So ist es«, bestätigte Alejandrino. »Uns bliebe nicht einmal das Recht, unsere eigene Bevölkerung vor Kollaborateuren zu beschützen. Machen wir uns nichts vor, dies alles hat schon nichts mehr mit dem Krieg gegen Japan zu tun, es ist der Anfang des politischen Kampfes, um die Philippinen der Nachkriegszeit!«

Draußen, vor der Laubhütte, in der sich das Oberkommando versammelt hatte, wurde es Nacht. Die Posten wechselten. Frauen kochten eine Mahlzeit. Nach einer kurzen Essenspause ging die Debatte weiter. Jeder der Beteiligten wußte, daß es um eine schwerwiegende Entscheidung ging. Am Ende sprach sich die Mehrheit der Versammelten dafür aus, nicht von der Position des gemeinsamen Kampfes gegen Japan abzugehen. Es gab keinen anderen Weg, auch wenn man die Augen nicht vor dem immer offener werdenden Verrat der Amerikaner verschließen durfte.

Am nächsten Morgen brachen die Kuriere auf, um den Einheiten den Befehl des Oberkommandos zu überbringen: Jeglicher Auseinandersetzung mit USAFFE-Gruppen ist aus dem Wege zu gehen. Es sollte nur im äußersten Notfall zurückgeschossen werden. Die Losung hieß: Wenn wir schon nicht gemeinsam handeln, so wollen wir auf keinen Fall gegeneinander kämpfen.

Die meisten Huk-Einheiten hielten sich daran, aber es ließ sich auch in der Folgezeit nicht vermeiden, daß es Gefechte gab, in denen Huk gegen USAFFE-Gruppen standen. Dabei kam es zu grotesken Situatio-

José P. Laurel übernahm das Amt des Präsidenten der Philippinen von Japans Gnaden. Das Bild zeigt ihn auf der Inaugurationsveranstaltung in Manila am 14. Oktober 1943

nen, wie in Nueva Ecija, wo USAFFE-Einheiten mit der Constabulary zu einer gemeinsamen Großaktion antraten, die von bekannten Kollaborateuren befehltigt wurde. Japanische Offiziere in Zivil, die als Beobachter auf der Seite der Constabulary teilnahmen, holten schließlich, als sich die Huk als die Stärkeren erwiesen, japanische Truppen zu Hilfe. Immer mehr zeichnete sich für die Partisanen die äußerst komplizierte Situation ab, an zwei Fronten kämpfen zu müssen.

Die Japaner, die die innere Auseinandersetzung unter ihren Gegnern spürten, reagierten mit weiteren Spaltungsversuchen, um das Beste aus der entstandenen Lage zu machen. Sie akzeptierten den von einer Kommission unter Leitung von Laurel und Roxas ausgearbeiteten Entwurf einer »Verfassung« und ließen am 11. Oktober 1943 in Manila feierlich die »Unabhängigkeit der Philippinen« proklamieren. Die sogenannte Verfassung sah eine Art Nationalversammlung vor, deren Mitglieder zur Hälfte Provinzgouverneure und Bürgermeister sein sollten, die der Präsident ernannte, also erprobte Kollaborateure. Die andere Hälfte der »Abgeordneten« benannte der Vorstand der Kalibapi.

Auch Don Ricardo Torrena zog in diese Nationalversammlung ein. Er machte sich zwar immer mehr Sorgen um seine Tochter und deren Kind, aber er begriff nun, daß er die Ansichten Andrew Conways nicht würde ändern können. Von Conway fehlte jede Spur. Agenten berichteten, es gäbe bei den Huk einen Amerikaner, der Andy genannt würde. Mehr war nicht zu erfahren.

Zum Präsidenten wählte die Nationalversammlung José Laurel, der sein Kabinett mit bewährten Kollaborateuren besetzte. Außenminister Recto schloß dann auch unmittelbar nach der Proklamation der »Unabhängigkeit« ein Militärbündnis mit Japan ab. Knapp vier Wochen später erklärte Präsident Laurel den USA den Krieg.

Dies alles erregte die führenden Politiker der Vereinigten Staaten nicht sonderlich. Man hatte viele Vertraute in Laurels Kabinett und in der Nationalversammlung und wußte, die meisten Mitglieder würden bei der Rückkehr MacArthurs ohne weiteres wieder auf die Seite der Vereinigten Staaten umschwenken. Ja sie würden dann sogar sehr verläßliche Politiker sein, weil Amerika sie in der Hand hatte: Fügten sie sich den Anweisungen der USA, so war man bereit, ihre Rolle als Kollaborateure in der Öffentlichkeit so darzustellen, als wären sie von den USA beauftragt gewesen, zur Vermeidung von Repressalien mit Japan scheinbar zusammenzuarbeiten. Fügten sie sich nicht, dann würde man sie der Empörung des Volkes überlassen.

Manuel Roxas, der mit vollem Einverständnis MacArthurs im Kabinett Laurel einen gekonnten Drahtseilakt vollführte, war um diese Zeit unablässig über Mittelsleute mit den Amerikanern in Verbindung. Er feuerte die Japaner an, bei der »Herstellung der Ordnung« im Lande militärisch zu helfen, was nichts weiter hieß als Einsatz der japanischen Armee gegen die Huk, damit diese beim Eintreffen der Amerikaner möglichst aufgerieben wären. Und Roxas versah diese Rolle so vorzüglich, daß er jetzt schon sicher sein konnte, von den Amerikanern einmal fürstlich belohnt zu werden.

Die militärische Schlagkraft der Huk ließ indessen nicht nach. Im Sommer und im Herbst befanden sich ihre Truppen bereits wieder überall in der Offensive. Den Japanern gelang kein weiterer entscheidender Schlag gegen sie, sie mußten unentwegt Verluste einstecken, die Transportwege wurden immer unsicherer. Die Produktion ging mehr und mehr zurück. Inzwischen zog sich MacArthurs Netz immer enger über die Philippinen. Die USAFFE wurden durch U-Boote versorgt, die jetzt fast ungefährdet an den Küsten der Inseln auftauchten, weil die japanische Marine inzwischen so dezimiert worden war, daß sie keine volle Kontrolle mehr über die Gewässer um die Philippinen hatte.

So erschien eines Tages, spät im Jahr 1943, im Hauptquartier der Huk ein junger Kämpfer, der nach Leyte geschickt worden war, um dort die

Gründung von Huk-Einheiten zu unterstützen. Er berichtete Alejandrino, Taruc und einigen anderen, was er mit eigenen Augen gesehen hatte: »Das Unterseeboot wurde schon ein paar Tage erwartet. Ich wußte es von einem Mitglied einer USAFFE-Einheit, mit dem ich Kontakt hatte, einem Filipino, der bei den Amerikanern dient. Mit seiner Hilfe konnte ich an den Landeplatz gelangen. In Leyte kann man sich überhaupt ziemlich frei bewegen. Die Japaner stellen den Amerikanern kaum nach, es herrscht eine Art Waffenstillstand.«

Er trat an eine an der Wand der Hütte aufgehängte Karte und bezeichnete den Ort der Landung. »Hier ist es. Eine weite Bucht mit tiefem Wasser. Gegen den Strand hin wird es seicht. Das Unterseeboot mußte deshalb alles, was es mitgebracht hatte, von Schlauchbooten an Land transportieren lassen. Ein riesiges Boot. Vor dem Krieg hatten die Amerikaner nicht solche großen Boote. Am Ufer hatten die USAFFE-Leute ein Orchester aufgestellt, es spielte unentwegt ›Anchors Aweigh‹ und ›Aloha‹ und solche Sachen, während ausgeladen wurde. Mein Bekannter sagte mir, es seien mehrere Tonnen Material aller Art gewesen. Maschinenpistolen und Gewehre, Maschinengewehre, Minen und eine Waffe, die man Bazooka nennt. Damit kann ein Infanterist Granaten verschießen, waagerecht, im direkten Richten, auch auf Panzer. Es wurden auch Schuhe und Uniformen gebracht, ganze Packen davon, und Tee, Tabak, Schokolade, Radios, Medikamente und Zelte.«

Er legte eine Schachtel Zigaretten vor Alejandrino hin. Statt der üblichen Markenverpackung war sie mit dem Foto MacArthurs versehen, und darunter stand: »I shall return.«

»Das heißt: ›Ich werde wiederkommen‹«, erklärte der junge Mann. »Sie feierten nach dem Ausladen die ganze Nacht hindurch, währenddessen beförderten Trägerkolonnen das Material ins Innere der Insel. Das Orchester spielte, von irgendwoher hatten sie ein paar Mädchen geholt, man tanzte, trank, lachte. Die nächste Einheit der Japaner liegt genau vier Kilometer von dieser Stelle. Es ist unmöglich, daß die dort nicht aufmerksam geworden sind. Aber kein Japaner zeigte sich. Man hat den Eindruck, als würden die Japaner jeglichen Zusammenstoß mit den Amerikanern vermeiden. Mein Bekannter bei den USAFFE sagte mir noch, es würde jetzt jeden Monat ein solches Unterseeboot dort anlegen. An vielen Stellen auf Leyte soll ähnliches vorgegangen sein. Ich kann es nicht beweisen, ich habe es nur gehört.«

Alejandrino meinte: »Wer wird es je beweisen können! Wir wissen es, damit müssen wir uns begnügen!«

Er dankte dem jungen Mann und entließ ihn. Dann setzte sich der Stab zusammen und beriet die neue Situation. Offenbar bereiteten die Amerikaner ihre Rückkehr vor. Wie sollte man sich verhalten?

»Wir werden kämpfen«, meinte Taruc. »Und die Amerikaner werden respektieren, daß wir gekämpft haben. Sie werden uns nach dem Sieg als politische Realität akzeptieren müssen.«

»Werden sie das wirklich müssen?« Alejandrino war skeptisch.

Draußen im Lager kam eine Gruppe von einer Unternehmung zurück, brachte japanisches Beutegut, Gurte voller Patronen, Bajonette. Irgendeiner hatte ein Samuraischwert aufgelesen. Er zeigte es herum, und die Kämpfer holten ihre Bolos hervor, die geschliffenen Haumesser. Das japanische Schwert schien dünn zu sein, verglichen mit den schweren Klingen der Bolos.

»Es ist nicht für den Kampf gedacht«, erklärte schließlich einer. »Damit wird Gefangenen der Kopf abgeschlagen.«

Sie drehten ihre Maisblattzigaretten und schwiegen. Frauen rührten Reis, der über den Feuern kochte. Ein Geruch von Fleisch stieg in die Luft. Es würde Essen geben!

Ausgang des Jahres 1943 war die Huk in Zentralluzon wieder überall in der Offensive. Die weite Ebene dieser Region war so gut wie völlig unter ihrer Kontrolle. Oft gelang es, die Zufahrtsstraßen nach Manila für die Japaner zu blockieren. Die Partisanen setzten in den Provinzen Bulacan, Pampanga und Nueva Ecija wieder Provinzgouverneure ein, die Angehörige der Huk waren. Die Japaner, die — ungeachtet ihres Manövers mit der Unabhängigkeit — weiter die totale Herrschaft im Lande aufrechtzuerhalten strebten, begegneten dem Erstarken der Widerstandsbewegung mit neuem Terror. Einerseits korrumpierten sie ihre Anhänger noch stärker, andererseits intensivierten sie den Kampf gegen die Huk. Aber sie konnten die Bevölkerung nicht dazu bringen, die Huk zu denunzieren; weder durch das Versprechen, jeder, der einen Huk-Angehörigen lebend oder tot abliefere, bekäme sofort einen Zentner Reis, noch durch die Aktionen, bei denen Agenten in den Dörfern Leute heraussuchten, die sie verdächtigten, mit den Partisanen zusammenzuarbeiten.

Die Verluste der Japaner nahmen zu.

General Mac Arthur erhielt aus Washington die Instruktion, seine »Aufweichungstaktik« durch die Einschleusung weiterer Agenten zu verstärken. Die Vereinigten Staaten konnten nach der durch die Sowjetunion erzwungenen Wende des Kriegsgeschehens in Europa ihrerseits im Pazifik aktiver operieren. Die Konzeption des »Inselhüpfens« wurde geboren. Nach und nach sollten die von den Japanern eroberten Gebiete im südlichen Pazifik durch Seeoperationen zurückgewonnen werden, wodurch sich der »Weg nach Tokio« verkürzte. Das japanische Reich würde dann den Luftangriffen ausgesetzt sein, die von Flugplätzen auf den Pazifikinseln aus geflogen wurden. Es war abzusehen, daß die Japaner keinen entscheidenden Umschwung des Kriegsverlaufes mehr erzwingen konnten; die Kräfte ließen nach.

Die Rückeroberung der Philippinen beschäftigte zunächst eher die

Konvois und Doppelposten in Sichtweite voneinander, das war die einzige Möglichkeit für die Japaner, während ihrer Besatzungszeit in den Gebieten Zentralluzons, in denen die Huk operierten, wenigstens auf den wichtigsten Straßen ihren Verkehr aufrechtzuerhalten. Sobald sie in ihrer Aufmerksamkeit nachließen, schlugen die Huk zu

Politiker als die Militärs. Abgesandte Washingtons berieten in Australien mit MacArthur über die Lage.

»Die Huk haben bereits mehrere Provinzen in der Hand!« empörte sich Mac Arthur im Gespräch mit einem Kongreßabgeordneten. »Noch haben sie keine ›Regierung‹ proklamiert, aber das kann jederzeit kommen. Wir würden in eine äußerst komplizierte Situation geraten, wenn wir nach unserer Landung in Manila sozusagen die Kommunisten in Amt und Würden vorfänden. Die Regierung sollte umgehend geeignete Maßnahmen einleiten, damit uns noch ein Jahr Zeit bleibt.«

In der Tat kam die Befürchtung MacArthurs dem wahren Sachverhalt einigermaßen nahe. Und so begannen die Vereinigten Staaten mit einer neuen Variante der psychologischen Kriegführung, der man anmerkte, daß sie sich kaum noch gegen die Japaner richtete. Sie zielte bereits weit in die Zukunft: Präsident Roosevelt erklärte im Herbst 1943 öffentlich, die Vereinigten Staaten betrachteten die Philippinen heute schon als einen Staat, der so gut wie souverän sei. Die Vereinigten Staaten würden daher die formelle Bestätigung dieser Souveränität zu einem möglichst frühen Zeitpunkt vornehmen, sobald die Gegebenheiten dies zuließen. Damit war die Wiedereroberung der Inseln gemeint. Roosevelt schlug weiterhin vor, jetzt schon jene Gesetze zu überprüfen, die in der Wirtschaft und im Handel die Beziehungen zu den Philippinen bis zu Beginn der japanischen Okkupation geregelt hatten. Neue Gesetze sollten sichern, daß die Philippinen künftig über eine stabile Wirtschaft verfügten. Er schlug ebenfalls vor, die Vereinigten Staaten sollten sich am Wiederaufbau der durch den Krieg zerstörten Städte und Anlagen auf den Philippinen beteiligen. Der Kongreß stimmte diesen Verlautbarungen Roosevelts zu. Sie sollten den Gedanken, daß die Unabhängigkeit nach dem Sieg über Japan erst einmal gegen die ehemalige Kolonialmacht USA erkämpft werden müßte, einschläfern und andererseits jene Kollaborateure zügeln, die noch nicht »auf beiden Schultern trugen«, das heißt, die noch unbedingt auf Japan setzten.

Der Kongreß nahm allerdings eine Einschränkung vor, die erst bei genauerem Studium der Materialien auffiel. Sie besagte nämlich, alle diese Zusagen seien selbstverständlich davon abhängig, daß ein Abkommen geschlossen werde, das alle jene militärischen und sonstigen Stützpunkte sichere, die sowohl für die Verteidigung der Inseln selbst wie auch zum Schutz der USA-Interessen nötig seien.

Der amerikanische Kurzwellensender in Honolulu verbreitete die Nachricht über die Philippinen-Beratungen in Washington wochenlang in jeder Sendung, und immer neue Kommentatoren ließen sich darüber aus, wie günstig die Dinge lägen. Diese Kommentare wurden meist in Tagalog gesprochen, damit sie die Masse der Bevölkerung erreichten.

Francisco Ramos hörte die Sendung in Englisch. Er saß mit Maria Flores in einem Hinterzimmer des »Aloha-Clubs«, wo Margie Craig ein Radio aufgestellt hatte. Seit einiger Zeit hatte sie Maria immer wieder aufgefordert, die amerikanischen Nachrichten abzuhören. Das sei in ihrem Haus absolut ungefährlich; die Japaner rechneten nicht damit, daß direkt unter ihren Augen jemand den Mut hätte, an einem ohnehin schon verbotenen Radioapparat einen feindlichen Sender einzustellen.

Als die Nachrichtensendung vorüber war und Radio Honolulu Musik brachte, stellte Ramos das Gerät ab. Er sah Maria fragend an. Sie verzog die Mundwinkel. »Was sagt man dazu? Ist es nicht eine Farce, daß wir jetzt sozusagen von zwei Seiten her die staatliche Unabhängigkeit verliehen bekommen haben? Als wenn sie einen Wettlauf um die Gunst der Filipinos veranstalten würden!«

Ramos brannte sich eine Zigarette an. Im »Aloha« gab es immer Zigaretten, japanische, aber auch amerikanische, mit der Banderole von MacArthurs Werbespruch »Ich komme wieder«.

»Weißt du«, sagte Ramos, »ich ahne nichts Gutes. Immer wenn die Amerikaner um ein Produkt viel Lärm machen, dann taugt es nichts, es soll nur gut verkauft werden.«

»Du meinst, alles, was sie da von Roosevelt verkünden lassen, sei Lüge?« Maria kannte seine Skepsis den Amerikanern gegenüber. Trotzdem setzte sie hinzu: »Vielleicht bist du zu pessimistisch, Paco. Schließlich blickt die ganze Welt auf die Amerikaner. Sie müssen die öffentliche Meinung berücksichtigen.«

Ramos nickte. »Das werden sie tun. Sie werden die öffentliche Meinung so geschickt lenken, wie die Käuferwünsche bei sich zu Hause. Sie werden den Leuten genau das einreden, was nach dem Sieg für ihre Interessen wichtig ist. Um unsere Interessen werden sie sich nicht kümmern. Vermutlich bestätigt sich bald eine alte Wahrheit unserer Theorie aufs neue, daß nämlich ein imperialistischer Staat niemals seine Besitztümer oder Vorrechte aufgibt, ohne dazu unausweichlich gezwungen zu werden. Weißt du, was ich fürchte?«

»Daß man die Kommunistische Partei erneut verbietet?«

»Ich fürchte, die Amerikaner werden uns zwingen, um die Früchte des Sieges nochmals zu kämpfen.«

Sie hörten, wie im Haus nach Madame Estrella Lopez gerufen wurde. Bis jetzt ahnte kein Japaner, daß diese Frau in Wirklichkeit Amerikanerin war und hier wertvolle Informationen für den Stab Mac Arthurs sammelte.

Margie antwortete von irgendwoher, dann lief sie die Treppe hinunter. Maria war ans Fenster getreten. Es lag an der Rückseite des Gebäudes. Unten sah sie eine enge Seitenstraße, in der fast nie Autos fuhren, weil sie einander nicht ausweichen konnten. Auch jetzt gab es hier nur eine Carretela, die vor dem Hintereingang des »Aloha« hielt. Maria runzelte die Stirn und winkte Ramos herbei. Während dieser neben sie trat, stiegen zwei gutgekleidete Männer aus dem Gefährt. Sie drückten ihre Strohhüte in die Stirn und traten ins Haus. Maria grübelte: »Ich kenne den einen! Wer ist es nur, ich habe ihn schon öfters gesehen.«

»Zerbrich dir nicht den Kopf«, riet Ramos, »ich kenne sie beide. Sotero Baluyot und Benigno Aquino.«

»Natürlich! Ja, jetzt entsinne ich mich!« Maria blickte Ramos erstaunt an. »Was wollen die hier?«

Es waren zwei einflußreiche Beamte der sogenannten unabhängigen Regierung. Ihre projapanische Gesinnung hatten sie bereits lange vor der japanischen Aggression nicht verschwiegen.

»Sie wittern Morgenluft«, meinte Ramos. »Viele dieser Leute fangen heute an, die alten Verbindungen zu den Amerikanern neu zu knüpfen. Sie spüren, woher der Wind weht. Wußtest du nicht, daß selbst der Präsident von Japans Gnaden, José Laurel, Verbindungen zu den Amerikanern unterhält? Allerdings nicht über Madame Lopez; er hat bessere Mittelsmänner. Millionäre, die nebenbei amerikanische Guerilla-Gruppen mit San-Miguel-Bier und Sailor Boy-Whisky versorgen, oder mit Old Squire-Gin!«

»Man könnte sagen, die Ratten verlassen das sinkende Schiff!«

Ramos lächelte. »Irrtum! Die Ratten übernehmen im Einverständnis mit dem neuen Kapitän das Steuer, Maria!«

Er wandte sich vom Fenster ab. Auf der Treppe waren Schritte zu hören. Madame Lopez ging mit den beiden Besuchern in eines der Zimmer am Ende des Korridors.

Aus dem Parterre erklang Musik Das Orchester des »Aloha« spielte einen japanischen Marsch. Offenbar wurde eine U-Boot-Besatzung verabschiedet, die in der Nacht auslaufen würde. Es war so gut wie sicher, daß Madame Lopez die Auslaufzeit wußte. Sie würde sie über ihre Nachrichtenverbindungen an MacArthurs Hauptquartier durchgeben, und von dort würden Zerstörer in das Gebiet beordert werden, in dem das U-Boot in ein paar Stunden auftauchte.

»Gehen wir«, schlug Ramos vor. Er war froh, daß er den Japanern bislang offenbar nicht aufgefallen war. Es war jetzt sicher, seine Wohnung wurde nicht überwacht. Das hieß, er konnte die knappe Zeit, die er in Manila zur Verfügung hatte, zuweilen mit Maria dort verbringen.

Sie verließen das Haus durch den Hintereingang, ohne sich von Madame Lopez zu verabschieden. Das war üblich. Madame ließ sie gelegentlich Radio hören, aber sie legte wohl keinen Wert auf nähere Bekanntschaft mit ihnen.

Auf der Straße hörten sie noch, wie ein Dutzend Japaner laut »Banzai« grölte.

»Wenn sie doch der Teufel holte!« knurrte Ramos.

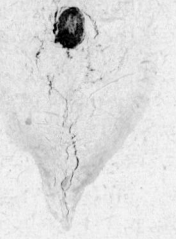

Rückkehr

»Schafft eine Nationale Volksarmee der Befreiung! Wir rufen alle Patrioten zur Einheit auf! Wir können uns der vielen Patrioten in der Geschichte unseres Volkes nur würdig erweisen durch die Einheit und Zusammenarbeit aller antijapanischen Kräfte, gleich ob sie USAFFE-Soldaten sind oder philippinische Patrioten, antifaschistische Revolutionäre. Die Unabhängigkeit unseres Landes ist für uns eine Gewißheit. Heute durchleben wir als Volk unsere härteste Prüfung: auf unseren eigenen Füßen zu stehen, die nationalen Interessen über alles andere, auch über unsere persönlichen Interessen zu stellen.

Erinnert euch an unsere vom Volk verehrten Helden wie Lapu-Lapu, Bonifacio oder die Toten von Bataan. Setzt euch über persönliche Eifersüchteleien, Unstimmigkeiten, Fraktionsinteressen hinweg!

Im Andenken an unsere Nationalhelden: Widerstandskämpfer auf den Philippinen vereinigt euch!

·Hauptquartier der Hukbalahap.«

Mit diesem und ähnlichen Aufrufen und Flugblättern appellierten die Huk verstärkt in den ersten Monaten des Jahres 1944 an die Einheit aller Bewohner der Philippinen. Der Kampf um den Reis ging weiter. Je weniger davon an die Japaner gelangte, desto früher würden diese kapitulieren müssen. Diese einfache Rechnung verkündeten die Agitatoren der Huk immer wieder in den Dörfern. Gleichzeitig kämpften die neu aufgestellten Einheiten geschickt gegen die Okkupationsarmee. Zehntausend Männer und Frauen bildeten den bewaffneten Kern der Huk. Weitere Zehntausend gehörten in den Dörfern und Kleinstädten zu ihrer Reserve. Sie waren einem militärischen Grundtraining unterzogen worden, versahen aber Aufgaben der Logistik und dienten als Verbindungsleute zur Bevölkerung. Rund eine halbe Million Filipinos unterstützten inzwischen die Widerstandsbewegung aktiv. Verglich man diese Zahl allerdings mit der Gesamtbevölkerung, die etwa 16 Millionen betrug, und berücksichtigte man dabei, daß die 500 000 Sympathisanten fast ausnahmslos in Zentral- und Südluzon lebten, dann war zu erkennen, daß es den Huk nicht gelungen war, ihr anfängliches Einflußgebiet nennenswert auszudehnen. Hierin lag eine ihrer entscheidenden Schwächen.

So konnten auch die Aufrufe an die patriotischen Gefühle der Bevölkerung nur dort wirksam werden, wo die Huk-Kämpfer den Japanern bereits die Kontrolle über das Land abgerungen hatten. In den größeren Städten, auch in Manila, gab es keine Einheiten der Huk. Wer sich aus der Arbeiterklasse den Huk anschloß, verließ in der Regel seinen Lebenskreis, begab sich unter die Landbevölkerung und kämpfte dort unter völlig ungewohnten Bedingungen.

Da die Befreiung immer näherrückte, diskutierte die Führung der Huk, ob es taktisch richtig sei, noch in der Illegalität eine »Demokratische Volksregierung« zu gründen, die die im Exil lebende Quezonregierung und das von den Japanern geschaffene Kollaborationsregime ersetzte. Die Führung entschied sich, die Losung auszugeben: »Schafft eine demokratische Regierung aller antijapanischen Kräfte!« Allerdings waren die massenpolitischen Möglichkeiten der Widerstandsbewegung viel zu begrenzt, um diese Aufgabe zu lösen.

Auch konnte keine Einigung über ein Zusammengehen mit fortschrittlichen bürgerlichen Kräften erzielt werden; der Schock über die Kollaborationsgeneigtheit der philippinischen Bourgeoisie saß zu tief. So bildeten zwar die Selbstverwaltungsorgane in den Dörfern Zentralluzons ein gewisses Modell für eine etwaige spätere Volksregierung, aber sie waren zu schwach und politisch nicht breit genug gefächert, um ihren Einfluß über die Gebietsgrenzen auszudehnen.

Viel wurde von den Huk-Einheiten in den ersten Monaten des Jahres 1944 getan, um projapanische Banditengruppen und Constabulary-Einheiten, die offen mit den Japanern zusammenarbeiteten, zu vernichten. Dabei kam es auch immer wieder zu Zusammenstößen mit USAFFE-Gruppen.

Daneben aktivierten MacArthurs Spezialisten für psychologische Kriegführung ihre Tätigkeit immer mehr. Häufiger tauchten jetzt in den Dörfern Luzons Flugschriften auf, in denen die Bevölkerung davor gewarnt wurde, sich mit den Partisanen einzulassen.

Ein Bild, das um die Welt ging: MacArthur macht sein Versprechen wahr und kommt zurück. In eindrucksvoller Pose ließ sich der General, der zugleich einer der großen Grundbesitzer auf den Philippinen war, fotografieren, um von vornherein keinen Zweifel darüber aufkommen zu lassen, daß die Inseln wieder amerikanisches Kolonialgebiet waren

Eines Tages erschien ein amerikanischer Soldat, der sich Johnson nannte und angab, er führe eine kleine Gruppe von versprengten amerikanischen Soldaten, beim Kommandeur einer Huk-Abteilung in der Nähe der Ortschaft Lubao im Westen der Provinz Pampanga. Er bat darum, ein Trupp Huk-Kämpfer möge in ihr Lager kommen, damit man dort über gemeinsame Aktionen gegen die Japaner verhandeln könne.

Unter dem Kommando von José Mabini begaben sich achtzehn Mann auf den Weg. Sie nahmen Reis mit, denn der Amerikaner hatte durchblicken lassen, in seiner Gruppe sei es um Lebensmittel nicht allzu gut bestellt. José Mabini war einer der besten Kommandeure in Pampanga. Er verfügte über eine gute politische Bildung und zögerte nicht, der amerikanischen Einheit zu helfen; die Amerikaner waren schließlich Verbündete.

So trafen die achtzehn schwer beladen schließlich an der bezeichneten

Stelle unweit des Ortes Gumi ein. Die Amerikaner waren gut bewaffnet und nicht gerade ausgehungert. Sie umringten die Partisanen neugierig. Johnson verschwand unauffällig. Wenig später erschienen noch mehr bewaffnete Amerikaner. Sie richteten die Mündungen ihrer Gewehre auf die verdutzten Huk-Kämpfer, entwaffneten und fesselten sie. Nun tauchten nach und nach Filipinos auf, bei deren Anblick die Überrumpelten begriffen, daß sie es mit einer von Amerikanern angeführten Bande von »Privatpolizisten« der Hazienderos aus der Umgegend zu tun hatten.

Die Gefesselten wurden nach Gumi gebracht und dort im Schulhaus zunächst mit Stöcken und Bajonetten mißhandelt. Über Nacht ließ man sie liegen. Am frühen Morgen wurden sie nach Manga getrieben, der Nachbarortschaft. Dort wurden sie nacheinander durch Bajonettstiche getötet.

Lediglich einem der Kämpfer gelang es, sich tot zu stellen. Er war schwer verletzt, aber er konnte sich, nachdem die Banditen verschwunden waren, fortschleppen. Er fand Hilfe und überlebte. Als er dem Oberkommando der Huk Bericht erstattete, gab es Entrüstung. Trotzdem wurde die Bereitschaft zur Zusammenarbeit nicht aufgegeben, nur der Kampf gegen die von den Hazienderos gemieteten Banditen wurde intensiviert.

Immerhin gab es auch Amerikaner im philippinischen Untergrund, die sich ehrlich verhielten, ein Umstand, aus dem viele Führer der Huk trotz aller Enttäuschungen die Zuversicht schöpften, die Mißverständnisse, so tragisch sie auch waren, würden sich bei Ankunft der amerikanischen Truppen klären lassen.

Im April 1944 suchten amerikanische Offiziere einer USAFFE-Einheit in Bulacan Kontakt zu den Huk. Sie baten um Hilfe. Die Tochter eines ihrer Mitkämpfer, der schon vor dem Krieg mit seiner Familie auf den Philippinen gelebt hatte, war vom Polizeichef in dem kleinen Ort Tiaong verhaftet worden und sollte hingerichtet werden. Die amerikanische Gruppe war zu schwach, etwas zu unternehmen. Sie verfügte aber über moderne Waffen, die sie den Partisanen zur Verfügung stellen wollte, falls diese halfen.

Im Süden Luzons herrschte weniger Spannung zwischen den Huk-Kämpfern und den USAFFE's. Das lag nicht zuletzt an dem Amerikaner Anderson, der dort darauf achtete, daß die Partisanen nicht angegriffen wurden. Deshalb fanden sich diese auch bereit, das amerikanische Mädchen zu befreien.

Bei Morgengrauen, als der Ort noch still lag, schlichen sie sich zur Polizeistation. Sie schlugen den Posten nieder und drangen in das Gebäude ein. Den Kommandanten der Constabulary, einen kleinen, dicklichen Mann namens Juanito Umali, fanden sie vor dem Spiegel; er wusch sich gerade. Sie nahmen ihn mit, ohne ihm Zeit zu geben, sich anzuziehen. Er mußte die Gefängniszellen öffnen; viele Huk-Sympathisanten wurden befreit. Die Amerikanerin war in einer Dunkelzelle eingesperrt. Sie war sehr schwach und mußte hinausgetragen werden. Umali hatte sie persönlich mehrmals verhört, sie dabei geschlagen und mit seiner Zigarre an den Brüsten und am Bauch versengt.

Einen Tag später trat im Beisein der Amerikaner ein Gericht der Partisanen zusammen. Auch die Gequälte war anwesend, ebenso ihr Vater. Umali wurde der Brutalität an Zivilisten angeklagt. Einige der Befreiten schilderten, wie unmenschlich er sich ihnen gegenüber verhalten hatte. Am Ende der Verhandlung wurde die Todesstrafe gefordet. Niemand war für Gnade, auch keiner der Amerikaner. Der Vater des Mädchens, der sich mit Tränen in den Augen bei den Partisanen für die Befreiung seiner Tochter bedankt hatte, trat nun vor den Bambustisch, an dem das Militärgericht saß. »Ich bitte«, sagte er, »das Urteil selbst vollziehen zu dürfen.«

Die Richter sahen einander an. Keiner hatte Einwände. Der Amerikaner erklärte: »Es wäre meine Sache gewesen, sie zu befreien. Ich konnte es nicht; ihr habt es getan. Aber zu richten habe ich diesen Kerl; ich werde es für euch mittun.«

Nachdem das Urteil vollstreckt war, trennte sich die USAFFE-Gruppe wieder von den Huk. Aber sie beließ ihnen die Waffen, die sie ihnen für das Unternehmen ausgeliehen hatte.

Jesus Lava, dem es gelungen war, aus der Haft zu entkommen, und der seitdem in Manila Untergrundarbeit leistete, nahm im selben Monat auf Weisung des Oberkommandos der Huk Kontakt zu Anderson auf. Es war notwendig geworden, Jesus Lava aus Manila abzuziehen, weil ein Agent einem Kurier bis zu seinem Unterschlupf gefolgt war und die Gefahr bestand, daß die Japaner jeden Augenblick zugriffen. Jesus Lava, der vorzüglich englisch sprach, sollte über Anderson mit MacArthur in Verbindung treten, um ihm die Hilfe der Huk bei der Landung der amerikanischen Truppen anzubieten sowie über weitere Möglichkeiten der Kooperation zu verhandeln. Im Kommando der Huk glaubte man, die Verluste der anlandenden Amerikaner würden geringer sein, wenn gleichzeitig mit der Landung Huk-Einheiten die Japaner im Rücken angriffen.

Anderson, mit dem sich Lava unterhielt, hatte ein offenes Ohr für diesen Vorschlag. Er hielt sich in Tayabas auf, einer der Südprovinzen, an deren Küste wiederholt U-Boote aus Australien eingetroffen waren. Da er selbst in seinem Lager über keine Funkstation verfügte, ließ er über den an der Tayabasküste stationierten Sender eine entsprechende Nachricht an MacArthur durchgeben. Es kam keine Antwort. MacArthur ignorierte das Angebot offenbar, denn als wenig später wieder eines seiner U-Boote anlief und man Jesus Lava schnell zu der Stelle brachte, weigerte sich der U-Boot-Kommandant, ihn mitzunehmen. Er habe ausdrücklichen Befehl, keinem Angehörigen der Huk das Betreten des Bootes zu gestatten. MacArthur hatte die Weichen für die Zukunft bereits gestellt.

Im vorangegangenen Jahr waren die Streitkräfte der Amerikaner im pazifischen Raum sowohl ihrer Zahl als auch ihrer Ausrüstung nach derart erstarkt, daß sie zur umfassenden Offensive übergehen konnten. Nicht zuletzt wurde das auch dadurch begünstigt, daß sich die Situation auf dem europäischen Kriegsschauplatz entscheidend verändert hatte. Hier hatte die Sowjetarmee unter ungeheuren Opfern den faschistischen Vorstoß nicht nur endgültig abgefangen, sie befand sich auch in der Offensive.

Das japanische Oberkommando versuchte zur selben Zeit, die im Pazifik eroberten Gebiete mit der noch weitgehend kampffähigen Armee und den zwar geschwächten, jedoch keineswegs geschlagenen Marine- und Fliegerkräften zu verteidigen, um die amerikanischen Truppen zu verschleißen, bevor sie dem Mutterland Japan zu nahe kommen könnten. Die Amerikaner hingegen verfolgten die Strategie, sich vermittels konzentrierter Angriffe auf die Ostflanke des japanischen Okkupationsgebietes schrittweise an die Philippinen und das japanische Mutterland heranzuarbeiten. Bereits im Februar 1943 hatten sie auf den Salomon-Inseln die am weitesten südlich gelegene entscheidende Bastion der Japaner, Guadalcanal, erobert. Im weiteren Verlauf des Jahres landeten amerikanische Truppen auf Neu-Georgia und auf Bougainville. Verschiedene Seegefechte brachten noch keine Entscheidung. Gegen Ende des Jahres landeten Amphibienkräfte der USA bereits auf Tarawa, auf der Gilbert-Gruppe.

Die Legende vom Harakiri der japanischen Soldaten erwies sich in der Realität als nicht zutreffend. Statt bis zur Selbstaufgabe zu kämpfen, kapitulierten beträchtliche Mengen japanischer Soldaten vor den Amerikanern. (Hier ein Gefangenenlager auf Luzon). Trotzdem stellen amerikanische Kriegshistoriker die Niederringung der Japaner noch heute oft als »Kampf bis aufs Messer« dar, wohl um die eigenen Verdienste aufzuwerten

Im Februar 1944 waren die Marshall-Inseln an der Reihe. Kwajalein, Eniwetok und Roi wurden erobert. Obwohl die japanischen Truppen sich hier zäh verteidigten, mußten sie doch den amerikanischen Landungstruppen weichen. Auch an der Nordküste Neuguineas entlang drangen die Amerikaner immer weiter vor. Gleichzeitig bereiteten sie ihre Landung auf den Marianen vor, die der letzte Schritt vor dem Angriff auf die Philippinen sein sollte.

Mitte Juni landeten sie auf Saipan, einen knappen Monat später auf Guam und Tinian. Noch im Juli wurden diese Inseln erobert, ihre Flugplätze füllten sich mit amerikanischen Bombern und Jagdflugzeugen, die sich für weitere Einsätze vorbereiteten.

Das japanische Oberkommando erkannte die Absicht der Amerikaner und versuchte, den Durchbruch zu den Marianen dadurch aufzuhalten, daß es fast alle noch verbliebenen Seestreitkräfte dorthin dirigierte. So kam es im Juni bei den Marianen zu einer See-Luftschlacht, in der die Japaner allerdings drei Flugzeugträger und etwa 450 Flugzeuge verloren. Ihre 1942 bei Midway bereits arg angeschlagene Trägerflotte wurde dadurch weiter dezimiert.

Um die Mitte des Jahres 1944 war die gesamte Südostflanke der Japaner ernstlich gefährdet. Sie bestand nur noch aus wenigen Stützpunkten, die kaum Verbindung miteinander hatten. Ihre Versorgung wurde angesichts des Übergewichts der amerikanischen Seestreitkräfte in den Gewässern zwischen den Inseln zunehmend komplizierter. Währenddessen besaßen die Amerikaner nun schon eine relativ ungefährdete Versorgungskette von Hawaii über die Marshall-Inseln bis nach Saipan. Auch von Australien war der Weg über die Salomon-Inseln sowie das nördliche Neuguinea fast bis zu den Molukken keinen nennenswerten Störungen durch japanische Seestreitkräfte mehr ausgesetzt. Doch General MacArthur wollte absolut jedes logistische Risiko vermeiden, bevor er den Angriff auf die Philippinen begann. So ließ er Mitte September auch noch die nördlichste Molukkeninsel Morotai erobern. Von hier betrug der Weg bis ins Herz des philippinischen Archipels nur noch rund 1 500 Kilometer. Damit war die günstigste Ausgangsposition für die Rückeroberung der Philippinen erreicht.

In der ersten Septemberhälfte flog die amerikanische Trägerkampfgruppe 38 die ersten massiven Luftangriffe gegen Ziele auf der Philippineninsel Mindanao und im Visayas-Archipel. Fünf Wochen später griffen die Bomber derselben Kampfgruppe zum erstenmal Luzon an, wobei sie gleichzeitig der japanischen Flotte in den Inselgewässern weitere ernste Verluste zufügten.

Am frühen Morgen des 19. Oktober 1944 erschien vor der Nordostküste der philippinischen Insel Leyte eine Flotte amerikanischer Kampfschiffe und Flugzeugträger. Vierundzwanzig Stunden lang wurde das Küstengebiet mit schwerer Schiffsartillerie beschossen, dazwischen griffen immer wieder Wellen von Trägerflugzeugen die japanischen Verteidiger an. Leyte gehörte nicht zu den am stärksten befestigten Bastionen der Japaner, im Gegenteil, auf der Insel befanden sich — gemessen an ihrer Ausdehnung — nur relativ schwache Kräfte der japanischen Armee. So konnten dann auch nach dem vierundzwanzigstündigen Bombardement am Morgen des 20. Oktober die sechshundert Landungsboote der Amerikaner ziemlich ungehindert die Küste von Leyte erreichen. Sie beförderten binnen weniger Stunden 25000 Soldaten an Land.

Zwei Tage später wurde Tacloban, die Hauptstadt der Insel, nach schwacher Gegenwehr der Japaner genommen. Der Flugplatz wurde sofort für die viermotorigen Bomber umgerüstet.

Es schien, als sei für General MacArthur mit der Eroberung eines Küstenstreifens sowie der Hauptstadt und ihres Flugplatzes das Angriffsziel zunächst erreicht, denn er befahl seinen Truppen, den restlichen japanischen Widerstand auf Leyte möglichst ohne nennenswerte eigene Verluste zu brechen. Dies lief auf eine Verlängerung der Kampfhandlungen hinaus, die sich dann auch noch über Monate hinzogen.

Wichtiger nahm MacArthur hingegen die Inszenierung einer politischen Propagandaveranstaltung. Aus Australien wurde eiligst der ehemalige Vizepräsident der philippinischen »Selbstverwaltung« Osmena eingeflogen, der auf Wunsch MacArthurs vor zwei Monaten, als Präsident Quezon im Exil starb, an dessen Stelle aufgerückt war.

In dem noch von den Kämpfen rauchgeschwärzten Flugplatzgebäude von Tacloban hatte der General eine kurze Unterredung mit Osmena. Er machte ihn darauf aufmerksam, daß die Philippinen selbstverständlich unter amerikanisches Militärrecht gestellt würden und die Befugnisse des Präsidenten daher begrenzt seien. Gleichzeitig verlangte er von ihm richtungsweisende politische Ausführungen, die zur Grundlage der weiteren »Zusammenarbeit« zwischen den Vereinigten Staaten und den Philippinen werden sollten.

Osmena wurde in ein Zimmer geleitet, wo er einem Sekretär seine Rede diktierte. Nachdem MacArthur sie gelesen und korrigiert hatte, fuhr ein Jeep den nunmehr »amtierenden philippinischen Präsidenten« zu der intakt gebliebenen Radiostation von Tacloban, über deren Mikrofone Osmena sich mit seiner programmatischen Erklärung an jene Einwohner der Philippinen wandte, die ein Rundfunkgerät besaßen. Das waren im wesentlichen reiche Bürger und Hazienderos, denen es gelungen war,

General MacArthur mit Osmena (rechts), dem Nachfolge-Präsidenten der Philippinen, auf Leyte, kurz nach der US-Landung auf der Insel. Nach diesem Instruktionsgespräch hielt Osmena seine Rundfunkrede, in der sich die künftige Politik der USA auf den Philippinen bereits deutlich abzeichnete

einen Empfänger vor den Japanern zu verbergen oder ihn während der Kriegsjahre auf dem schwarzen Markt zu erwerben.

Osmena pries zunächst die Leistung der amerikanischen Truppen, er huldigte MacArthur, dem Sieger, der versprochen hatte, wiederzukommen, und der dieses Versprechen nun einlöste. Über den jahrelangen Kampf des einfachen Volkes gegen die Okkupanten sagte er nichts; die Huk erwähnte er nicht einmal.

Die künftigen gesellschaftlichen Verhältnisse auf den Philippinen umriß Osmena mit ziemlich vagen Begriffen. Er beließ es bei solchen Allgemeinplätzen, die sich bei Gelegenheiten wie dieser immer gut ausnahmen: »In Freiheit leben...«, »Den Wohlstand erringen...«, »Eine einzige Familie zufriedener Menschen sein...« und dergleichen.

Zielgerichtet hingegen und in der Diktion bis aufs einzelne Wort mit MacArthur abgestimmt war, was Osmena — wenn auch unter einem gewissen Zwang der Situation — beispielsweise über das Verhältnis zu jenen Leuten sagte, die zu Kollaborateuren der Japaner geworden waren.

»Einige Staatsbeamte«, so führte er aus, »mußten während der Besatzung auf ihren Posten bleiben, um wenigstens eine notdürftige administrative Arbeit zu leisten, die natürlich darauf gezielt war, soweit wie möglich die Bevölkerung vor den Maßnahmen der japanischen Besatzer zu schützen. Wenn es diese Leute nicht gegeben hätte, wäre auf den Philippinen Schaden entstanden, der nicht wieder gutzumachen wäre.«

Damit waren all jene legalisiert, die den Japanern als Handlanger bei der Ausplünderung des Landes gedient hatten. Aber Osmena ging noch auf ein weiteres Problem ein, das MacArthur unbedingt in der Rede festgehalten haben wollte: »Selbstverständlich wird es unter keinen Umständen Einzelpersonen oder Gruppen erlaubt werden, in Angelegenheiten der Kollaboration Recht zu sprechen.«

Wer in diesen Angelegenheiten Recht sprechen sollte, blieb offen. Manilas Großbourgeoisie und die Hazienderos, die während der Okkupation Millionen gescheffelt hatten, verstanden auch sofort, was Osmena ihnen versprach.

In Manila, in einer kleinen Villa, die in einer ruhigen Gegend lag, von japanischen Patrouillen ebensowenig behelligt wie von den stärker werdenden Luftangriffen der Amerikaner, hörte Don Ricardo Torrena den über den Äther kommenden Worten Osmenas aufmerksam zu. Um ihn saßen einige Vertraute, Geschäftsleute wie er, Finanziers, Besitzer von Minen, die sich zu einer Abendgesellschaft zusammengefunden hatten. Als Osmena geendet hatte, hob Don Ricardo sein Glas und prostete den Gästen zu. Sein Gesicht war entspannt. Alles war so gekommen, wie man es gewünscht hatte.

»Meine Herren«, erklärte Don Ricardo, »richten wir uns auf die Zukunft ein. Sie beginnt in diesem Augenblick. Die Klugheit unserer amerikanischen Freunde ist bewundernswert. Sie vertrauen uns, statt sich mit dem Gesindel einzulassen, das da in den Bergen hockt und darauf wartet, uns an den Galgen zu bringen.«

Er dachte einen Augenblick lang an seine Tochter. Nun ja, das würde noch ein schwieriges Problem werden. Aber immerhin, die Basis für das Aufblühen der Geschäfte war gegeben.

General MacArthur ließ sich inzwischen am Strand von Leyte fotografieren. Er trug die bekannte Schirmmütze und hatte eine Maiskolbenpfeife zwischen den Zähnen, wie sie amerikanische Farmer in den Südstaaten zu rauchen pflegen. So schnell es ging, wurden Millionen von Propagandazetteln gedruckt und von amerikanischen Flugzeugen über dem gesamten Archipel abgeworfen. Selbst über dem entferntesten Dschungel fielen ganze Packen dieser Blätter herab, auf denen ein strahlender MacArthur zu sehen war und die Aufschrift »Ich bin zurück-gekehrt«!

Das japanische Oberkommando hatte inzwischen alle im Seegebiet um die Inseln verfügbaren Einheiten seiner Flotte nach Leyte in Marsch gesetzt, wo sie den Amerikanern zwischen dem 23. und 26. Oktober die größte Seeschlacht der bisherigen Kriegsgeschichte lieferten.

Die japanische Absicht war, die amerikanische Flotte, die in das Landeunternehmen auf Leyte verwickelt war, zu vernichten, um damit einerseits die Philippinen dem amerikanischen Zugriff zu entziehen und andererseits das »Inselhüpfen«, das nur mit großen Flotteneinheiten mög-lich war, zu beenden. Der Plan schlug fehl. Die japanische Flotte besaß — trotz des Einsatzes von Kamikaze-Fliegern — nicht mehr die frühere Schlagkraft. Sie beging taktische Fehler, die den Verlauf der Seeschlacht mit entschieden. Schließlich wirkte sich auch aus, daß die amerikanische Waffentechnik in den letzten zwei Jahren sprunghafte Fortschritte ge-macht hatte.

So endete die Seeschlacht um Leyte mit einer entscheidenden Nieder-lage für die japanische Flotte, die damit ihre strategische Bedeutung endgültig verlor. Die Japaner verloren: 3 Schlachtschiffe, 4 Flugzeug-träger, 10 Kreuzer und 11 Zerstörer. Die Amerikaner hingegen büßten nur einen leichten Flugzeugträger und 2 Geleitträger sowie 3 Zerstörer ein.

Nach der Schlacht waren die schweren und mittleren Seestreitkräfte der Japaner, vor allem ihre Trägerluftflotte, in den philippinischen Gewässern so gut wie ausgeschaltet. Dieser Umstand erlaubte es MacArthur, weitere Landeunternehmungen durchzuführen. Noch bevor seine Truppen Leyte völlig vom Gegner gesäubert hatten, eroberten andere Verbände die Insel Samar. Danach landeten sie auf Mindoro. MacArthur benutzte die restlichen Wochen des Jahres 1944, die erreichten Positionen zu befestigen, die Nachschublinien auszubauen und vor allem landgestützte Fliegerkräfte nachzuziehen. Dadurch wurde es möglich, nach und nach die Luftbombardements auf die nördlichen Teile der

Philippinen zu verstärken. Der General wartete mit dem nächsten Lande-unternehmen bis zum 9. Januar 1945. Es galt Luzon.

Die Landung erfolgte an der Küste des Golfes von Lingayen; ihr ging starker Beschuß von See her voraus. Auf ganz Luzon waren um diese Zeit etwa 150 000 Japaner stationiert. MacArthur landete mit 100 000 Solda-ten. Einheiten der Huk, insgesamt etwa ebenso stark wie die landenden Amerikaner, griffen nun an unzähligen Stellen zugleich japanische Stütz-punkte an, legten Hinterhalte, überfielen Garnisonen und Versorgungs-lager. Sie brachten es fertig, die Verteidigungsmöglichkeiten der Japaner derart einzuschränken, daß den Amerikanern ein fast ungehinderter Vormarsch ermöglicht wurde.

Immer mehr Bezirke in Zentralluzon wurden von den Japanern befreit, bevor die Amerikaner eintrafen. So gab es in der gesamten Provinz Laguna keine Okkupanten mehr, und die Huk führten, noch bevor MacArthur in Lingayen Fuß faßte, freie, demokratische Gouverneurs-wahlen durch. Jesus Lava wurde Gouverneur von Laguna.

Ebenso verlief die Entwicklung in Pampanga und Nueva Ecija, wo Casto Alejandrino und Juan Feleo als Gouverneure frei gewählt wur-den.

Kämpfer der Huk vereinigten sich inzwischen mit einer Kommandoein-heit der Amerikaner und schleusten sie tief in das noch von den Japanern gehaltene Gebiet ein, bis nach Cabanatuan. Hier befreiten sie Hunderte von amerikanischen Kriegsgefangenen, die sonst von den Japanern getötet worden wären.

Anfang Februar 1945 konnten die amerikanischen Truppen in der Subic-Bucht und bei Nasugbu landen. Von beiden Landungspunkten aus gelang es ihnen mit Hilfe der Huk schnell weiter vorzustoßen. Am 4. Februar standen sie unmittelbar vor Manila, wo bereits Einheiten der Huk in den Straßen kämpften. Die Japaner waren entschlossen, die Hauptstadt notfalls bis zum letzten Mann zu verteidigen. José Laurel, der Premierminister von Japans Gnaden, sowie sein gesamtes Kabinett, waren um diese Zeit schon nach Tokio gebracht worden.

Es war eine Einheit der Huk, die nach tagelangen schweren Kämpfen als erste in Manila die amerikanische und die philippinische Flagge hißte. Die Hauptstadt war ein Trümmerfeld. Tausende der leichteren Gebäude waren durch die unablässigen amerikanischen Luftangriffe förmlich weggefegt worden. Brände hatten ganze Stadtviertel in Asche gelegt.

US-Bomben auf Manila. Nach den schweren Zerstörungen, die die Hauptstadt bereits zu Beginn des Krieges durch die Japaner erlitten hatte, bombardierten nun bei der Rückkehr der Amerikaner auch diese das Stadtgebiet, bevor sie angriffen. Das Bild zeigt den Malacanang-Palast im Widerschein der Brände

Aber die Bewohner, die das Grauen überstanden hatten, liefen auf die Straßen, um die Befreier zu begrüßen. Die Befreier, das waren nicht nur die amerikanischen Truppen, die lächelnd von ihren Panzern herabwinkten, sondern auch die zum Teil barfuß kämpfenden Partisanen, die in kleinen Kolonnen durch die Stadt zogen, die die letzten Japaner in ihren Schlupfwinkeln aufspürten und dann eine verdiente Ruhepause einlegten.

Francisco Ramos war unter jenen, die im Park vor dem Malacanang-Palast lagerten. Er hatte in den letzten Monaten eine kleine Abteilung bewaffneter Arbeiter der Hauptstadt geführt und war den anrückenden Amerikanern entgegengegangen, auf Schleichwegen, um sie an den Sperren der Japaner vorbei in die Stadt zu bringen. Der Kommandeur der amerikanischen Einheit, die Ramos lotste, ein junger Major, hatte Befehl erteilt, die Huk-Kämpfer zu verpflegen. Er behandelte sie wie Verbündete, und Ramos' Männer schöpften daraus neue Zuversicht.

164

Manila in Flammen und Trümmern. Nach der Rückeroberung durch die Amerikaner war die philippinische Hauptstadt eine der durch den Krieg am stärksten zerstörten Städte der Welt

US-Truppen bei der Einnahme Manilas. Hier setzen sie über den Pasig-Fluß. In der Stadt hatten um diese Zeit bereits Huk-Einheiten den letzten japanischen Widerstand niedergekämpft

Vielleicht würde man nun nach dem Sieg doch zu einer ehrlichen Zusammenarbeit kommen.

Auf dem Rasen vor dem Malacanang-Palast saßen zwischen Huk-Angehörigen einige amerikanische Soldaten. Sie teilten freigiebig Zigaretten und Kaugummi aus, öffneten Rindfleischbüchsen und ließen Bierflaschen die Runde machen. Einer von ihnen interessierte sich für das Gewehr, das Ramos trug. Es war eine japanische Waffe, erbeutet beim Überfall auf eine Wache.

»Laß es mich ausprobieren!« Der Amerikaner lud durch, legte an und schoß auf eine Taube, die auf einer Mauer hockte. Er verfehlte sie.

»Schlechte Flinte!«

Ramos lachte. »Sie war gut genug, Japaner zu treffen.«

Der Amerikaner hielt ihm gutgelaunt die Bierflasche hin. »Da, trink, der Zauber ist vorbei. Bis zum Sommer räuchern wir Tojo aus, und dann beginnt wieder das Zivilleben.« Er reckte sich in der Sonne. Ramos fragte ihn, woher er komme.

»Los Angeles.«

»Schöne Stadt«, bemerkte Ramos. Der Amerikaner sah ihn erstaunt an.

»Kennst du es?«

»Ich habe bei euch studiert.«

»Und jetzt bist du bei diesen Bauern hier?«

»Es sind Arbeiter«, gab Ramos zurück. Der andere nickte. Es war ihm egal, er war auf einem halben Dutzend pazifischer Inseln mit der ersten oder zweiten Angriffswelle gelandet, hatte Tote und Verwundete gesehen, Verbrannte und Verhungerte. Nun war ringsum Ruhe, es sah so aus, als sollte das Leben fortan vernünftiger verlaufen. Das stimmte ihn fröhlich. Deshalb winkte er auch der Patrouille der Militärpolizei übermütig zu, als diese in einem Jeep heranflitzte. Das Fahrzeug hielt, ein Sergeant stieg aus, er trug bereits einen weißen Helm und weiße Hand-

Überlegenheit der Luftstreitkräfte war eine entscheidende Voraussetzung für die amerikanische Re-Invasion auf den Philippinen. Wie hier – auf dem ehemals amerikanischen Luftstützpunkt Clark Field – wurden die japanischen Maschinen oft schon am Boden zerstört, bevor der Angriff begann

schuhe. Wo waren diese Kerle nur, als wir an Land wateten? Nun ja, das ist vorbei!

»Huk?« wandte sich der Sergeant an Ramos und deutete auf die anderen Bewaffneten. Bevor Ramos antworten konnte, lachte der amerikanische Soldat, hob seine Bierflasche und rief: »Ja, Huk! Schenk ihnen ein vernünftiges Gewehr, es ist eine Schande, was sie da bei sich haben!«

Der Sergeant streifte ihn mit einem Blick. »Keine Fraternisierung, ist das vergessen worden? Haut ab, bevor wir dienstlich werden, klar?«

Der Soldat wollte aufbegehren, aber dann siegte die Vernunft bei ihm. Es war nicht ratsam, sich mit der Militärpolizei anzulegen. So sagte er nur: »O. K. — Sarge. Habe lediglich einen alten Studienkollegen begrüßt! Ist doch erlaubt, wie?« Damit erhob er sich und gab seinen Kameraden ein Zeichen.

Der Sergeant wandte sich an Ramos. »Sie haben in den Staaten studiert?«

»Ja.«

»Und jetzt? Huk?«

»Huk, ja«, erwiderte Ramos ruhig. Der Sergeant überlegte. Dann sagte er: »Sammeln Sie Ihre Männer und führen Sie sie zum nächsten Posten. Dort werden sie registriert und die Waffen eingesammelt.« Er tippte an den Helm und ging zum Jeep zurück. Ramos rief ihm nach: »Werden die Gutsbesitzer und ihre Banditen auch entwaffnet, Sergeant?«

Der Amerikaner wandte sich noch einmal um und sagte akzentuiert: »Es wird im Rücken der amerikanischen Armee keine bewaffneten Zivilisten geben. Das ist ein Befehl. Also befolgen Sie ihn!«

Dann sprang er in den Jeep, und der fuhr an.

Ramos überlegte. Vorsicht war geboten.

»Hört mir genau zu«, schärfte er seinen Mitkämpfern ein, »es sieht so aus, als ob die Amerikaner nicht ganz ehrlich spielen. Also zerstreuen wir uns jetzt. Jeder geht nach Hause oder dorthin, wo er eine Weile bleiben kann. Und jeder nimmt seine Waffe mit, versteckt sie und tut so, als wisse er von gar nichts. Klar?«

Als der Jeep der Militärpolizei wenige Minuten später nochmals an der Stelle vorbeifuhr, war von den Partisanen nichts mehr zu sehen.

Das Verhalten der US-Armee zu den Huk war bereits seit längerer Zeit unmißverständlich festgelegt worden. Trotzdem hielt es der Oberkommandierende für erforderlich, unmittelbar nach der Landung genauere Richtlinien zu erlassen. Es mehrten sich die Fälle, in denen Huk-Einheiten mit amerikanischen Truppen gemeinsam operierten. Dem mußte so schnell wie möglich ein Ende gesetzt werden.

»Wir haben die Aufgabe, diese Leute zu entwaffnen, zu zerstreuen und ein wachsames Auge auf sie zu werfen, falls sie sich erneut zusammenrotten«, erklärte MacArthur den um ihn versammelten Abwehrbeauftragten. Die Besprechung fand in einem Zelt statt, einen Tagesmarsch von der Stelle entfernt, an der die US-Truppen gelandet waren.

Der General, in eine frisch gebügelte Tropenuniform gekleidet, energisch wie immer, hob die Hand, als wolle er eine ernste Warnung aussprechen. »Es handelt sich um aufrührerische Kräfte, die der künftigen Entwicklung auf den Philippinen ernsthaften Schaden zufügen könnten. Bauern, Rebellen, angeführt von Kommunisten. Es gibt keine Gemeinsamkeit mit ihnen. In besonderen Fällen sind wir bereit, Einheiten von ihnen in die neue philippinische Armee zu übernehmen; das ist jedoch lediglich eine Tarnmaßnahme. Auch wenn sie sich bedingungslos unserem Kommando unterstellen, werden sie auf andere Einheiten aufgeteilt, ihre Agitatoren werden entfernt. Die übliche Verfahrensweise ist, sie zu entwaffnen und nach Hause zu schicken. Gibt es dabei Widerstand, so ist er zu brechen. Mit der Waffe, ich sage das ausdrücklich und hoffe, daß mich jeder der Herren versteht.«

Captain Frederick, der das Counter-Intelligence-Corps befehligte — die Abwehr —, ein forscher, stets militärisch knapp sprechender junger Mann, West-Point-Absolvent, Teilnehmer an mehreren U-Boot-Fahrten von Australien nach den Philippinen, hörte mit Staunen die Bedenken einiger anwesender Offiziere: Die Huk-Kämpfer wären doch sozusagen stille Verbündete gewesen; auf ihr Konto kämen etwa 20 000 getötete japanische Soldaten und Offiziere, einige Tausend kollaborierende Gendarmen und andere Kollaborateure. Ob es denn nicht eine elegantere Möglichkeit gäbe, sie loszuwerden? Beispielsweise eine Parade, anschließend Ordensverteilung und feierliche Waffenniederlegung mit Einschwörung auf die neue Regierung?

Frederick erhob sich und bat ums Wort. MacArthur nickte nervös, er wollte endlich zum Ende kommen.

»Ich verstehe nicht, weshalb wir zögern«, sagte Frederick. »Die Huk sind eine kommunistische Truppe. Sie gefährden die Interessen der Vereinigten Staaten nicht weniger als dies die Japaner getan haben. Das dürfte als Überlegung genügen. Was die Beseitigung der Huk betrifft, so verlangt kein Mensch von uns, daß wir uns unklug exponieren. Stellen wir den Kerlen, überall wo wir auf sie stoßen, das Ultimatum, die Waffen abzuliefern und auseinanderzugehen. Weigern sie sich, ziehen wir uns zurück und überlassen das übrige der Constabulary, die wir ohnehin weiterbestehen lassen. Die Polizei sieht in den Huk ihren Todfeind. Damit wäre alles gesagt. Was übrigbleibt, ist die Paralysierung der Huk-Führer. Wir werden dafür Sondermaßnahmen durchführen.«

Er setzte sich. MacArthurs Gesicht hatte sich aufgehellt. Frederick war einer der besten Leute für das Geschäft, das da zu erledigen war!

»Noch Fragen?«

Es gab keine mehr.

Wenig später nahm einer der Beauftragten Fredericks, Leutnant Littlefield, Kontakt zum Oberkommando der Huk auf. Er ließ die Führer der Befreiungsbewegung wissen, das amerikanische Oberkommando erwarte von ihnen, sich seinem Befehl zu unterstellen. Die Huk-Führer antworteten, sie seien an einer Konferenz mit dem US-Oberkommando interessiert, in der die grundsätzlichen Standpunkte beider Seiten erörtert werden sollten. Daraufhin vereinbarte Frederick ein Treffen mit Huk-Führern auf der Hazienda eines der reichsten Männer in Tarlac. Es kam zu keiner Einigung, und die Beratung wurde nach Calasiao in der Provinz Pangasinan verlegt, wo sich der Stab der 6. US-Armee befand.

Nach einer sehr zurückhaltenden Begrüßung hörten die amerikanischen Offiziere gelassen zu, als Luis Taruc über die politischen Ziele der Huk sprach, über ihren Wunsch, nach der Befreiung eine eigene Rolle im politischen Leben der Philippinen zu spielen.

Oberst White, der Vorgesetzte von Captain Frederick, entschied schließlich: »Mister Taruc, meine Herren, wir sind eine Armee, die auf den Philippinen Ruhe und Ordnung herzustellen hat. Dazu ist es unerläßlich, alle bewaffneten Zivilisten auszuschalten, die uns dabei stören könnten. Die Huk-Angehörigen sind solche bewaffneten Zivilisten. Daher müssen ihre Einheiten entwaffnet und aufgelöst werden, es sei denn, sie unterstellen sich unserem Kommando.«

Als einer der Huk-Teilnehmer fragte, ob die Banden, die sich die Gutsbesitzer hielten, nicht auch bewaffnete Zivilisten wären, winkte der Oberst schnell ab.

»Die Gutsbesitzer sind uns für alle Aktionen dieser Kräfte verantwortlich. Eine völlig andere Konstellation.«

»Und die Constabulary? Sie hat den Japanern gedient! Niemand löst sie auf!«

Wiederum antwortete White: »Die Constabulary ist die rechtmäßige Ordnungstruppe der neuen philippinischen Regierung. Überdies hat sie keine politischen Ziele. Sie wird reorganisiert werden. Eine Gefahr stellt sie für uns nicht dar.«

Es gab keine Einigung. Unverrichteterdinge zogen die Führer der Huk auch hier ab. Sie mußten erkennen, daß die Amerikaner nicht als Befreier oder Verbündete gekommen waren, sondern als Herren.

Andrew Conway hatte in den letzten Monaten Kurierdienste versehen. Während die Amerikaner sich zum Angriff auf Manila rüsteten, hielt er sich bei der Abteilung 77 der Huk in der Provinz Bulacan auf. Von hier hatte er nach San Fernando zu gehen, in dessen Nähe sich das Oberkommando der Huk augenblicklich befand. Er sollte eine Meldung des Abteilungskommandeurs überbringen. Auf dem Rückweg durch das inzwischen von den Japanern endgültig befreite Gebiet traf er eine Gruppe von etwa dreißig jungen Männern, die aus Santa Rita und San Luis kamen. Sie wollten als Freiwillige zur Abteilung 77, deren Taten bekannt waren. Conway rastete eine Weile bei den Burschen und entschied sich dann, mit ihnen nach Malolos zu gehen, der Provinzhauptstadt, in der die Abteilung in Kürze eine Siegesfeier abhalten wollte. Er mußte sowieso dorthin. Also führte er die Freiwilligen, die ihn auf dem Weg immer wieder über das Leben in der Befreiungsarmee ausfragten.

In Malolos angekommen, ließ Conway sie am Stadtrand lagern und begab sich ins Zentrum, um dort einen Verbindungsmann aufzusuchen.

Er wurde stutzig, als der ihn äußerst geheimnistuerisch empfing, ihn sofort in die hinterste Ecke seines Häuschens führte und ihm einschärfte, um Himmelswillen nicht seine Waffe zu zeigen oder sich überhaupt als Angehöriger der Huk zu erkennen zu geben. In der Stadt residiere Colonel Carlos Maclang, ein ehemaliger philippinischer Offizier, Angehöriger der USAFFE, der jeden Huk-Kämpfer verfolge.

»Maclang?« erkundigte sich Conway verblüfft. »Der hat doch während der Okkupation für die Japaner gearbeitet! Ich kenne Berichte, wonach seine Gruppe mit japanischen Truppen gemeinsam Aktionen unternommen hat! Dieser Maclang?«

»Ja, dieser. Und es ist ratsam, sich vor ihm zu hüten! Die Amerikaner haben ihn als Gouverneur eingesetzt!«

Schlagartig begriff Conway, daß er seine Abteilung warnen müsse. Sonst lief sie in eine Falle, wenn sie in Malolos einzog. Aber es war bereits zu spät. Seine Kameraden erreichten soeben das Stadtzentrum.

In der Nähe des Gouverneursgebäudes fielen Schüsse. Conway ging langsamer, um nicht aufzufallen. Überall lungerten bewaffnete Constabulary herum; Amerikaner lehnten lässig an ihren Jeeps und warteten. Sie schenkten dem abgerissenen Conway, der — auf Anraten des Verbindungsmannes — unbewaffnet war, keine Aufmerksamkeit. So konnte Conway gerade noch sehen, wie eine Kette von schwerbewaffneten Polizisten die Abteilung umringte und Kommandeur Sol niederschlug. Die Huk-Kämpfer wurden einer nach dem anderen entwaffnet, während sie immer wieder versuchten, den Constabulary klarzumachen, daß der Krieg schließlich zu Ende sei und sie in friedlicher Absicht kämen. Die Übermacht war zu groß für eine Gegenwehr. Conway lief zu einigen amerikanischen Offizieren, die am Rande der Hauptstraße beieinanderstanden und dem Treiben zusahen. Als er sie aufforderte einzugreifen, erntete er belustigte Blicke.

»Junge! Wo kommst du denn her? Kennst du die Befehle nicht? Gefangener gewesen, wie?«

Verwirrt nickte Conway. Sie hielten ihn für einen befreiten Kriegsgefangenen, der nichts mit den Huk zu tun hatte, nun gut.

»Warum nur?« Er sah einem der Offiziere in die Augen. Der Mann zuckte die Schultern und wandte sich ab.

»Aber es sind tapfere Männer!«

»Eben«, gab ein Leutnant zurück. »Sie sind zu tapfer! Warum sprichst du für sie? Haben sie dir mal geholfen? Vergiß es, die Zeiten sind jetzt anders! Mir haben sie auch geholfen. Das ist lange her.«

Es gelang Conway, die am Stadtrand wartenden Freiwilligen zu warnen. Einige befanden sich schon in der Stadt, hatten die einmarschierende Huk-Abteilung selbst entdeckt und sich ihr gleich angeschlossen. Sie befanden sich jetzt ebenfalls in der Gewalt der Constabulary.

»Wir werden nach San Fernando gehen«, entschied Conway.

Hier war wohl vorläufig nichts zu tun. Das Oberkommando mußte sofort von diesem Vorfall Kenntnis bekommen. Im Schutz der Dunkelheit brach er mit den restlichen Freiwilligen auf.

Er kam zu spät, um dem Oberkommando der Huk die Gefangennahme der Kameraden zu melden. Über das Radio war bereits die Nachricht verbreitet worden, Oberst Maclang habe in Malolos eine Bande von über hundert »Marodeuren« erschießen lassen. Die fraglichen Leute hätten sich bewaffnet gegen die Amerikaner gestellt.

Nähere Einzelheiten über das Massaker wurden erst später bekannt. Oberst Maclang hatte die Gefangenen im ausgedehnten Hof des Polizeigefängnisses eine große Grube schaufeln lassen. Danach wurden sie, einer nach dem anderen, durch Genickschüsse getötet, und dann wurde die Grube zugeschaufelt.

Die Abteilung 77 war eine der besten Einheiten der Huk gewesen, und alle Patrioten waren über den Mord an den Kameraden aufs äußerste empört. Trotzdem achtete die Führung darauf, daß nirgendwo voreilige Aktionen unternommen wurden. Man hoffte immer noch auf einen Ausgleich mit den Amerikanern.

Doch die Hoffnung erfüllte sich nicht. Neue Meldungen über die erbarmungslose Verfolgung von Huk-Angehörigen trafen beim Oberkommando ein.

Eines Tages erschien Linda Bie, einer der hervorragendsten Abteilungskommandeure, beim Oberkommando; müde, abgerissen, nur mit einem Bolo bewaffnet. Seine Abteilung hatte mit einer amerikanischen Einheit zusammen gekämpft. Eines Tages waren sie umstellt und entwaffnet worden. Linda Bie selbst und einer seiner Mitkämpfer wurden in ein Gefängnis gebracht, wo man sie eine Woche lang verhörte. Dabei schlug man sie und verlangte, sie sollten verraten, wo sich weitere Huk-Einheiten befänden.

Schließlich brachte man Linda Bie in das Gefängnis der Hauptstadt von Pampanga, San Fernando. Der amerikanische Lastwagen, der Linda Bie beförderte, kam in der Nacht am Gefängnis an. Während der Fahrer den Posten suchte, um den Gefangenen abzuliefern, gelang es diesem, zu fliehen.

Von überallher trafen Meldungen über Verfolgungen der Huk-Angehörigen ein, obwohl es immer noch Kämpfe mit den Japanern auf den Inseln gab. Die Fahndungsaktion des Captains Frederick lief auf Hochtouren. Das Oberkommando der Huk befahl, jeden Zwischenfall zu vermeiden und nicht mit der Waffe zu antworten. Man bemühte sich, wieder mit den Amerikanern in Verbindung zu kommen, um eine Regelung zu erreichen. Conway warnte, aber auch er wußte nicht, was zu tun war. Er war voller Sorge, als das Oberkommando beschloß, sich erneut mit Captain Frederick in San Fernando zu treffen, um zu verhandeln. Aber er setzte es durch, daß er seine Genossen begleiten durfte.

Captain Frederick erschien erst, als die Huk-Führer bereits Handfesseln trugen. Eine Patrouille der amerikanischen Militärpolizei hatte sie vor der Stadt abgefangen, unter Schlägen in einen geschlossenen Lastwagen getrieben und zu Fredericks Stab gebracht. Dort wurden die Gefangenen von bewaffneten Militärpolizisten zu Frederick geführt. Der eröffnete ihnen kurz und bündig, die amerikanische Armee betrachte sie als Rädelsführer einer bewaffneten Verschwörung gegen die USA, daher setze er sie nach Kriegsrecht fest. Zu gegebener Zeit werde ein Gerichtsverfahren eingeleitet. Damit wurden sie wieder abgeführt.

Conway hörte niemand an. Man behandelte ihn etwas milder als seine philippinischen Freunde, da er immerhin Amerikaner war und man nicht genau wußte, ob er nicht vielleicht aus purem Zufall in diese Sache hineingeraten war. Doch auch er wurde in eine Zelle gebracht, deren Tür ein amerikanischer Soldat bewachte.

Mariano Balgos, einer der letzten noch in Freiheit befindlichen Führer der Huk, Mitglied des ZK der Kommunistischen Partei der Philippinen, übernahm in dieser kritischen Situation die Führung der Befreiungsarmee. Auf seinen Befehl hin zogen sich die Einheiten in Lager im tiefen Wald und in den Bergen der Sierra Madre zurück und warteten zunächst ab. In der Zwischenzeit sorgten Kuriere dafür, daß die Bevölkerung Kenntnis davon erhielt, wie die amerikanischen Verbündeten mit den Führern der Huk verfuhren.

In ganz Zentralluzon regte sich Widerspruch gegen das Vorgehen der Amerikaner. Überall gab es Versammlungen, Resolutionen wurden verfaßt, Proteste geschrieben. Angehörige der »Free Philippines«, angesehene Intellektuelle der Hauptstadt, wurden bei den Amerikanern vorstellig und forderten die Freilassung der gefangenen Huk-Führer.

Mariano Balgos verfolgte eine kluge Politik. Er verband seine Forderung, die Huk-Führer freizulassen, mit der Feststellung, die Huk fühlten sich an die alte philippinische Verfassung gebunden, sie respektierten Osmena als rechtmäßigen Nachfolger des Präsidenten Quezon und träten für eine demokratische Entwicklung im Lande ein.

Die Kommunistische Partei aktivierte in dieser Phase die politische

Arbeit. Der Erfolg blieb nicht aus. Am 8. März kam es in San Fernando, wo die Huk-Führer noch immer inhaftiert waren, zu einer Massendemonstration, an der Zehntausende Bauern teilnahmen, die aus allen Himmelsrichtungen zusammengeströmt waren. Weder amerikanische Panzer noch die Gewehre der Constabulary hatten diese friedliche Armee aufhalten können. Vertreter der US-Armee mußten versprechen, die Gefangenen in absehbarer Zeit freizulassen. Sie taten es eine Woche später, wohl weil sie einsahen, daß die Massenbewegung anders nicht aufzuhalten war. Alejandrino, Taruc, Lava und alle anderen Gefangenen, mit ihnen Andrew Conway, konnten das Gefängnis verlassen. Sie ließen sich nicht von guten Freunden in Sicherheit bringen, sondern lebten legal unter den Augen der Constabulary und der Amerikaner. Jeder erkannte: Jetzt geht es darum, in aller Offenheit die Sache zu vertreten, für die wir gekämpft haben. Es schien, als könne man die Amerikaner doch noch zwingen, die Verfolgung der Huk einzustellen und sie an freier politischer Arbeit teilnehmen zu lassen.

Mariano Balgos tat mit der Autorität der Kommunistischen Partei einen weiteren Schritt, um das Verhältnis der Huk zu den Amerikanern grundsätzlich zu ändern. Er bot MacArthur öffentlich an, für die endgültige Niederringung der Japaner eine Division Huk-Kämpfer, zehntausend Mann stark, zur Verfügung zu stellen. MacArthur antwortete auf das Angebot nicht, aber im Volke fand es Zustimmung. Deshalb überlegte der General angestrengt, welche Maßnahmen nun zu ergreifen wären.

Ein Zufall spielte ihm eines Tages Manuel Roxas, Minister im Marionettenkabinett der Japaner, in die Hände. Roxas hatte sich dem Abtransport nach Japan entzogen und war im Lande untergetaucht. Die Militärpolizei machte ihn ausfindig und brachte ihn zu MacArthur.

Roxas war dem General bestens bekannt. Er gehörte zu den Leuten, mit denen er früher oft konferiert hatte, wenn es um heikle politische Fragen ging. Die beiden Männer verstanden sich offenbar auf Anhieb wieder. Was zwischen ihnen besprochen wurde, wird nie jemand erfahren, jedenfalls verlieh ihm MacArthur sofort den Rang eines Briegadegenerals und stellte ihn der Öffentlichkeit als »befreit« vor; eine Variante, über die selbst Präsident Osmena verblüfft war. Doch MacArthur beseitigte alle Zweifel, indem er öffentlich erklärte: »Manuel Roxas ist keinesfalls ein Kollaborateur gewesen, im Gegenteil, er hat seine Arbeit im Kabinett unter der japanischen Besatzung im ausdrücklichen Einvernehmen mit den amerikanischen Dienststellen versehen, sozusagen als der höchste geheime Repräsentant des philippinischen Widerstandes gegen Japan. Ich habe ihm soeben den Auftrag erteilt, bis zum Juni den Kongreß zusammenzurufen. Präsident Osmena wird inzwischen alle Regierungsbeamten wieder in ihre Ämter einsetzen. Die unabhängige, demokratische Entwicklung der Philippinen nimmt somit ihren Lauf!«

Mit diesem politischen Taschenspielertrick sicherte sich der General für den unausweichlichen Kampf gegen die organisierte Linke im Lande von vornherein den Beistand der Reichen und der Kollaborateure, bis hinab zum kleinsten Henker bei der Constabulary.

Polizei und Armee wurden unverzüglich neu organisiert und bewaffnet. In Spitzenpositionen kamen nicht die Kämpfer des Widerstandes, sondern jene, die mit Japan paktiert hatten. Ihr schlechtes Gewissen wurde erleichtert: Kämpft gegen die Huk, dann sind euch alle früheren Sünden vergeben!

General MacArthur selbst hatte sich der Fortsetzung des Krieges zu widmen; noch war Japan nicht besiegt. Aber er konnte, was die Philippinen betraf, beruhigt sein: Er überließ das Feld den inzwischen aus den Vereinigten Staaten eingetroffenen Spezialisten der politischen Manipulation.

In unzähligen Flugblättern, Plakaten, Zeitungsartikeln und anderen Publikationen, über alle Rundfunksender wurde der Bevölkerung suggeriert, es gäbe im Lande subversive kommunistische Kräfte, die eine friedliche Entwicklung gefährdeten. Angesichts der durch den Krieg hervorgerufenen ungeheuren Zerstörungen sei es geradezu eine nationale Pflicht, sich eng um die Amerikaner zu scharen, die mit ihrer großen wirtschaftlichen Kraft den Philippinen wieder auf die Beine helfen wollten.

Solcherlei Demagogie verfehlte zwar — besonders unter den kleinbürgerlichen Schichten — nicht ihre Wirkung, doch das erhoffte Ergebnis brachte sie nicht: Patriotische Kräfte aus dem Bürgertum sammelten sich und stellten eigene Programme für die Zukunft auf; den »Bund der bürgerlichen Freiheiten« beispielsweise, oder die »Liga der nationalen Befreiung« und die »Juristenvereinigung«. Alle diese Organisationen vereinigten sich bald in einem Dachverband, der ihre Aktionen koordinierte, in der »Demokratischen Allianz«.

Die Kommunistische Partei, die sich plötzlich mit einer Unzahl politischer Probleme konfrontiert sah, hatte erkannt, daß eine Umstellung der Arbeit nötig war. Bisher hatte sie sich in der politischen Massenarbeit fast ausschließlich auf die Gewinnung der Bevölkerung für den bewaffneten Kampf konzentriert, nunmehr mußte sie Verbündete für den politischen Kampf gewinnen. In Luzon sowie in anderen Teilen des Insellandes wurde eine neue Vereinigung der Bauernschaft gegründet, die »Nationale Union der Bauern«. Sie entwickelte sich bald zu einer starken, einflußreichen Organisation. Entschlossen inspirierte die Partei auch die Gründung einer neuen Gewerkschaft, des »Congress of Labour« (CLO). Diese errang bald das Vertrauen der Arbeiter, zumal in ihr erprobte Widerstandskämpfer und Kommunisten wichtige Positionen einnahmen. Mit der »Demokratischen Allianz«, die bald den Charakter einer Nationalen Front annahm, bildeten diese Organisationen den Kern einer neuen, fortschrittlichen Massenbewegung, die zunehmend an Bedeutung gewann.

Die Kader der Huk, die immer noch von den Amerikanern und der Constabulary gejagt wurden, zogen sich zurück und vermieden jegliche Auseinandersetzung. Viele kehrten wieder in ihre Dörfer zurück; die Waffen jedoch lieferten sie nicht ab, so daß sie sich notfalls gegen Angriffe auf ihr Leben zur Wehr setzen konnten. Das wurde bald nötig, denn die Grundbesitzer hetzten bewaffnete Schlägertrupps auf sie, drangsalierten ihre Frauen und Kinder. Sie schufen eine Atmosphäre der Unsicherheit. Dies machten sich die psychologischen Planer Amerikas zunutze. Sie bezichtigten die Huk weiterzukämpfen und forderten ihre bedingungslose Kapitulation.

Beim nächsten sich bietenden Anlaß schlug die Militärpolizei gemeinsam mit der Constabulary zu. Casto Alejandrino, der gewählte Gouverneur von Arayat, der sein Amt — wie andere gewählte Gouverneure aus der Huk-Bewegung — zur Verfügung gestellt hatte, bis eine Wahl über die endgültige Besetzung der Verwaltung entscheiden würde, sprach in Arayat auf einer Massenkundgebung über die Perspektiven des philippinischen Volkes. Das Thema seiner Rede lautete: »Frieden im Geiste der Beschlüsse von Teheran.« Captain Frederick und andere Spezialisten der amerikanischen Abwehr hörten sich die Rede an, ohne eine Miene zu verziehen. Sie ließen auch die vielen tausend Einwohner der Stadt erst nach Hause gehen, bevor sie Alejandrino plötzlich verhafteten, mit ihm Taruc und andere. Gleichzeitig nahmen Trupps der Militärpolizei alle erreichbaren höheren Huk-Kader fest. So fanden sich die meisten ehemaligen Kommandeure der Huk wenige Tage später in einem jener vorbereiteten Konzentrationslager bei Calasio wieder. Das war Mitte April 1945.

Die Huk-Kommandeure wurden äußerst schlecht behandelt. Die Posten sprachen sie grundsätzlich nur mit »Ihr Affen!« an; sie bekamen verdorbenes Essen, wenig zu trinken; wenn sie sich beschwerten, wurden sie geschlagen. Man versuchte sie auch dadurch kleinzukriegen, indem man ihnen bedeutete, sie könnten am nächsten Tag frei sein, wenn sie ihre Einheiten zur Kapitulation führten.

In diesen Monaten festigte sich bei den führenden Kadern der Huk, die man von Calasio in die Strafkolonie Iwahig auf der Insel Palawan brachte, endgültig die Erkenntnis, daß die amerikanischen Verbündeten die Huk schändlich betrogen hatten. Eine Verständigung war nicht mehr möglich. Daran änderte sich auch nichts mehr, als die Huk-Kommandeure später infolge massiver Proteste der Bevölkerung nach und nach wieder freigelassen werden mußten.

Mitte Juni 1945 stellte die »Demokratische Allianz«, zu dieser Zeit die stärkste politische Gruppierung, öffentlich fest, auf den Philippinen gäbe es reaktionäre politische Kräfte, die den Fortschritt hemmen und dabei seien, alle bisher errungenen demokratischen Rechte und Freiheiten zu liquidieren.

Die »Demokratische Allianz« legte ein Programm vor, in dem gefordert wurde:

1. Absolute politische Unabhängigkeit der Philippinen
2. Gewährleistung der wirtschaftlichen Unabhängigkeit durch ein Industrialisierungsprogramm
3. Eine Agrarreform, die den Kauf von Ländereien durch den Staat einschließt. Diese sollten zu vernünftigen Bedingungen an landlose Bauern und Pächter aufgeteilt werden.
4. Anerkennung des Rechts der Arbeiter auf Abschluß von Tarifverträgen und Festsetzung von Mindestlöhnen
5. Ablösung ehemaliger Kollaborateure von hohen Staatsposten und Vorbereitung von Gerichtsverhandlungen, die sich mit den Vergehen der Kollaborateure befaßten.

6. Allgemeine Festigung der nationalen Einheit des Volkes gegen Faschismus und Reaktion

Wenn dieses Programm auch nicht über die Grenzen bürgerlich-demokratischer Reformen hinausging, so wurde es doch im Volke schnell populär, zumal die »Demokratische Allianz« darauf bestand, daß die politischen Auseinandersetzungen auf demokratische Weise geführt wurden, die jeglichen Gebrauch von Waffen und Zwängen ausschloß.

Im August 1945, als Japan kapitulierte, entschloß sich die Führung der Huk zu einer weiteren aufsehenerregenden Maßnahme: Sie ordnete die Selbstauflösung der Widerstandsarmee an, die ihr Ziel in der Bekämpfung des japanischen Aggressors gesehen hatte. Etwa 60 000 Kämpfer der Huk legten daraufhin ihre Waffen nieder und kehrten in ihre Heimatorte zurück. Dort wurden sie jubelnd begrüßt, so daß die Constabulary nicht gegen sie vorzugehen wagte. Die meisten Kämpfer traten der »Liga der Veteranen der Huk« bei, die das Programm der »Demokratischen Allianz« unterstützte.

Damit war ein großer Teil der Pläne zerschlagen, die Amerikas psychologische Planer ersonnen hatten, um die revolutionäre Bewegung auf den Philippinen zu zerschlagen. Wenige Wochen später, am 23. September 1945, rief die »Demokratische Allianz« zu einer Massenkundgebung in Manila auf, in der die Bürger ihre Sorgen und Nöte der Regierung Osmena öffentlich vortragen wollten. Dem Aufruf folgten Zehntausende. Sie kamen nicht nur aus Manila, sondern selbst aus den entferntesten Gegenden Luzons; manchmal handelte es sich um Bauern, die tagelang marschiert waren, um die Hauptstadt zu erreichen. Sie trugen Transparente mit sich, und Sprechchöre klangen auf, als sie sich vor dem Malacanang-Palast versammelten: »Unabhängigkeit für die Philippinen!« — »Heraus mit den ehemaligen Kollaborateuren aus dem Kongreß!« — »Besetzung der Regierungsämter mit Männern und Frauen, die für ihr Vaterland gekämpft haben!«

Neben anderen Politikern sprachen auch Casto Alejandrino und Mariano Balgos. Mateo del Castillo, der Vorsitzende der neuen Bauernunion, wurde stürmisch gefeiert. Als die Kundgebung begann, ging strömender Regen nieder, aber niemand suchte Schutz; die Menschen standen durchnäßt da und lauschten den Reden.

Nach drei Stunden endete die Kundgebung. Eine Abordnung wurde mit einer Petition zu Präsident Osmena geschickt, die an dessen de-

Vormarsch auf Luzon. Nachdem die amerikanischen Truppen den Widerstand der Japaner an den Landungsstellen gebrochen hatten, konnten sie fast ungehindert das Land durchqueren. Selbst in unübersichtlichen Waldgebieten stießen sie ohne nennenswerte Sicherungen vor. Die Huk hatten die Japaner bereits weitgehend ausgeschaltet

mokratische Haltung appellierte. Außer den sozialen und politischen Forderungen, die von den Demonstranten bereits auf ihren Transparenten verkündet worden waren, enthielt das Papier die Aufforderung, unverzüglich auch die letzten der zu Unrecht inhaftierten Huk-Führer freizulassen.

Starke Polizeikräfte beobachteten den Ablauf der Veranstaltung. Sie waren von überallher nach Manila beordert worden, aber sie hatten strikten Befehl, nicht einzugreifen. Man fürchtete, es könnte zu einer Katastrophe kommen. Die amerikanischen Beobachter, unter ihnen Frederick und sein Team, mußten zähneknirschend zusehen, wie sich die Demonstration in Ruhe und Ordnung vollzog.

Diese friedliche Veranstaltung machte zum erstenmal selbst den Amerikanern deutlich, daß sie die demokratischen Kräfte, ihre Streben nach Unabhängigkeit und Freiheit auf den Philippinen unterschätzt

US-Landungsboote
im Golf von Lin-
gayen. Die Landung
erfolgte fast ungehin-
dert. Der Widerstand
der Japaner war
durch die pausen-
losen Huk-Angriffe
in ihrem Rücken ge-
brochen worden, be-
vor die US-Truppen
landeten

Landung im Lingayen
Golf. US-Truppen
beim Ausladen von
Nachschub. Nach-
dem die Küste erobert
war, konnte sich die
amerikanische Armee
meist ungehindert
entfalten.

Vormarsch der US-Truppen auf Luzon. In gelockerter Ordnung bewegen sich die US-Soldaten. Der Widerstand der Japaner beschränkt sich auf wenige Zentren

hatten. Sicher, die Kundgebung würde vorbeigehen, der Alltag wiederkommen, aber er würde nicht mehr wie früher sein. Hier erhob sich für die gesamte strategische Planung der USA eine eminente Gefahr, deren Konsequenzen noch nicht abzusehen waren. Mit den Huk fertig zu werden war eine vergleichsweise leichte Aufgabe. Wie aber stellte man sich auf das ein, was hier von Zehntausenden demonstriert wurde? Politische Ideen sind nicht mit Gewalt zu unterdrücken, jedenfalls nicht auf lange Sicht.

Captain Frederick fuhr aus seinen Gedanken, als plötzlich eine junge Frau vor ihm stand, naß vom Regen, aber wie es schien, äußerst unternehmungslustig. Sie lächelte ihn an und stellte sich vor: »Ich bin Maria Flores von der ›Manila Times‹. Darf ich Sie etwas fragen, Captain?«

»Ich gebe keine Interviews.«

»Es ist nur eine Frage. Würden Sie mir sagen, was Sie von dieser Demonstration halten? Welche Gefühle bewegen Sie dabei?«

Frederick zögerte. Einerseits handelte es sich um eine junge Frau, und sie kam noch dazu von einer Zeitung, die man nicht gerade umstürzlerisch nennen konnte, aber andererseits wäre es unklug, sich als Amerikaner zu den Vorgängen zu äußern.

»Nein«, antwortete er schließlich mit dem Bemühen, es höflich klingen zu lassen. »Es steht mir nicht zu, darüber zu sprechen. Ich bin Soldat und habe mit Politik nichts zu schaffen.«

Maria war versucht, ihm zu verraten, daß sie genau wisse, wer er sei, aber sie unterließ es. Der alte Chefredakteur der »Manila Times« lebte nicht mehr, der neue hatte Maria wieder eingestellt, als sie sich meldete. An der Zeitung hatte sich einiges geändert. Sie mußte schon aus taktischen Gründen das Anliegen der »Demokratischen Allianz« unterstützen.

»Landgang« auf Luzon. Meist sah die Landung der US-Truppen ähnlich aus wie hier. Nach schwerem Artilleriefeuer erlahmte der japanische Widerstand, und die Amerikaner konnten in fast exerziermäßiger Ordnung aus ihren Landungsbooten zur Küste waten

»Schade«, entgegnete Maria und wollte weitergehen, aber da sah sie, daß der Zivilist, der neben Frederick stand, sie einladend anlächelte. Ebenfalls Amerikaner offenbar. Er war nicht sehr groß, leger gekleidet, aber aus irgendeinem Grunde wurde Maria den Verdacht nicht los, er müsse vor kurzem noch in einer Uniform gesteckt haben. Sie gab das Lächeln zurück und fragte: »Möchten Sie sich äußern, Sir?«

Der Angesprochene legte die Hände auf den Rücken. »Warum nicht. Ich bin Zivilist, wie Sie sehen. Aber ich weiß nicht, ob ich bedeutend genug bin, um der ›Manila Times‹ mit meiner Meinung dienen zu können.«

»Das entscheidet der Chefredakteur, Sir«, gab Maria gewinnend zurück.

»Trotzdem — darf ich Ihren Namen erfahren?«

»Edward Lansdale.« Der Amerikaner fügte nicht hinzu, daß er Offizier im OSS, Spezialist für psychologische Kriegführung und Asien sein Gebiet war, auf dem er noch vieles zu leisten vorhatte.

»Sie leben in Manila?«

»Ich bin auf der Durchreise. Aber ich werde vielleicht zurückkommen«, antwortete Lansdale. »Übrigens komme ich aus Malaya. Es wird Sie interessieren, daß man dort ähnliche politische Probleme hat wie hier. Sehr interessant, das alles zu beobachten.«

»Und Ihre Meinung, Sir?«

Lansdale sprach langsam und gelassen, er machte den Eindruck, als erörtere er eine für ihn nur theoretisch bedeutsame Frage.

»Was sich hier abspielt, ist der kommunistisch inspirierte Versuch, einen Putsch vorzubereiten. Wir haben in vielen Ländern mit diesem Phänomen zu tun. Der internationale Kommunismus ist durch den Krieg stärker geworden, als er zuvor war. Er greift überall, wo man ihn gewähren läßt, nach der Macht. Was allerdings die Philippinen betrifft, so wird der Kommunismus scheitern. Hinter diesem Land steht Amerika. Aber er wird uns noch viel zu schaffen machen.«

Lansdale lächelte freundlich, als sich Maria Flores bei ihm bedankte. Dann, als sie gegangen war, erkundigte er sich bei Frederick: »Wollen wir weiter naß werden? Oder haben wir zu tun?«

Sie gingen. Was Lansdale gesagt hatte, wurde in der »Manila Times« gedruckt, allerdings strich der Chefredakteur den Namen des Interviewten. Er wurde durch einen Telefonanruf dazu veranlaßt, den er am Abend in seiner Privatwohnung aus dem amerikanischen Hauptquartier bekam.

Obwohl der Kundgebung kein spektakulärer Augenblickserfolg be-schieden war, hatte sie doch ihren Eindruck auf Osmena und andere Regierungsmitglieder nicht verfehlt. Eine Woche später begann die Entlassung der letzten ehemaligen Huk-Führer aus dem Konzentrationslager. Die Amerikaner hatten zugestimmt. Gleichzeitig aber setzte der Kongreß eine Untersuchungskommission ein, die sich mit den Aktivitäten der »Demokratischen Allianz« beschäftigte. Die Kommission verfolgte das Ziel, der Organisation ein Delikt nachzuweisen, das »Anstiftung zum Aufruhr« genannt wurde.

Ab sofort wurden alle Versammlungen und die gesamte Öffentlichkeitsarbeit dieser politischen Massenorganisation überhaupt verboten. Polizeikräfte trieben die Mitglieder auseinander, wo sie sich trotzdem zusammenfanden. Die Amerikaner liehen der Constabulary Straßenpanzerwagen, um gegen Demonstranten der »Demokratischen Allianz« vorzugehen. In den Dörfern von Luzon wurden erneut bei Nacht und Nebel führende Funktionäre der Arbeiter- und Bauernorganisationen verhaftet. Ohne Anklage.

Poker um die Macht

Oberst Edward Lansdale war nach seinen ersten Erkundungen auf den Philippinen zunächst wieder nach Washington zurückgekehrt. Der drahtige ehemalige Fliegeroffizier, der vom OSS ausgesandt worden war, fand einiges verändert vor. Zwar gab es in den Büros noch dieselben Mitarbeiter, aber der ganze Apparat des Spionage- und Geheimdienstes, den Bill Donovan aufgebaut hatte, wurde reorganisiert; er wurde den neuen Aufgaben, die sich für die Vereinigten Staaten stellten, angepaßt. Wollten die USA in Zukunft die dominierende Rolle in der Weltpolitik weiterspielen und ihren Einfluß nicht verlieren, dann mußten sie sich der immer stärker um sich greifenden antiimperialistischen Orientierung in allen Erdteilen erwehren.

Für die Strategen in Washington war der internationale Kommunismus der »Hauptfeind«, den sie mit allen erlaubten und unerlaubten Mitteln zu bekämpfen gedachten. Also wurde zur Unterstützung der militärischen Aktionen, die nötig sein würden, um die Macht zu behaupten, eine große Zentrale des Nachrichtendienstes geschaffen, mit Unterabteilungen für Sabotage und Diversion, für ideologische Durchdringung und viele andere Gebiete, bis zu Spezialistenteams hin, die auf unliebsame Politiker angesetzt werden konnten. Die CIA, jenes geheime, die ganze Welt umspannende Netz, das später das zweite Gesicht der Vereinigten Staaten darstellen sollte, befand sich in der Konstruktion. General Hoyt S. Vandenberg, zwischenzeitlich mit der Oberaufsicht der Behörde beauftragt, empfing seinen alten Vertrauten Lansdale. Die beiden kannten sich von der Air Force her. Auch Vandenberg war bei der Luftflotte gewesen, bis ihn der neue Präsident Truman hierher beordert hatte. Also war ihr Umgangston, als sie allein waren, recht leger.

Vandenberg hörte sich aufmerksam an, was Lansdale ihm zu berichten hatte. Zuletzt nickte er und meinte: »Ed, wir haben dich mit der Aufgabe da unten betraut, weil du einer der wenigen Leute bist, die Asien kennen und sich in die Psyche der Asiaten hineinversetzen können. Was dieser Laden hier am dringendsten braucht, ist die Spezialisierung seiner Mitarbeiter. Du bist sozusagen ein Spezialist, also bringe die Sache da auf den Inseln in Ordnung. Wir brauchen sie auf lange Sicht; ökonomisch und militärstrategisch. Ich brauche dir nicht zu schildern, was in China vorgeht und wie es sich auf die Nachbarländer auswirkt. Du bekommst alles, was du brauchst, als Gegenleistung erwarten wir, daß du das Kunststück fertigbringst, den Kommunisten auf den Philippinen den Weg zu verlegen. Wirst du das schaffen?«

Lansdale war vorsichtig. »Es ist zu schaffen. Nur braucht es Zeit. Und fähige Leute. Die muß man heranbilden.«

»Eben! Osmena ist ein Schwächling. Roxas ist zwar unser Mann, aber ich halte ihn nicht für den besten, den wir da haben. Wir müssen gewisse demokratische Spielregeln einhalten, du verstehst!«

»Ich verstehe. Bekommen wir Mittel für die philippinische Armee?«

»Der Kongreß ist damit beschäftigt, das zu erörtern. Auch die Anleihefrage. Es hängt von den Umständen der Unabhängigkeit ab.«

»Natürlich«, bestätigte Lansdale. »Wir werden das abwarten müssen. Aber wir sollten uns voll engagieren, darauf möchte ich hinweisen. Wir haben es nicht nur mit einer Handvoll Aufrührer zu tun. Die unteren Bevölkerungsschichten sind enttäuscht: Sie hatten gehofft, nach der Verjagung der Japaner würde sich vieles ändern. Aus dieser Stimmung heraus entstehen immer neue Kompanien Aufrührer, wenn du verstehst, was ich meine. Es gibt zwei Hauptaufgaben dort. Einmal muß man etwas für die Bauern tun, um ihnen den Mund zu stopfen, ohne dabei die Leute zu verletzen, auf die wir uns verlassen können. Zum anderen müssen wir zeigen, daß wir mit eiserner Faust zuschlagen können. Eine Kombination dieser beiden Elemente wird auf lange Sicht Erfolg bringen.«

Vandenberg präzisierte: »Nicht wir müssen zuschlagen, Ed, sondern die Filipinos selbst! Wir müssen auf unser Prestige achten. Verstehe bitte, das Land wird unabhängig, oder wie immer man das nennen will. Da können wir nicht einfach mit Truppen mitmischen!«

Lansdale stimmte ihm zu. Natürlich nicht. Aber er drängte wieder: »Wir brauchen Mittel für die philippinische Armee. Haben wir die, dann läßt sich alles andere erledigen. Sprich mit dem Präsidenten, er soll seinen Einfluß geltend machen. Von einer schlagkräftigen philippinischen Armee hängt alles ab. Und davon, wer sie ausbildet.«

»Das wirst du tun«, eröffnete ihm Vandenberg sachlich. »Du bist dort unten offiziell als Berater für Verteidigungsfragen. Such dir Figuren aus, mit denen du das Spiel bestimmen kannst. Wie steht es um einen Verteidigungsminister?«

Lansdale wiegte den Kopf. Aber dann sagte er nur: »Es gibt da Leute, die während des Krieges unter dem Kommando von USAFFE gearbeitet haben, fähig und verläßlich, Ich werde sie ausfindig machen.«

»Vergiß die psychologischen Voraussetzungen nicht!« ermahnte ihn der General. Lansdale lächelte. Er würde sie nicht vergessen. Die Asiaten, für die meisten Amerikaner steckten sie voller Rätsel. Ihr Lächeln, ihre Geduld, ihre angebliche Verschlagenheit. Alles Unsinn!

»Ich werde ihnen ein Lied vorspielen, nach dem sie marschieren können«, versprach er, als er sich erhob.

Vier Wochen später wunderten sich die Einwohner der Provinzstadt San Fernando über einen Amerikaner, der auf einer Brunneneinfassung an der Hauptstraße saß und Mundharmonika spielte. Der Mann trug Zivil, hatte einen zerknautschten Hut auf und sah überhaupt einem Filipino ähnlicher als einem Amerikaner. Allerdings traf das lediglich auf seine schäbige Kleidung zu. Er war über den Markt geschlendert, hatte ein paar Münzen aus der Tasche gefischt und sich einen gerösteten Maiskolben gekauft, ihn im Weiterwandern abgeknabbert. Dann hatte er eine Weile einem Hahnenkampf zugeschaut, ohne allerdings etwas zu wetten, und schließlich war er bei dem Brunnen gelandet. Die Kinder sammelten sich um ihn, sie bestaunten den Fremden und sein hierzulande nicht sehr gebräuchliches Instrument. Er ließ sie hineinblasen, und sie freuten sich über die Töne, die sie aus diesem blechbeschlagenen Stückchen Holz hervorzaubern konnten. Der Fremde spielte das Instrument meisterhaft, er kannte sogar philippinische Lieder. Bald sahen und hörten ihm auch Erwachsene zu. Unter ihnen war Andrew Conway, der sich für einen Tag in der Stadt aufhielt, um Einkäufe zu erledigen. Er war auf die Hazienda »Felicitas« zurückgekehrt, hatte wieder begonnen Schweine zu züchten, und fand endlich Zeit, sich seiner kleinen Tochter zu widmen. Viele seiner ehemaligen Mitkämpfer hatte er zur Hazienda mitgebracht, wo sie arbeiten und verdienen konnten. Ihre Waffen lagerten gut versteckt, in geölte Zeltplanen gewickelt, in einer Grube auf der Farm.

Conway beobachtete den seltsamen Amerikaner eine Weile. Irgend etwas an dem Mann stimmte nicht. Er war kein Tramp, keiner von jenen Amerikanern, die in Asien ihre Identität aufgaben. Nein, er sah intelligent aus, wenn man genau hinblickte, er spielte Lieder, die nicht jeder kannte. Sein Gesichtsausdruck war eigenartig erwartungsvoll, als hoffe er, daß jemand ein Gespräch mit ihm begänne. Aus einiger Entfernung sah Conway schließlich, wie der Mann die Mundharmonika ausklopfte und sich dann an ein paar um ihn herumstehende Männer wandte. Zu Conways Erstaunen tat er das in Tagalog. Vielleicht einer jener USAFFE-Guerillas, die in der Kriegszeit hier im Wald gewesen waren?

Der fremde Musikant erhob sich, wies auf ein Straßencafé und nahm die Filipinos mit, die ihn umstanden hatten. Der Amerikaner schob ein paar Tische zusammen, suchte umständlich Münzen aus den Taschen, rechnete und bestellte für alle Limonade. Dann zog er Würfel aus seiner Tasche und begann mit den Männern zu würfeln. Sie machten neugierig mit; es gab keinen Filipino, der sich nicht Zeit für ein Spielchen genommen hätte.

Während Conway seine Einkäufe erledigte, ging ihm der seltsame Amerikaner nicht aus dem Sinn. Als er eine Stunde später an dem Café vorbeikam, saß der Mann immer noch da, umringt von Filipinos, die ihm lauschten, während sie weiter würfelten. Und erst jetzt, als Conway einiges von dem Gespräch hörte, begriff er, was da vorging.

»Es sind arme Schlucker«, sagte der Musikant gerade. »Man soll sie nicht verteufeln, das Schicksal hat sie hart behandelt. Aber jetzt sind die Zeiten anders. Wir Amerikaner sind hier, und wir werden euch helfen. Wir werden auch den Bauern helfen, keine Frage. Nur — wenn die weiter den Huk nachlaufen und Kommunisten spielen, wird sich Amerika zurückziehen, dann wird dieses Land russisch werden. Der Kommunismus ist eine russische Erfindung: Jeder verdient wenig, jeder bekommt wenig zu essen, jeder kann mit jedermanns Frau schlafen, wer in die Kirche geht, wird erschossen, und ob jemand einen neuen Anzug braucht, bestimmt die Kommunistische Partei. Erzählt mir nur nicht, daß ihr das wollt!«

Sie wollten es nicht, und sie sagten das zwischen dem Würfeln.

»Man muß sie auffordern, zur Vernunft zu kommen«, sprach der Musikant weiter. »Damit die Vereinigten Staaten endlich Vertrauen zu den Filipinos bekommen und ihre Schiffe mit all dem herschicken, was die Leute hier brauchen. Kleidung, Konserven, Bier, Spielzeug für die Kinder. Gott weiß was noch! Ich verstehe nicht, wie man sich als Christ dafür entscheiden kann, dieses Land noch weiter kaputtzumachen, statt es mit uns zusammen aufzubauen und jedem ein bißchen Freude zu bereiten.«

Es hörte sich alles nur so hingesagt an, aber Conway begriff, dieser Mann testete, womit man sich Zugang zu den Herzen der Zuhörer erschleichen konnte. Er fing es sehr geschickt an. Als einer ihn darauf aufmerksam machte, daß die Kinder der Bauern keine Schulen hätten, daß sie aufgetriebene Bäuche vom Hunger bekämen und froh seien, wenn sie ein bißchen Brei zu essen hätten, nickte er verständnisvoll. Ja, das müsse geändert werden. Ohne Gewehre. Mit Waffen bewirke man nur das Gegenteil.

»Machen wir noch mehr kaputt, als in diesem Lande schon kaputt ist, dann werden diese Kinder sterben, das ist es. Machen wir aber Schluß mit dem Aufruhr, gehen wir an die Arbeit, entladen wir die Schiffe Amerikas und ordnen wir das Leben, dann wird es uns allen gut gehen, auch den Bauern und ihren Kindern. Es gibt gar keine andere Lösung.«

Als der Musikant Anstalten machte, das Würfelspiel zu beenden, und die Männer sich von ihm verabschiedeten, ging Conway näher, so daß der Fremde ihn erblickte.

»Hallo«, sagte er sogleich, »ein Landsmann, wie es scheint!«

»Schwierigkeiten?« erkundigte sich Conway und wies auf die Filipinos, die sich langsam entfernten. Der Musikant schüttelte den Kopf, aber er bedankte sich, daß Conway ihm offensichtlich helfen wollte. »Nein, nein, ich habe mich sehr vernünftig mit ihnen unterhalten! Gute Leute, wenn man sie richtig nimmt. Sind wahrscheinlich nur selten in ihrem Leben richtig genommen worden, wie?«

»Scheint so. Trinken wir einen?«

Der Musikant schlug das nicht ab. Conway bestellte zwei Flaschen von dem dünnen Bier, das zu einem hohen Preis verkauft wurde. Dabei ließ er durchblicken, er sei Besitzer einer Hazienda in der Nähe. Der Musikant war sogleich interessiert.

»Oh, das freut mich! Wie gehen die Geschäfte? Reis? Zucker?«

»Schweine«, sagte Conway.

Der Musikant verzog erstaunt das Gesicht. »Sie haben Mut! Lohnt sich das hier?«

»Es lohnt sich.«

»Aber Fleisch können die Vereinigten Staaten viel billiger liefern! Verpackt in Blech, lagerfähig sozusagen!«

»Nun ja, es gibt auch einen Bedarf, auf den ich mich einstelle. Billiges Fleisch, für die Einheimischen.«

»Sofern sie nicht Moslems sind!« Der Musikant lachte.

Er kennt sich aus, dachte Conway. Wer ist er?

Der Fremde benahm sich ganz ungezwungen, nachdem er sich davon überzeugt hatte, einen leibhaftigen amerikanischen Farmer, hierzulande Haziendero genannt, vor sich zu haben, einen Mann, der die Chance wahrgenommen hatte, eine schöne einheimische Frau zu heiraten, deren Mitgift aus einer Hazienda bestand. Damit waren für ihn die sozialen Standpunkte geklärt, es handelte sich um einen Partner, mit dem man reden konnte. Das tat er auch. Er sagte Conway zwar nicht, daß er Oberst Edward Lansdale hieß und Sonderberater für Verteidigungsfragen in Manila war, aber er ließ immerhin durchblicken, daß er sich im Lande umsah, wie man der Stimmung unter der Bevölkerung psychologisch richtig begegnen könne.

»Wir müssen mit diesen Leuten leben«, sagte er. »Meinen Sie nicht auch, Landsmann? Wir müssen ihnen beibringen, was Demokratie ist und Freiheit. Das kann man nicht nur mit dem Knüppel tun, dazu braucht es Fingerspitzengefühl, oder sind Sie nicht der Meinung?«

Conway erwiderte, er sei durchaus dieser Meinung. Die Offenheit dieses Mannes überraschte ihn. Andererseits kannte er die Vertrauensseligkeit seiner Landsleute, wenn sie irgendwo jemanden fanden, der auch aus den Vereinigten Staaten kam. Es fiel ihnen fast nie ein, der andere könne völlig anders denken als sie.

Nach und nach kamen sie auf die politischen Verhältnisse im Lande zu sprechen. Der Fremde wollte wissen, ob Conway Schwierigkeiten mit seinen Landarbeitern habe. Er hörte interessiert zu, als der Farmer ihm erzählte, wie er seine Wirtschaft betrieb, daß sie genügend Einkommen abwarf, um die Landarbeiter anständig zu entlohnen.

»Vermutlich haben Sie auch mit den Huk keine Probleme?« erkundigte sich Lansdale.

»Absolut keine«, gab Conway zurück, wobei er sich Mühe geben mußte, nicht zu lächeln. Der Oberst nickte bedächtig. »Ja, das ist es! Die Sache ist äußerst einfach: Die Leute brauchen was zwischen die Zähne, dann vergessen sie den ganzen Kommunismus! Nun ja, ich glaube, die Vereinigten Staaten werden hier einiges investieren, damit diese Frage gelöst werden kann.«

Sie unterhielten sich länger als eine Stunde, dann gingen sie mit einem Händedruck auseinander. Für Conway war das Gespräch der erste ernst zu nehmende Hinweis darauf, daß die Vereinigten Staaten begannen, die anfänglich geübte militärische Unterdrückungspraxis durch ein neues Element zu ergänzen, nämlich durch auf lange Sicht gezielte politische Maßnahmen.

Andrew Conway war nicht überrascht, als wenige Tage nach dieser Unterhaltung der Vater seiner Frau auf der Hazienda erschien und sie alle mit Geschenken überhäufte. Der Alte zog seinen Schwiegersohn in ein vertrauliches Gespräch. Er gestand ihm, er sähe seine Aufgabe im Kongreß, dem er selbstverständlich wieder angehörte, darin, die führenden Leute davon zu überzeugen, daß grundlegende Agrarreformen dringend geboten seien. Im übrigen stünden Wahlen vor der Tür, und diese würden sozusagen den Startschuß für die Unabhängigkeit der Philippinen geben Es käme darauf an, sich nun als echter Patriot zu engagieren.

Der alte Haziendero ließ durchblicken, er wäre bereit, die Huk-Vergangenheit seines Schwiegersohnes zu vergessen, wenn sich dieser ihm politisch annäherte. Conway begriff das sehr gut. Aber er lehnte höflich ab, als Don Ricardo ihm anbot, sich dafür zu verwenden, daß er auf die Wahlliste der Provinz gesetzt würde. Der Alte nahm es gelassen hin, denn er glaubte, Conway habe sich von den Huk zurückgezogen und widmete sich voll und ganz der Arbeit auf der Hazienda.

Edward Lansdale, der von seinem wochenlangen Ausflug nach Manila zurückgekehrt war, hielt sich nicht lange bei unnützen Erwägungen auf. Er meinte, einen Überblick über die Stimmung im Lande zu haben, und begann, seine Rezepte auszuteilen. Zunächst berichtete er nach Washington: Es sei nützlich, die für das Jahr 1946 bevorstehenden Wahlen mit dem Versprechen auf Unabhängigkeit zu verbinden, um die nationalen Gefühle der Filipinos zu neutralisieren. In diesem Zusammenhang sollte neben den wirtschaftlichen Belangen vor allem der Verbleib amerikanischer Truppen auf den Philippinen geklärt weden. Stützpunkte wären vorhanden: Sie müßten weiter genutzt werden. Darüber hinaus sei es nötig, die philippinische Armee sofort und unter Bereitstellung erheblicher Mittel zu einem starken, kampfkräftigen Instrument zu machen, das im wesentlichen innenpolitische Funktionen zu erfüllen habe. Die Huk hielten sich zwar zurück, auch die Kommunisten operierten durchaus im

Rahmen der demokratischen Spielregeln, aber diese Kräfte seien so stark, daß eine endgültige Auseinandersetzung mit ihnen nicht ausbleiben würde. Die Chance, jene Gruppierung von Kommunisten, Huk und linken Bürgern zu zerschlagen, läge einzig und allein darin, sie durch geschicktes politisches Taktieren in eine bewaffnete Konfrontation zu locken.

Washington schloß sich dieser Ansicht an, es verfügte ohnehin aus anderen Quellen über ähnliche Erkenntnisse.

Lansdale bekam für die philippinische Armee, die Polizeikräfte und jene Kreise von Politikern Handlungsfreiheit, die bedingungslos hinter den Vereinigten Staaten standen. Unauffällig wurden junge Filipinos, die entweder vor dem Krieg bereits in den USA-Streitkräften Dienst getan oder sich in der Besatzungszeit den USAFFE-Gruppen angeschlossen hatten, in Sonderlagern einem speziellen Training unterworfen. Sie lernten nicht nur den Umgang mit neuen, technisch hochentwickelten amerikanischen Waffen, man schulte sie auch täglich und züchtete in ihnen antikommunistische Gefühle, bis man sicher war, daß sie gegen jegliche Agitation der Huk oder der Kommunisten immun seien. Diese Leute bildeten den Kaderbestand der neuen philippinischen Streitkräfte.

Weiterhin stellte Lansdale ein Programm auf, wonach unauffällig aus fast jedem Dorf in Luzon einige vertrauenswürdige Leute gesucht wurden, die bereit waren, unter ihren Mitbürgern zu spionieren. Man bezahlte sie vorerst nur mäßig, damit ihr Sonderstatus nicht auffiel. Aber sie erhielten das Versprechen, zu einem späteren Zeitpunkt finanziell so abgefunden zu werden, daß ihre Existenz auf Lebenszeit gesichert war. Lansdale schaffte sich damit ein Netz von Agenten, das ihm noch gute Dienste leisten sollte.

Nach und nach wurden Listen der Huk-Veteranen angelegt. Ehemalige und augenblickliche Funktionäre der Kommunistischen Partei, der Bauernunion und der Gewerkschaften wurden registriert. Die Lokale, in denen sich Kommunisten zu Versammlungen trafen, wurden überwacht. Eine Anzahl besonders geschulter Antikommunisten wurde überall im Lande in die Kommunistische Partei und die anderen revolutionären Massenorganisationen eingeschleust, wo sie sich als kampfbereite Patrioten ausgaben. Bald überzog ein Netz das ganze Land. Edward Lansdale operierte im stillen, nach strengen Gesetzen der Konspiration. Er hütete sich, seine Karten zu früh aufzudecken. Noch war seine Stunde nicht gekommen.

Washington erklärte inzwischen, daß es im Juli 1946 die Unabhängigkeit verkünden werde. Dieser Akt sollte die politische Lage auf den Philippinen in ihrem Sinne festigen. In Manila präsentierten — Termin für die Präsidentschaftswahlen sollte der 23. April 1946 sein — amerikanische Unterhändler die Bedingungen für diesen Schritt. Im wesentlichen bestanden sie darin, daß die USA ihre Militärstützpunkte behielten und Truppen stationieren konnten. Weiterhin mußte mit den Vereinigten Staaten ein Vertrag abgeschlossen werden, der deren wirtschaftliche Vorrechte langfristig sicherte. Im Grunde ging es darum, auch nach der Unabhängigkeit den alten Kolonialstatus aufrechtzuerhalten, indem die Einfuhren aus den Philippinen in die USA — vorwiegend weiterhin Rohstoffe — durch jährlich steigende Einfuhrzölle begrenzt waren. Die Exporte der USA hingegen unterlagen keiner Begrenzung. Diese Regelung sicherte dem amerikanischen Monopolkapital die ungehinderte Fortsetzung seiner wirtschaftlichen Vormachtstellung.

Ein besonderer Passus des Vertrages sah vor, daß die »unabhängige« philippinische Regierung keinerlei verfassungsrechtliche Maßnahmen beschließen durfte, die amerikanische Bürger und Gruppen in ihren ökonomischen Vorrechten schmälerten.

Um diese Bedingungen ein wenig zu vertuschen und den Filipinos ein Zuckerbrot hinzuhalten, erklärten die Vereinigten Staaten sich bereit, dem Land beim wirtschaftlichen Wiederaufbau zu helfen. Sie nannten auch gleich eine Summe von über 600 Millionen Dollar.

Die »Demokratische Allianz« erklärte, dieser Vertrag setze die koloniale Ausbeutung in anderem Gewande fort, aber die Vereinigten Staaten besaßen die Unterstützung der finanzkräftigen Oberschicht auf den Philippinen, die weniger in nationalen Kategorien als an ihren eigenen Vorteil dachte, der sich aus ihrer künftigen Rolle als Kompradoren würde herausschlagen lassen.

Da Präsident Osmena mit Rücksicht auf die Stimmung in seiner Nationalistischen Partei nicht bereit war, die »Demokratische Allianz« aus dem politischen Leben des Landes auszuschalten, schoben die Vereinigten Staaten kurz entschlossen Manuel Roxas als Präsidentschaftskandidaten einige Monate vor der Wahl in den Vordergrund.

Roxas scharte seine alten Getreuen um sich. Zum Teil waren es Leute, die während der Besatzung — ebenso wie er — im Sold der Japaner gestanden hatten, in Regierungsämtern oder bei der Reisaufkaufgesellschaft BIBA, die Roxas geleitet hatte. Mit ihnen trennte sich Roxas von den Nationalisten und gründete seine eigene »Liberale Partei«. Ein eifriges Abwerben der Anhänger Osmenas begann. Bestechung, Drohung und Postenversprechungen — alles wurde genutzt, um Roxas' Streitmacht zu stärken. Roxas verfügte über schier unerschöpfliche Geldquellen für seinen Wahlkampf. Die Gelder kamen nicht nur von der einheimischen Bourgeoisie, sondern in großem Umfange direkt aus den Vereinigten Staaten.

Osmena, der immer mehr Mitstreiter verlor, liebäugelte eine Weile mit dem Angebot Roxas', mit ihm ein Wahlbündnis einzugehen und später als Vizepräsident eingesetzt zu werden. Selbst General MacArthur kam aus Tokio, um ihn von den Vorteilen eines solchen Bündnisses zu überzeugen. Aber schließlich versprach sich Osmena mehr von einem Zusammengehen mit der »Demokratischen Allianz«, die ihn dann als Spitzenkandidaten aufstellte.

Die amerikanischen Beobachter waren sich klar darüber, daß die Mehrheit der Bevölkerung hinter dem Wahlprogramm der »Demokratischen Allianz« stand, weil es die nationalen Interessen deutlicher vertrat als Roxas' Programm, das völlig auf die »Interessengemeinschaft« mit den Vereinigten Staaten gerichtet war. Deshalb investierten die Finanzkreise der USA im ersten Halbjahr immer mehr Gelder, um den Sieg ihres Kandidaten auf jeden Fall zu sichern. Nicht nur, daß sie seinen Wahlfonds füllten, sie griffen neben psychologischen Mitteln auch zu massivem Druck. So charakterisierten die Publikationen der Roxas-Gruppe die »Demokratische Allianz« immer häufiger als »Parteigänger Moskaus«, als »Vaterlandsverräter« und »Aufrührer«. Sie bezichtigten sie, das Volk um den Segen der amerikanischen Finanzhilfe bringen zu wollen.

Diese Propaganda verfehlte ihre Wirkung nicht, denn natürlich war der einfache Filipino brennend daran interessiert, endlich einmal etwas besser leben zu können. Zudem beorderten die Amerikaner demonstrativ eine Infanteriedivision nach Zentralluzon, wo sie »die Aufrechterhaltung der Ordnung« garantieren sollte. In Wirklichkeit behinderte sie die Wahlkundgebungen der »Demokratischen Allianz«. Überall, wo es nur irgend möglich war, führten amerikanische Truppen Manöver durch, um der Bevölkerung anzudeuten, daß man »auch anders konnte«.

Schließlich schickten die USA der inzwischen auf 160 000 Mann angewachsenen philippinischen Armee erhebliche Mengen neue Waffen und Ausrüstungsgegenstände, darunter Maschinenwaffen modernster Konstruktion, Flugzeuge, Kraftfahrzeuge und Panzer. Die Armee, formell den USA-Streitkräften unterstellt und antikommunistisch erzogen, war ein zuverlässiger Verbündeter der Roxas-Gruppe. Über 20 000 der von Lansdales Leuten ausgewählten »Militärpolizisten« standen ebenfalls zur Verfügung, Roxas' Wahlkampf zu unterstützen. Das taten sie dann auch. Überall dort, wo sich die »Demokratische Allianz« zusammenfand, stürzten sich Schlägertrupps der Hazienderos unter dem Schutz der Soldaten auf die Versammelten, jagten sie auseinander und schüchterten sie ein. Selbst in den Straßen Manilas tauchten bezahlte Banden auf, die Zeitungsstände mit Publikationen der »Demokratischen Allianz« demolierten und Passanten niederschlugen, wenn sie zu erkennen gaben, daß sie nicht für Roxas waren. Letztendlich setzte eine Schmutzpropaganda ein, die Osmena zur Zielscheibe hatte. In seiner Ahnenreihe gab es Chinesen. Das nahmen die Verfasser von rassistischen Hetzschriften zum Anlaß, ihn als ein »der Nation fremdes Element« zu bezeichnen, das nicht die Interessen der Filipinos vertreten konnte.

Am Wahltag, dem 23. April 1946, waren auf Grund des in der philippinischen Verfassung festgelegten Bildungszensus von 19 Millionen erwachsenen Einwohnern nur ganze 2 472 000 Wähler zur Abstimmung berechtigt. Große Teile der Landbevölkerung, die fest hinter der »Demokratischen Allianz« standen, schieden damit von der Wahl aus.

So konnte Manuel Roxas am Abend über den Rundfunk verkünden, daß er der neue Präsident sei. Trotz aller Schikanen hatte er nur 54 Prozent der Stimmen bekommen; diese Tatsache sprach für das politische Gewicht der »Demokratischen Allianz«. Sie siegte immerhin in insgesamt 15 Provinzen, darunter in den Hochburgen der revolutionären Landbevölkerung wie Pampanga, Nueva Ecija, Tarlac, aber auch auf Cebu und in einigen von moslemischen Minderheiten bewohnten Gebieten wie Sulu und Lanao.

So stand es um die Mehrheiten im neugewählten Senat und Repräsentantenhaus für Roxas trotz seines Sieges nicht gut. Eilig beauftragte er das Wahlgericht, drei Senatoren und acht Abgeordnete — alle aus der »Demokratischen Allianz«, unter ihnen auch Kommunisten wie Alejandrino und Taruc — wegen angeblichen Wahlterrors von ihren demokratisch errungenen Sitzen zu vertreiben. Es gab keine Autorität mehr, die das verhindern konnte. Roxas entfachte in den ihm hörigen Massenmedien eine so üble Kampagne gegen die Betreffenden, daß niemand wagte, offiziell zu widersprechen, zumal man ohnehin wußte, daß die Vereinigten Staaten hinter Roxas standen.

Als Vizepräsident nahm sich Roxas Elpidio Quirino, einen seiner Vertrauten aus der Okkupationszeit. Die Japaner hatten ihn einmal für kurze Zeit wegen unerlaubter Spekulationsgeschäfte inhaftiert, nun stellte er es so hin, als sei es eine große Heldentat gewesen.

Mit dieser Wahlfarce hatten die reaktionärsten Teile der Hazienderos und der Großbourgeoisie die politische Macht an sich gerissen. Ohne Verzögerung ging nun am 4. Juli 1946 die Proklamation der »Unabhängigkeit« über die Bühne.

Weniger als ein Jahr später beglich Präsident Roxas den ersten Teil der Rechnung, die ihm von den USA präsentiert wurde: In dem »Vertrag über die Grundlagen der gegenseitigen Beziehungen« waren die Militärstützpunkte garantiert, die für die nächsten 99 Jahre bestehen bleiben sollten. Es ging um 22 Gebiete für Stützpunkte und Garnisonen, beispielsweise den Kriegshafen Cavite in der Manilabucht, Olongapo in der Subicbucht, Guiuan auf der Insel Samar und ein weiteres Objekt in der Sulu-Gruppe. Als Flugplätze waren Clark-Field bestimmt, Floridablanca, Aparri, Puerto Princesa und Mactan. Die ehemaligen Festungen Stotsenburg, Mariveles und Camp Walles fielen ebenfalls wieder an Amerika. Damit nicht genug, wurden überall im Lande noch sogenannte Schießplätze, Feldflughäfen und Materiallager eingerichtet. Die Aufstockung ihrer militärischen Präsenz auf den Philippinen sahen amerikanische Militärkreise natürlich unter dem Aspekt künftiger militärischer Operationen im Pazifik, wie sich später, während des Koreakrieges und bei anderen Unternehmungen der Vereinigten Staaten, herausstellte.

Noch aber gab es die »Demokratische Allianz«, es gab die Kommunistische Partei, die Bauernverbände, die Gewerkschaften, die Veteranenverbände der Huk, mithin einen umfangreichen Herd revolutionärer Ideen und Aktionen im Herzen des nun von Erzreaktionären regierten »unsinkbaren Flugzeugträgers«. Für die USA stellte sich die Frage nach der Verläßlichkeit auf ganz besondere Weise. Deshalb lancierten sie geschickt in den Manilaer Zeitungen den Slogan: »Wer investiert, will Sicherheit!«

Bald nach dem Krieg hatten die amerikanischen Monopole begonnen, ihre Betriebe und Gruben auf den Inseln zu modernisieren. Auch die Plantagen wurden relativ schnell wieder zu neuer Blüte gebracht. Doch die Investitionen in philippinischen Anlagen blieben aus. Eine der großen kapitalistischen Zeitungen Manilas sprach es offen aus: »Es gibt dort für Kapitalanlagen keine Sicherheiten, wo unter dem Volk eine feindliche Einstellung zum amerikanischen Kapital verbreitet ist.«

Präsident Roxas wußte, die Illusionen des einfachen Volkes über das »Geschenk« der Unabhängigkeit würden kurzlebig sein. Danach mußte sich Ernüchterung einstellen. Die Kommunisten würden sie nutzen, um die Bevölkerung weiter zum Kampf gegen den ausländischen Imperialismus zu formieren, zugleich aber auch gegen die einheimischen Großagrarier und Kapitalisten. Es gab nur einen Ausweg: Die demokratische Bewegung mußte militärisch bekämpft werden. Dazu sollte sie nun endlich in die bewaffnete Konfrontation gelockt werden.

Zunächst erging Order an die Polizeistreitkräfte, in den Dörfern »Ruhe und Ordnung« herzustellen, die zu jener Zeit durchaus nicht gestört waren. Aber in Manila wurde die Situation so hingestellt, als sammelten sich die Huk-Veteranen, die Bauernverbände und andere demokratische Kräfte bereits zum bewaffneten Kampf. Roxas schürte die Hysterie, indem er drohte, mit »eiserner Faust« durchzugreifen. Er gab seinen Polizeistreitkräften den Geheimbefehl, die Kommunisten zu Zusammenstößen zu provozieren. Das lag zwar nicht ganz im Sinne von Edward Lansdale, der einen genauen Überblick hatte und zu dieser Zeit mit seinen Vorkehrungen noch nicht fertig war, aber Roxas schlug los. Seine Polizisten überfielen »linke« Ortschaften, vor allem in Pamganga, Nueva Ecija, in Pangasinan und Tarlac. Hunderte von Bauern wurden getötet, mehr als tausend Funktionäre der Bauernunion inhaftiert.

Juan Tesos hatte sich inzwischen in Gapan, einer kleinen Ortschaft in der Provinz Nueva Ecija, angesiedelt. Er hatte ein Mädchen geheiratet, das er bei den Huk kennenlernte, und war nach der Auflösung der Huk-Verbände mit ihr in das Haus der Eltern gezogen. Der Vater von Rosalina, Juans Frau, war Klempner und stand bei der Gemeindeverwaltung im Dienst, für die er die Wasserleitung des Ortes intakt hielt. Es gelang ihm, für Juan ein gutes Wort einzulegen. Man teilte den ehemaligen Huk-Kämpfer einer Gruppe von Schachtarbeitern zu, die an der

Verlängerung der Wasserleitung arbeitete. Damit war die Existenz des jungen Paares gesichert.

Rosalina wusch für die reicheren Familien des Ortes. Um die Zeit, als Roxas mit seiner Politik der »eisernen Faust« begann, dachten die beiden an ein Kind. Der Verdienst war zwar nicht hoch, aber er würde sie und das Kind ernähren.

Als der Trupp Militärpolizisten in Gapan einzog, arbeitete Juan Tesos außerhalb des Ortes. Kollegen erzählten ihm bei seiner Rückkehr am Abend, die Polizeigarnison habe Verstärkung bekommen. Zunächst schenkte Tesos dieser Mitteilung wenig Beachtung. Man hatte sich daran gewöhnt, daß die Polizei mit den Waffen klirrte. Trotzdem war das Leben vergleichsweise friedlich geworden.

Die neuen Polizisten jedoch kamen mit einer klaren Absicht. In Gapan gab es nicht nur ehemalige Huk-Kämpfer, die dem Veteranenverband angehörten, sondern auch Kommunisten, ein Büro der Bauernunion sowie einige Einwohner, von denen man über Informanten herausgefunden hatte, daß sie früher insgeheim den Huk als Verbindungsleute gedient hatten.

Einen Tag nach ihrer Ankunft begannen die Uniformierten mit ihrer Jagd. Die Informantenorganisation des Obersten Lansdale hatte ganze Arbeit geleistet: Die Polizisten wußten alles über die sogenannten Aufrührer. Sie kannten nicht nur ihre Namen, sondern auch ihre Wohnungen und Arbeitsstellen. Binnen weniger Stunden waren fast alle zusammengeholt. Die Gendarmen trieben sie in den Hof des Gefängnisses, weil die Zellen nicht ausreichten. Sie ließen sie dort hinsetzen und verkündeten ihnen, sie hätten Ruhe und Ordnung gestört und würden deshalb angeklagt.

Auch Juan Tesos war unter ihnen; man hatte ihn von der Arbeit weggeholt. Sein Schwiegervater, der sogleich davon erfuhr, überlegte nicht lange. Er lief nach Hause und alarmierte seine Tochter. Zunächst brachte sich die Familie bei Verwandten am Rande der Ortschaft in Sicherheit und wartete ab. Die Polizisten durchsuchten auch das Haus der Eltern Rosalinas und zertrümmerten, erbost darüber, daß sie die Gesuchten nicht vorfanden, die Einrichtung. Dann zogen sie weiter.

Immer mehr Gefangene wurden angebracht. Gegen Abend erschossen sie einige von ihnen, sie hatten angeblich bei der Festnahme Widerstand geleistet. Juan Tesos und andere mußten eine Grube am Rande des Hofes ausheben, um sie zu verscharren. Dabei sah Juan Rosalina. Sie hatte sich außerhalb des Hofes, zwischen den Trümmern einer ehemaligen japanischen Befestigungsanlage, versteckt. Der Posten, der die Gefangenen bewachte, lehnte schläfrig an einem Baum. Der Gefängnishof war von einer Mauer umgeben, aber sie war vor Jahren, als eine Einheit der Huk dort einsitzende Kameraden befreite, teilweise zerstört und bis heute nicht repariert worden. Juan Tesos erwog die Chancen für ein Entkommen. Zu seinem Entsetzen sah er, daß Rosalina ihm von draußen mit einem Gewehr winkte. Er erinnerte sich, daß sie alle ihre Waffen, damals, bei der Auflösung ihrer Einheit, unweit dieser Stelle vergraben hatten. Rosalina zeigte ihm ein Bolo, mehrere Revolver und weitere Gewehre, die sie inzwischen ausgegraben und hierher, zwischen die Trümmer geschleppt hatte. Tesos gab ihr durch eine Gebärde zu verstehen, daß er begriffen hatte. Als sie auf die untergehende Sonne zeigte, nickte er. Dann aber mußte er sich wieder dem Graben zuwenden, denn der Posten hatte eine Zigarette angebrannt und blickte um sich.

Als sie mit der Grube fertig waren, mußten sie die Erschossenen hineinlegen und Erde über sie schaufeln. Tesos bemerkte zu einem der Gendarmen, die das überwachten, er habe Hunger. Der Polizist hieb ihm seinen Gewehrkolben in den Rücken.

»Wozu essen? Für euch ist die Uhr sowieso abgelaufen! Es stirbt sich ebensogut mit leerem Magen!«

Eine andere Gruppe Gefangener schaufelte bereits an einer weiteren Grube. Als es dunkel wurde, brachten die Polizisten Sturmlaternen, mit denen sie den Hof einigermaßen erhellten. Aber das Licht drang nicht sehr weit, und es gelang Tesos, sich in einem günstigen Augenblick durch eine nur mit einfachem Draht verspannte Mauerlücke zu retten. Ein paar Sekunden wartete er, aber offenbar hatte ihn niemand beobachtet.

Juan umarmte hastig seine Frau. Sie drückte ihm ein Gewehr in die Hand, geladen und gesichert. Dann wies sie auf die übrigen Waffen, die sie ebenfalls geladen hatte.

Noch drei andere Gefangene, mit denen Tesos zuvor gesprochen hatte, konnten unbemerkt durch die Bresche in der Mauer flüchten. Sie rissen den Draht ab, das Hindernis war beseitigt. Dann warteten sie, bis die Gendarmen zum Essen gerufen wurden. Nur zwei von ihnen blieben mit einem leichten Maschinengewehr auf dem Hof zurück. Tesos besprach sich mit den anderen Geflüchteten. Wenn man die Kameraden retten wollte, mußte man schnell handeln. So griffen sie zu der alten, bei den Huk geübten Praxis des Überfalls auf japanische Posten. Während die meisten Polizisten im Gefängnisgebäude beim Essen saßen, fielen draußen plötzlich Schüsse. Die beiden Gendarmen am Maschinengewehr wurden sofort getötet. Zwei der Gefangenen ergriffen die Waffe und verschwanden damit in der Dunkelheit, während die übrigen zunächst durch die Mauerluke vom Gefängnishof entkamen und sich dann von Rosalina Waffen geben ließen. Jedem der Männer war klar, daß sein Leben auf dem Spiel stand, also hieß es, sich zu verteidigen. Als die ersten Gendarmen aus dem Gebäude stürmten, gerieten sie in das Feuer des Maschinengewehres, an dem zwei ehemalige Huk-Kämpfer lagen. Sofort zogen sie sich zurück und löschten das Licht im Gebäude. Als sie nach einer halben Stunde mit viel Schießerei und wildem Geschrei einen neuen Ausfall wagten, waren die Gefangenen längst verschwunden, als habe die Nacht sie verschluckt.

Tesos, seine Frau und etwa zwei Dutzend Männer zogen nördlich an San Isidro vorbei durch dichten Wald. Unterwegs berieten sie, was zu tun sei.

»Es bleibt uns keine Wahl«, meinte Tesos. »Die ›eiserne Faust‹ will uns vernichten. Also haben wir zu kämpfen, oder sie schlachten uns ab wie Hühner. Ich schlage vor, wir ziehen erst einmal zum Arayat. Das ist zwar ein weiter Weg, aber dort kennen wir uns aus. Wir werden Verbindung zu anderen Genossen aufnehmen und weitersehen.«

Die Männer waren einverstanden. Das kurze friedliche Leben schien endgültig vorbei zu sein. Der Kampf begann von neuem. Gegen einen anderen Feind.

Präsident Roxas begriff nach einiger Zeit, seine Aktion »Eiserne Faust« werde keinen durchschlagenden Erfolg haben, solange die Verfolgten Gegenwehr leisteten. Er erließ deshalb ein Gesetz, das den Besitz von Feuerwaffen unter Strafe bis zu zehn Jahren stellte, und setzte eine Frist fest, bis zu der alle Waffen abgeliefert sein sollten.

Im August, als dieses Ultimatum ablief, erklärten sich die Vertreter der Huk-Veteranen und der Bauernunion von Luzon zu Verhandlungen mit Präsident Roxas über die Ablieferung der Waffen bereit, allerdings nur, wenn auch die Privatarmeen der Gutsbesitzer und die städtischen Schlägerbanden entwaffnet würden und die Polizei alle Verfolgungen ehemaliger Widerstandskämpfer einstellte.

Luis Taruc, der Veteranenkommandeur der Huk, erschien am 12. August 1946 zu einer Aussprache in Manila. Roxas versuchte Taruc zu überreden, er möge seine Opposition aufgeben. Aber Taruc drängte auf die Klärung der Waffenfrage. Daraufhin schlug ihm Zulueta, der Verteidigungsminister, vor, die Huk-Veteranen sollten aus dem ganzen Land an einem Platz zusammenkommen und ihre Waffen abgeben. Die Absicht, sie danach zu umzingeln und zu verhaften, war offenkundig. Taruc lehnte das Ansinnen ab und regte an, die einzelnen Huk-Einheiten sollten — unter der Bedingung, daß auch die Banden der Hazienderos entwaffnet würden — ihre Waffen an jeweils von ihnen bestimmten Plätzen niederlegen und Mitglieder einer gemeinsamen Kommission der Regierung und der Huk-Veteranen die Aktion überwachen.

Roxas ging zum Schein darauf ein und bat Taruc, die Modalitäten mit den Huk-Veteranen zu beraten. Am 24. August solle er wieder bei ihm erscheinen, dann werde man eine endgültige Festlegung treffen. Als Taruc die Stadt verließ, folgten ihm Geheimpolizisten. Überhaupt wurde um diese Zeit bereits jeder Funktionär der Kommunistischen Partei und der ehemaligen Huk überwacht. Trotzdem war Taruc entschlossen, die Sache zu einer Lösung zu führen. Er beriet mit Abteilungskommandeuren, und diese entschieden sich nach langer, erregter Debatte, den Vorschlag Tarucs anzunehmen.

Mit dieser Nachricht begab sich Taruc wieder nach Manila. Kurz vor der Stadt wurde er von Freunden gewarnt, Roxas plane, ihn und die anderen ehemaligen Huk-Führer zu inhaftieren. Taruc zögerte. Da erhielt er die Nachricht, vor wenigen Stunden sei Juan Feleo, einer der ehemals führenden Huk-Kommandeure und hoher Funktionär der Kommunistischen Partei, in dem Dorf Baluarte in Nueva Ecija von Militärpolizisten auf offener Straße erschossen worden. Man habe seinen Leichnam weggeschleppt, um alle Spuren des Verbrechens zu verwischen.

Daraufhin entschloß sich Taruc, nicht mehr nach Manila zu gehen. Statt dessen schrieb er einen Brief an Roxas, in dem er an die Ehrlichkeit des Präsidenten appellierte und ihm nahelegte, trotz allem zu einer Regelung zu kommen. Aber Roxas setzte nun bereits die Armee mit Panzern und Granatwerfern ein. Sie verwüstete ganze Dörfer. In Zentralluzon waren es allein innerhalb weniger Wochen 87 Ortschaften, aus denen die überwiegend in der Bauernunion organisierte Bevölkerung Hals über Kopf in die Wälder fliehen mußte, nur um das nackte Leben zu retten.

Gleichzeitig entfesselte die Roxasregierung eine hemmungslose Verleumdungskampagne gegen alle linken Kräfte, besonders gegen ehemalige Angehörige des antijapanischen Widerstandes. Die seit langer Zeit mit Hilfe der Amerikaner sorgfältig angelegten Listen wurden veröffentlicht. Immer mehr Leuten wurde der Prozeß gemacht, weil sie angeblich bereits seit 1941 die Ruhe und Ordnung im Lande untergraben hätten.

Die reaktionäre Presse verstand es ausgezeichnet, die Schuld an den Repressalien den Linken zuzuschieben. Überall sei man froh über den Frieden, nur die Kommunisten würden ihn dauernd stören. Rundfunksender putschten täglich die Bevölkerung auf. »Tötet jeden, der der Regierung den Gehorsam verweigert!« — »Tötet die Aufrührer, wenn ihr endlich in Frieden leben wollt!«

Die Huk hatten keine andere Wahl, sie zogen sich in die Wälder und Sümpfe zurück, gründeten wieder ihre Abteilungen, die sie im Glauben an den Frieden aufgelöst hatten. Das Hauptquartier etablierte sich wieder am Arayat; abwartend noch, denn die Einheiten waren schwach, und man hoffte noch immer, mit der Regierung zu einer Verständigung zu kommen. Außerdem gab es keine klaren Richtlinien vom Politbüro der Kommunistischen Partei.

Dort war die Situation kompliziert. Man erkannte, daß die bürgerlichen Antikommunismus-Strategen die revolutionäre Bewegung geschickt in eine gefährliche Defensivposition manövriert hatten. Einige führende Funktionäre verlangten unverzüglich, den bewaffneten Kampf gegen die verräterische Regierung und die amerikanischen Hintermänner aufzunehmen. Andere wiederum mahnten zur Besonnenheit und plädierten für die Weiterführung der legalen Parteiarbeit. Man kam so schnell zu keiner Einigung.

Die relativ kurze Periode der Legalität, in der es zudem noch die raffiniert organisierte Verfolgung durch die Polizei gab, hatte nicht ausgereicht, die Partei politisch und organisatorisch soweit zu festigen, daß sie dem erfahrenen Gegner gefährlich hätte werden können. Auch an der inneren Struktur der Partei hatte sich seit Kriegsbeginn nicht viel geändert; ihre Hauptkraft lag immer noch in Zentralluzon bei der Bauernschaft. Außerdem operierten die neu erstandenen Einheiten der Huk im wesentlichen auf eigene Verantwortung. Disziplin und Organisation waren schwach, bei aller heldenmütigen Bereitschaft der einzelnen Kämpfer, sich für die revolutionäre Sache aufzuopfern. Am schwierigsten war es, die Verbindung untereinander so auszubauen, daß ein koordiniertes Vorgehen gesichert war. Es gab zwar eine Parteizeitung, aber sie kam nicht über Manila hinaus. So half es nicht viel, wenn das Politbüro in Manila richtige Beschlüsse faßte — sie trafen sehr spät oder gar nicht an der Basis ein.

Die Brüder Jesus und José Lava, Mariano Balgos, Federico Maclang, Ramon Espiritu, Casto Alejandrino und andere Mitglieder des Politbüros der Kommunistischen Partei leisteten eine aufopferungsvolle Arbeit, um die Partei und die Huk aus der politischen Defensive herauszuführen. Aber sie hatten es mit einem verschlagenen Gegner zu tun, der über alle nur denkbaren Mittel demagogischer Massenbeeinflussung verfügte. Erst im Februar 1947 kam das Politbüro der Partei zu einer einheitlichen Auffassung über die Fortsetzung des Kampfes.

Die Huk veröffentlichten einen Vorschlag an die Roxasadministration, die bewaffneten Auseinandersetzungen zu beenden. Sie sprachen sich für eine demokratische Lösung der herangereiften Probleme aus.

Das erregte selbst in bürgerlichen Kreisen Manilas erhebliches Aufsehen und fand Unterstützung. Viele Leute fanden, daß man die Huk unverantwortlich behandelte, daß man sie getäuscht habe und zu Unrecht verfolge. Die »Demokratische Allianz« drängte Roxas, zu dem Huk-Vorschlag Stellung zu nehmen. Roxas wählte einen für ihn typischen Ausweg.

Ende März 1947 kamen auf dem Arayat Vertreter aller Huk-Abteilungen zusammen, um mit einem Meeting den fünften Gründungstag der antijapanischen Widerstandsbewegung zu feiern. Informanten berichteten der Polizei darüber. Roxas erkannte die Chance, auf die er gewartet hatte. Bei strenger Geheimhaltung konzentrierte er mehrere tausend Mann Polizei um das Gebiet, ließ Artillerie und Granatwerfer auffahren und den Platz, auf dem das Meeting abgehalten wurde, beschießen. Über zweihundert Abgesandte der verschiedenen Huk-Einheiten waren umzingelt, dazu fast alle führenden militärischen Kader. Aber der Angriff lief sich fest. Die Huk verteidigten sich verbissen. Selbst als die Polizei das Unterholz in Brand setzte, konnte sie das Blatt nicht wenden. Die Huk durchbrachen den Ring.

Inzwischen vollzogen sich im politischen Leben der Hauptstadt entscheidende Wandlungen. Osmena, immer noch das Haupt der »Demokratischen Allianz«, kapitulierte vor den USA und vor Roxas. Damit begann der Auflösungsprozeß in der »Demokratischen Allianz«, den Roxas prompt damit honorierte, daß er Osmena zum Mitglied seines Staatsrates ernannte. Andere Politiker der »Demokratischen Allianz« kapitulierten ebenfalls vor den unzähligen offenen und versteckten Repressalien und erklärten öffentlich, sie hätten mit dem Kommunismus nichts gemein. Die Auflösung der demokratischen Einheitsfront, die die Kommunistische Partei nicht aufhalten konnte, ermöglichte es Roxas, jegliche Verhandlung mit den Huk abzulehnen. Ein Jahr nach dem mißglückten Angriff auf den Arayat, am 6. März 1948, gab die Regierung bekannt, die Huk und der Nationale Bauernbund stünden außerhalb der Gesetze und seien verboten. Gleichzeitig begann ein Kongreßausschuß die Tätigkeit der Kommunistischen Partei und der Gewerkschaften auf »unphilippinische Haltung« zu untersuchen.

Die Welle des kalten Krieges ergoß sich über die Philippinen. Aus jedem Kommunisten wurde in den Massenmedien ein Staatsfeind, Brandstifter und Unruheverbreiter.

Da starb plötzlich, einen Monat nach dem offiziellen Verbot der Huk und der Bauernunion, Präsident Roxas. Der Schlag traf ihn, während er auf dem amerikanischen Luftstützpunkt Clark Field in der Provinz Pampanga eine lautstarke Rede hielt, in der er den USA versicherte, das philippinische Volk werde unbedingt in jedem Krieg, den die Vereinigten Staaten zu führen beabsichtigten, ihr treuer Verbündeter sein. Durch den Tod dieses fanatischen Antikommunisten eröffnete sich noch einmal die Möglichkeit, die brennenden politischen und sozialen Probleme mit friedlichen, demokratischen Mitteln zu lösen. Auf Beschluß des Zentralkomitees der Kommunistischen Partei schlugen die Huk-Verbände Quirino, dem Nachfolger Roxas', offiziell einen Waffenstillstand vor, danach sollte über die Beendigung des Bürgerkrieges verhandelt werden. Quirino ging zwar darauf ein, aber gleichzeitig berief er Guillermo Francisco zum Kommandeur der Polizeitruppen, einen Mann, der unter der japanischen Besatzung dasselbe Amt versehen hatte. Trotzdem hielten sich die Huk an den Waffenstillstand, und Quirino mußte ihre Vertreter in Manila empfangen.

Einen Tag vorher hatte Quirino eine Unterredung mit Oberst Edward Lansdale. Der Amerikaner war zu Fuß zum Palast geschlendert und hatte sich dort in aller Seelenruhe ausgewiesen.

Als er Quirino gegenübersaß, machte er den Eindruck eines Mannes, der nicht gekommen war, um Anweisungen zu geben, der vielmehr lediglich ein informatives Gespräch führen wollte. Quirino verriet ihm, er sei bereit, zur Beruhigung der Bevölkerung einiges zu erklären, was man in den Vereinigten Staaten bitte nicht mißverstehen solle. So wolle er den 1946 geschlossenen ungleichen Handelsvertrag kritisieren, eine Überprüfung der Stützpunkte der USA veranlassen, und vor allem den Bauern eine gerechtere Verteilung des Bodens zusichern. Gewissermaßen als Gegenleistung sollten sich die Huk-Angehörigen — bei Zusicherung der Straflosigkeit — registrieren lassen und ihre Waffen abgeben. Lansdale hörte sich das mit Interesse an. Was Quirino plante, entsprach dem, was getan werden mußte, um die Sympathien der Bevölkerung für die Huk weiter abzubauen. Insoweit war es richtig. Aber Lansdale machte einen zusätzlichen Vorschlag, den er zuvor eingehend begründete.

»Wir können«, erklärte er, »die Position der Huk und der Kommunisten jetzt mit einem geschickten Schachzug grundsätzlich verändern. Mister Roxas hat die Huk und die Bauernunion als gesetzlos erklärt. Gut. Es wäre sehr wirkungsvoll, wenn der neue Präsident diese Entscheidung rückgängig machte, in aller Form. Das wird für die Weisheit und die Versöhnungsbereitschaft des neuen Präsidenten sprechen. Daraufhin kann er öffentlich eine Amnestie für die Huk verkünden. Es dürfte den Huk schwerfallen abzulehnen, denn sie sind sich insgeheim darüber klar, daß ihr weiterer bewaffneter Kampf nur wenig Chancen hätte. Stimmen sie aber zu, dann haben wir sie psychologisch in der Falle: Amnestierte sind in den Augen der Bürger Leute, die sich eines Vergehens schuldig gemacht haben! Ich bin sicher, die Huk werden — gleich ob sie auf Ihren Vorschlag eingehen oder nicht — ihren Kredit bei der Bevölkerung verlieren. Der Rest ist dann leicht zu erledigen.«

Sie unerhielten sich noch länger über das Für und Wider dieses Gedankens, schließlich akzeptierte Quirino ihn.

Quirino machte sogar die von Roxas bewerkstelligte Annullierung der Abgeordnetenmandate hoher Huk-Führer, die diese in der Wahl von 1946 errungen hatten, rückgängig. Er bot ihnen die Rückkehr nach Manila und die Einnahme ihrer Abgeordnetensitze im Kongreß an. Gleichzeitig aber unternahm er nichts, um die überall im Lande laufenden Aktionen der Polizei gegen die Huk zu beenden. Er hütete sich auch, von den Hazienderos die Auflösung ihrer »Selbstschutztruppen« zu verlangen.

Damit brachte Quirino die Huk in einen schwierigen Zugzwang. Große

Teile der Öffentlichkeit hielten sein Angebot für vernünftig und sogar großherzig; der Wunsch nach Ruhe und Ordnung im Lande, nach ungestörtem Wiederaufbau war stark. Dagegen war die Lage der Huk völlig anders: Der Kampf gegen sie ging erbarmungslos weiter. Daher war es einfach nicht möglich, auf Quirinos »Amnestie« einzugehen; es hätte den sicheren Tod bedeutet. So warteten sie ab. Die Regierung sollte erst ihr Versprechen erfüllen. Damit erhielt aber Quirino die Chance, am 15. August 1947 endgültig zuzuschlagen: Er erließ ein Dekret, in dem er erklärte, die letzte Frist für die Ablieferung der Waffen sei abgelaufen, jeder Huk-Angehörige, der sich noch unter Waffen befände, sei ab sofort vogelfrei.

Schweren Herzens mußte sich das Politbüro der Kommunistischen Partei entschließen, die Herausforderung anzunehmen.

Um wenigstens einen Teil der Wirkung abzubauen, die Quirinos Demagogie bei der Bevölkerung ausgelöst hatte, veranstaltete die Kommunistische Partei am 29. August noch einmal eine Großkundgebung auf dem Mirandaplatz in Manila. Eine Botschaft der Huk sollte verlesen werden.

Francisco Ramos, der die Kundgebung im Politbüro mit vorbereitete, las den Text durch, den Luis Taruc unterzeichnet hatte. Die Tatsachen wurden so dargestellt, wie sie wirklich waren, und die Schuld der Regierung am Scheitern der Verständigungsversuche bewiesen.

»Ich werde die Erklärung öffentlich verlesen«, erbot sich Ramos. »Wie denkt ihr darüber?«

Man riet ihm davon ab. Eigenartigerweise hatte Ramos noch keine Schwierigkeiten mit der Polizei gehabt. Es kam vor, daß diese Organe jemanden übersahen. Das eröffnete ihm natürlich auch für die Zukunft legale Möglichkeiten, die nicht zu unterschätzen waren. So wäre es unklug, sich jetzt in der Öffentlichkeit zu exponieren.

»Nun gut«, meinte Ramos. »Was bleibt dann für mich zu tun? Kann ich ins Land gehen, zu einer Einheit?«

Die Genossen rieten auch davon ab. In Manila würde man, wie die Dinge lagen, in absehbarer Zeit sehr nötig verläßliche Kader brauchen, die bei der Polizei nicht bekannt waren. Auch unter den neuen Bedingungen mußte man die Verbindung zu den Arbeitern der Manilaer Betriebe weiter ausbauen.

So stand Ramos nur als Zuhörer auf dem Mirandaplatz, während ein

Sprecher der Partei den Aufruf verlas. Neben ihm stand Maria Flores. Als die beiden nach der Kundgebung in der Buchhandlung beisammen saßen, spürte Maria, wie traurig Ramos war. Er wirkte hoffnungslos, und er war es auch.

»Wie wird es weitergehen?« fragte Maria.

Es dauerte lange, bis Ramos antwortete: »Es geht auf Leben und Tod, Maria. Und wir haben von vornherein die schlechteren Karten in der Hand. Die Regierung hat das Pokerspiel um die Macht gewonnen. Man braucht kein Defätist zu sein, um das zu erkennen.«

»Aber – die Huk werden sich bestimmt klug schlagen, Paco! Sie haben Erfahrung im Guerillakampf.«

»Ja, ja«, sagte er müde. »Sie sind mutig wie Verzweifelte. Was bleibt ihnen übrig? Doch von der Verzweiflung und vom Mut des einzelnen Kämpfers ist ein langer Weg bis zu der Fähigkeit, einen revolutionären Kampf mit der Waffe siegreich zu entscheiden. Sie haben so gut wie nichts. Ein paar Gewehre, ja. Keine modernen Waffen. Und sie hungern jetzt schon! Wie sollen sie siegen?«

»Du meinst, die Bevölkerung wird sich nicht auf ihre Seite stellen?«

»Ich zweifle daran. Übrigens nicht nur ich allein. Das Bündnis zwischen den Huk und den Arbeitern steckt immer noch in den Kinderschuhen. Und die Huk haben eigentlich nur Zentralluzon, wie vorher auch. Dazu kommt, daß der Schein gegen die Huk spricht. In der ›Demokratischen Allianz‹, das weißt du selbst, wagt kaum noch jemand, für die Kommunisten einzutreten. Wir stehen ganz allein. Und ob wir allein siegen können, angesichts dieses Gegners?«

Maria begehrte auf: »Aber was hätten die Huk tun sollen? Sich auf Gnade oder Ungnade Quirino ergeben? Ihre Waffen niederlegen, sich registrieren und in Lager sperren lassen?«

»Ich weiß es nicht«, gab er zurück. »Ich habe keine andere Lösung anzubieten, und das ist vielleicht das schlimmste. Viele von uns sind skeptisch, was die Zukunft unseres Kampfes betrifft, aber keiner weiß eine Alternative. Wir müssen kämpfen, obwohl wir fürchten, diesen Kampf nicht gewinnen zu können. Ich hoffe nur, daß keine andere Partei in einem anderen Land jemals in eine ähnliche Lage gerät!«

Acht Wochen später, am 17. Oktober 1948, wurde die Kommunistische Partei verboten. Sie ging in die Illegalität.

In ganz Luzon wüteten die Suchkommandos der Polizei. Die Huk bauten das Netz ihrer Vertrauensleute in den Dörfern neu auf. Es mangelte ihnen an Munition und Waffen. Sie besaßen zwar einige Maschinengewehre, konnten aber nicht damit schießen, weil es sich um japanische Modelle handelte, zu denen die Patronen ausgegangen waren. Handgranaten oder Minen fehlten völlig. Selbst wenn welche erbeutet wurden, traute sich niemand, sie zu zu benutzen, weil man damit nicht umgehen konnte. Zudem gab es wenig Verpflegung. Aber es fehlten auch ausgebildete Kommandeure. In aller Eile wurden Schulen eingerichtet. Propagandisten nahmen die Arbeit auf: Sie schleppten Papier und Vervielfältigungsgeräte in den Dschungel und auf die Berge und entwarfen Aufrufe an das Volk.

Inzwischen wurde Amerikas Kreuzzug gegen den Kommunismus intensiviert. Schiffsladung auf Schiffsladung mit Waffen und Gerät traf in China ein, um Tschiang Kai-shek zu retten. Gleichzeitig nahmen in ganz Südostasien die bewaffneten Aufstände gegen die alten Kolonialisten und ihre Nachfolger zu. Immer wenn von diesen Kämpfen Nachrichten zu den Huk drangen, schöpften diese neuen Mut: Sie waren nicht allein!

Je mehr sich jedoch die revolutionäre Bewegung in diesem Teil der Welt ausdehnte, desto wichtiger wurden für die Vereinigten Staaten die Stützpunkte auf den Philippinen.

Oberst Lansdale hatte einen Mann ausfindig gemacht, der ihn immer mehr interessierte: Ramon Magsaysay. Vor dem Einfall der Japaner hatte er einen leitenden Posten im Konzern eines philippinischen Millionärs bekleidet, dann war er Gehilfe und Dolmetscher bei Oberst Merrill gewesen, dem Chef der USAFFE im westlichen Luzon. Die Amerikaner hatten ihn nach der Rückkehr für kurze Zeit als Militärkommandanten der Provinz Zambales eingesetzt, später war er Verwaltungsdirektor der neugegründeten zivilen Luftfahrtgesellschaft der Philippinen geworden. Als alter Bekannter von Roxas hatte er einen Sitz im Repräsentantenhaus erhalten. Heute war er Vorsitzender des einflußreichen Militärausschusses. Seine Funktion brachte es mit sich, daß er laufend mit den amerikanischen Beratern der Armee zu tun hatte. So war Lansdale auf ihn aufmerksam geworden. Magsaysay haßte die Kommunisten. Warum, das konnte er wohl selbst nicht sagen. Klasseninstinkt? Vielleicht. Unwichtig. Wichtig für den Obersten hingegen waren die organisatorischen Fähigkeiten dieses großen Mannes mit den wild blickenden Augen, der auch militärisch gut ausgebildet war.

»Die Huk haben sich einen neuen Namen gegeben«, eröffnete ihm Lansdale in einem Gespräch. »Sie nennen sich jetzt ›Hukbong Magpapalaya ng Bayan‹. HMB. Armee der nationalen Befreiung. Was halten Sie davon?«

Magsaysay, der dem Amerikaner mit aufgekrempelten Hemdsärmeln gegenübersaß, verzog nur leicht das Gesicht.

»Wir werden sie befreien, Mister Lansdale. Von ihren Köpfen. Geben Sie das Signal und die Mittel, und überlassen Sie den Rest mir!«

Das Ende

Das Barrio hieß Bagaban. Es lag in Bulacan, westlich der Sierra Madre, in einem fruchtbaren Tal, das sich zwei Hazienderos teilten. Bagaban war einst nur eine Siedlung von Landarbeitern gewesen, jetzt nannte man es ein Dorf. Für die Leute hatte sich nicht viel geändert. Die meisten arbeiteten wie vor dem Krieg auf den Feldern der Hazienderos, einige Familien hatten Land gepachtet und plagten sich nun mit dem Zins ab. Der größte Teil ihrer Ernten ging an die Pachtherren, was übrigblieb, langte nicht aus, um die Familie zu ernähren. Also mußten sich die Männer noch zur Gelegenheitsarbeit verdingen. Ein Barrio wie Tausende in Luzon, nicht ärmer, nicht reicher.

Die Hazienderos lebten nicht hier, wo sie ihren Boden hatten, sondern in Manila und ließen ihren Besitz von Verwaltern bewirtschaften. Gedrillte Aufseher, mit einigen Dutzend faulen Schlägertypen, die um die Verwaltungsgebäude herumlungerten, bis sie den Auftrag bekamen, irgendwo einen Mann zur Arbeit zu treiben, eine Ladung Erntegut zu konfiszieren, weil der Pächter den Zins nicht aufgebracht hatte; auch um gelegentlich jemanden zu verprügeln, der zu laut sagte, daß er Mitglied der Bauernunion sei.

Die Polizisten erschienen am Vormittag im Dorf. Sie kamen von Süden, über die neue, von Pionieren angelegte Autostraße. Ein Lastwagen mit einem Dutzend Männern und einer zusammenklappbaren Kabine, in der ein Mensch gerade aufrecht stehen konnte, wobei ihm ein schmaler Sehschlitz die Möglichkeit gab, nach draußen zu blicken.

Vor der Bürgermeisterei hielten sie. Hier wurden sie von vier Gendarmen begrüßt, die seit Monaten ihren Dienst in Bagaban versahen. Der Anführer des Kommandos, ein kräftiger Mann, der einen amerikanischen Revolver am Gürtel trug und auf dessen Uniformbluse ein Lappen mit dem Namen Sotero genäht war, besah sich zunächst die Gegend, während seine Männer in der Polizeistation etwas aßen.

211

Da lag, greifbar nah, im Osten die Sierra, jener lange Höhenrücken, der sich fast durch ganz Luzon zog. Seine Hänge waren steil; schlecht begehbar, dicht bewachsen. In den Bergen gab es zwar ein paar alte Pfade, die von Norden nach Süden verliefen, aber wer kannte die schon! Der Aufstieg jedenfalls würde schwer werden. Nun gut, wir werden uns die Berge sparen, sagte sich Sotero. Was zu erledigen ist, wird im Barrio selbst zu erledigen sein.

Die Straße durchzog das Dorf, aber sie war kaum befahren. Man hatte sie auf Weisung der Amerikaner gebaut. Die Leute sagten, sie würde im wesentlichen strategischen Zwecken dienen. Vorerst lag sie ziemlich verlassen. Nur weil sie asphaltiert war, wuchs nicht bereits Gras darauf.

Die Lage des Barrios war zwar nicht ideal, das merkte Hauptmann Sotero sofort, aber man würde vermutlich kaum Schwierigkeiten haben. Die Hütten verloren sich im Osten im Gestrüpp, das am Fuße der Sierra wuchs. Dort war es schwer, die Übersicht zu behalten, und von da aus konnten auch Fremde eindringen. Nun ja, man würde Posten aufstellen. Westwärts hingegen öffnete sich die Ebene. Jemand, der auf der Straße flüchtete, nach Norden oder Süden, würde ebenso leicht auszumachen sein wie einer, der es nach der Ebene hin versuchte.

Als Sotero in die Polizeistation zurückkehrte, nahm er sich ebenfalls Zeit für das Mittagessen, dann ging er mit einem der Ortspolizisten die Listen durch. Vermutlich stimmten sie, aber man würde trotzdem die Probe aufs Exempel machen.

»Achtzehn Leute«, bemerkte er zu dem Polizisten. »Ob das alle sind?«

»Es könnten einige mehr sein«, gab der Gendarm zu.

Sotero hielt sich nicht lange bei Mutmaßungen auf. Er warf einen Blick auf seine Uhr und entschied: »Stellt die Kabine auf. Um sechzehn Uhr hat die gesamte Bevölkerung vor der Station zu erscheinen.«

Der Ortspolizist entfernte sich, um seine Männer auszuschicken. Inzwischen luden Soteros Leute die Kabine ab. Eine Stunde später brachte der Chef der Ortsgendarmen persönlich den jungen Mann angeschleppt, der für die geplante Aktion die wichtigste Person war.

Man konnte sein Gesicht nicht erkennen, ihn jedoch auf ungefähr zwanzig Jahre schätzen. Der Strohhut saß so, daß man zur Not noch sein schadhaftes Gebiß im Unterkiefer sehen konnte, aber dieses Kennzeichen traf auf viele zu.

Als der junge Mann vor Sotero stand, hielt dieser ihm die Hand hin und begrüßte ihn höflich. »Ich hoffe, wir werden die Sache schnell erledigen können.«

Der junge Mann wollte wissen: »Nehmt Ihr mich danach mit nach Manila?«

»Wenn Sie das möchten«, antwortete Sotero vage, »wir haben keine gegenteilige Anweisung.«

»Ich möchte weg von hier, wenn es vorbei ist!«

Sotero horchte auf. »Hat man Sie erkannt?«

»Jeder im Barrio kennt mich. Die Leute können sich zusammenreimen, was es bedeutet, wenn ich als einziger nicht an der Kabine vorbeigehen muß.«

Problematisch, dachte Sotero. Da kommen wir nach Bagaban, um mit den Helfern der HMB aufzuräumen, finden auch einen Mann, der uns jeden von ihnen zeigen kann, aber er scheint kein großes Vertrauen zu der Sicherheit zu haben, die wir schaffen. Sehr problematisch.

»Sie können in die Polizei eintreten«, schlug er ihm vor. »Hier im Dorf.«

Der junge Mann wiederholte: »Ich will nach Manila!«

»Nun gut.« Sotero hielt sich nicht länger mit Zureden auf. »Wir nehmen Sie mit.«

Um sechzehn Uhr trieben die Polizisten die Bewohner des Barrios auf dem Platz vor der Polizeistation zusammen. Keiner widersetzte sich; sie hatten die Leute bei der Arbeit auf den Feldern überrascht und unter scharfer Bewachung hierher gebracht. Ein anderes Kommando war durch die Hütten gegangen, hatte Frauen und alte Leute zusammengeholt. Die jüngeren Frauen trugen ihre Kinder. Es ging auf den Abend zu, aber nirgendwo waren Kochfeuer angezündet worden, die Leute waren hungrig. Sie wußten, was sie erwartete, aber sie hofften, der Mann in der Kabine mit dem Sehschlitz würde nur ein harmloser Aufschneider sein. Sie irrten sich. Der junge Mann gehörte zu jenen Informanten, die Oberst Lansdale schon vor langer Zeit ausgesucht und ausgebildet hatte. Er lebte seit annähernd zwei Jahren in Bagaban, kannte jeden und hatte vieles von dem gesehen, was sich zwischen den Einwohnern und den Mitgliedern der HMB abspielte, die in der Sierra ihr Lager hatten, nur ein paar Stunden von Bagaban entfernt. Er würde für das, was er jetzt tat, eine hohe Prämie beziehen, ein Stück Land in einer Gegend seiner Wahl und Geld.

Außerdem war er des Schutzes der Behörden sicher. Und wenn er wollte, konnte er sogar in die Armee eintreten, man würde ihn dort bevorzugt befördern.

»Los!« kommandierte Sotero.

Einer der Polizisten schoß in die Luft. Das Gemurmel auf dem Platz erstarb. Die Leute blickten ängstlich auf die Kabine.

»Ich bin mit meinen Männern hierhergekommen«, rief Hauptmann Sotero, »um euer Barrio von der Huk-Plage zu befreien. Wir brauchen nicht lange darüber zu reden, sie sind Handlanger Moskaus und betreiben hierzulande das Geschäft des Weltkommunismus. Sie sind Gesetzlose, und wir bekämpfen sie. Nun gibt es unter euch einige, die mit ihnen gemeinsame Sache machen, heimlich. Diese werden wir heute bestrafen. Danach wird hier Ruhe herrschen, und ihr werdet eurer Arbeit nachgehen können. Wir haben einen Mann gefunden, der die geheimen Verbündeten der Huk kennt. Er steht in dieser Kabine dort. Jetzt bildet eine Reihe und geht langsam, mit zehn Meter Abstand an dieser Kabine vorbei. Anfangen!«

Es war totenstill auf dem Platz. Man hörte die Schritte der Männer und Frauen, die sich an der Kabine vorbei bewegten.

»Sie gibt Reis für die Huk!« rief die Stimme aus der Kabine.

Soteros Polizisten ergriffen eine junge Frau und führten sie beiseite.

Nach einer Weile kam die Stimme aus der Kabine wieder: »Er ist geheimer Verbindungsmann der Huk, organisiert für sie Nachschub und treibt Propaganda!«

Ein älterer Mann, dessen Füße dunkelbraun waren von der nassen Erde auf den Feldern, wo er noch vor einer Stunde gearbeitet hatte, wurde ergriffen und abgeführt. Er rief: »Schwein!« in Richtung auf die Kabine. Die Polizisten verabfolgten ihm einige Kolbenhiebe, dann stellten sie ihn neben die junge Frau.

Um diese Zeit bemerkte ein Aufklärer der HMB, der aus der Sierra Madre herabgestiegen war und auf das Barrio zuging, daß am Ortsrand Posten standen. Er warf sich zu Boden, lud sein Gewehr durch und kroch vorsichtig näher. Es gelang ihm, zwischen zwei Posten hindurchzuschlüpfen und in die Nähe des Platzes zu kommen. Er begriff sofort, was hier geschah. Eine Sekunde lang überlegte er, ob er angreifen sollte. Mit einem gut gezielten Schuß könnte er diesen Hauptmann töten, danach würde es ein Durcheinander geben. Aber er entschied sich, das nicht zu tun. Die

Polizisten würden ihn entdecken, und es wäre nichts gewonnen. Nein, er mußte schleunigst zurück, zur Abteilung. Wenn hier Hilfe nicht zu spät kommen sollte, mußten die Kameraden sofort angreifen. Ebenso vorsichtig, wie er gekommen war, glitt er durch das Gebüsch am Rande des Barrios wieder zurück, verschwand im Unterholz, kletterte einige hundert Meter, bis er auf einen Pfad kam, den er entlanglief.

Um achtzehn Uhr ließ Hauptmann Sotero in Bagaban den alten Bauern, von dem der Informant gesagt hatte, er sei Verbindungsmann der HMB, fesseln und niederknien. Die Bewohner mußten zusehen. Einer von Soteros Polizisten holte aus dem Lastwagen ein japanisches Samuraischwert und prüfte mit dem Daumen seine Schärfe. Er tat das, was er hier tun würde, offenbar nicht zum erstenmal. Dann wandte sich Sotero an die Bewohner des Barrios: »Dieser Mann wird vor euren Augen sterben, damit ihr alle seht, was in Zukunft mit jedem geschieht, der sich mit der HMB einläßt. Bei den anderen Helfern der Huk aus eurem Barrio werden wir Gnade walten lassen; sie werden erschossen. Sein Kopf aber«, er wies auf den Gefesselten, »wird hier mitten im Dorf genau drei Tage auf einer Stange stecken, damit ihr gut über sein Schicksal nachdenken könnt.«

Er gab dem Polizisten mit dem Samuraischwert ein Zeichen; der schlug zu.

Wenig später stellten die Gendarmen neun weitere Einwohner an die Mauer der Polizeistation und erschossen sie. Sotero entließ die Dorfbevölkerung mit dem Hinweis, die Toten seien sofort zu begraben. Dann trieben die Polizisten die Leute vom Platz. Der junge Mann wurde aus der Kabine geholt und in die Station gebracht. Es war dunkel geworden, niemand konnte ihn erkennen. Aber er war sicher, daß es im Dorf kaum jemanden gab, der nicht wußte, wer er war.

Hauptmann Sotero entschied, die Truppe solle über Nacht in Bagaban bleiben. Morgen früh würde man in das nächste, weiter nördlich gelegene Dorf fahren. Eine betriebsame Zeit, dachte Sotero, im ganzen Land sind Hunderte solcher Teams unterwegs. Er befahl dem Chef der Ortspolizei, Essen auftragen zu lassen. Zwei Stunden später saßen die Polizisten beisammen, aßen und tranken. Die vier im Ort ansässigen Gendarmen standen um das Barrio herum auf Posten. Mitten auf dem Platz vor der Station war der Kopf des getöteten Vertrauensmannes der HMB auf eine lange Stange gespießt worden, darunter brannte ein Feuer, das das Gesicht des Toten gespenstisch anstrahlte.

Die vier Gendarmen starben etwa um die Zeit, als Hauptmann Sotero den Fahrer zum Wagen schickte, ein paar Flaschen Rotwein zu holen. Sie starben lautlos, weil Angehörige der HMB-Abteilung sie mit dem Messer töteten. Dann drang die Abteilung in das Barrio ein.

Die Polizisten hatten nicht damit gerechnet, daß ihre Posten überwältigt werden könnten. Sie fühlten sich sicher. Die Kämpfer der HMB nutzten ihre Chance und schlugen so schnell zu, daß die Polizisten keine wirkungsvolle Gegenwehr organisieren konnten. Als Ruhe eintrat, gab es keinen lebenden Polizisten mehr. Hauptmann Sotero, der versucht hatte, mit dem Lastwagen zu entkommen, lag unter den Trümmern des Fahrzeuges. Nach und nach fanden sich die Einwohner auf dem Platz zusammen. Sie kamen zögernd. Zwar begrüßten sie die HMB-Kämpfer erleichtert, aber es kam keine echte Freude auf. Einerseits bedrückte das Schicksal der Ermordeten die Leute, andererseits wußten sie, die HMB würde sich wieder zurückziehen, neue Polizisten würden kommen, und alles würde von vorn beginnen.

Der Kopf des Bauern wurde von der Stange genommen und bestattet. Danach sprach der Kommandeur der Abteilung zu den Einwohnern: Das einfache Volk stehe jetzt vor der Entscheidung, sich entweder von den Polizisten der Regierung auf die Knie zwingen zu lassen oder die HMB zu unterstützen. Eine andere Alternative gäbe es nicht. Er rief die jungen Leute auf, in die Berge zu kommen und der Freiheit zu dienen. Einige entschlossen sich. Ob man in Bagaban in absehbarer Zeit die illegale Organisation der HMB neu aufbauen könnte, war in dieser Nacht nicht abzusehen. Gegen Morgen verließen die Kämpfer das Dorf wieder. Im Wirbel der Ereignisse war niemandem aufgefallen, daß der Informant hatte unbemerkt entkommen können.

Seit dem Betrugsmanöver Quirinos mit der Amnestie hatte sich der bewaffnet Kampf vor allem in Luzon stark zugespitzt. 1949 wurde insbesondere in der Sierra Madre und den ihr vorgelagerten Gebieten gekämpft. Hier, in den unzugänglichen Bergen, hatte die HMB ihre wichtigsten Stützpunkte. Regierungstruppen, meist aus Polizisten bestehend, griffen zwar immer wieder Gegenden an, in denen sie Lager der HMB vermuteten, aber trotz des Einsatzes von Flugzeugen und Artillerie hatten sie vorerst nur mäßige Erfolge. Später dehnten sich die Kämpfe auch auf andere Zonen der Insel aus. Der bewaffnete Widerstand der HMB gegen die Regierung fand noch starke Unterstützung bei der

Bauernschaft, und so gelang es nicht, die HMB schnell zu zerschlagen. Im Gegenteil. Nach und nach waren ganze Provinzen der Insel Luzon so gut wie nicht mehr von Manila aus regierbar. Die Hazienderos flohen eilig in die Hauptstadt und überließen die Auseinandersetzung mit den aufgebrachten Bauern ihren Verwaltern und deren bewaffneten Banden.

In Manila selbst und in anderen Städten wirkten sich die Verbindungen aus, die es inzwischen von der HMB zur organisierten Arbeiterbewegung gab. Die CLO, die stärkste Gewerkschaft, nahm für die HMB Stellung und organisierte Streiks und Demonstrationen, in denen neben den sozialen Forderungen immer öfter Losungen zu finden waren wie »Nieder mit dem amerikanischen Imperialismus!« oder »Arbeiter und Bauern, vereinigt euch zum Kampf gegen das ausländische Kapital und seine einheimischen Handlanger«.

Die HMB unternahm überhaupt große Anstrengungen, einige ihrer Hauptschwächen zu überwinden. Der Erziehungs- und Bildungsarbeit wurde großer Raum gegeben. Im Dschungel wurden Schulen eingerichtet, in denen politisches Wissen und militärische Kenntnisse vermittelt wurden. Kader wurden in entfernte Provinzen entsandt, um auch dort den Kampf zu entfachen. Sogar auf die übrigen Inseln des Archipels gingen Beauftragte des Oberkommandos der HMB, um überall, wo es möglich schien, den Grundstock für weitere bewaffnete Aktionen zu schaffen.

Die Kommunistische Partei war wiederum gezwungen, ihre gesamte Tätigkeit der Forcierung des bewaffneten Kampfes zu widmen. So wurden andere, noch mögliche legale Formen der Auseinandersetzung immer mehr vernachlässigt. Die Anfangserfolge schienen die Linie, die hier eingeschlagen wurde, zunächst zu bestätigen. Viele führende Funktionäre übersahen allerdings, daß neben allen anderen ungünstigen Faktoren die Insellage der Philippinen einen Sieg von vornherein einschränkte. Man übersah auch, daß der Beschaffung von Waffen und Munition Grenzen gesetzt waren. Immer noch besaß die HMB lediglich leichte Handfeuerwaffen, keine Granatwerfer, kaum Maschinengewehre, keine Handgranaten. Alles, was man überhaupt auftrieb, mußte auf Schleichwegen mühevoll in die Berge und Wälder gebracht werden. So stand gegen die oft noch einzeln nach der Überfalltaktik im antijapanischen Krieg operierenden Partisanengruppen eine starke Polizeimacht mit ausgezeichneten Waffen; im Hintergrund wartete die noch nicht eingesetzte philippinische Armee, und hinter dieser stand die gesamte kriegstechnisch hochgezüchtete Potenz der USA.

Die HMB hatte auch erhebliche Schwierigkeiten bei der Beschaffung von Lebensmitteln. Allein mit dem, was heimlich aus den Dörfern zu holen war, konnte das Problem nicht gelöst werden. Da es keine befreiten Gebiete gab und auch keine Aussicht bestand, befreite Gebiete gegen die Regierungsgewalt längere Zeit halten zu können, griff die HMB zu einer Teillösung. Sie bildete spezielle Einheiten, die in schwer zugänglichen Gebirgs- und Waldgegenden mühsam Boden rodeten und dort Reis und andere Kulturen anbauten. Aber auch diese Versorgungsbasis war nur unzureichend.

In der Kommunistischen Partei rechnete man um diese Zeit mit unterstützenden Aktionen durch die Bevölkerung. Die sozialen Verhältnisse verschlechterten sich weiter, vor allem auf dem Lande. Nach Meinung der HMB-Führung und der Partei konnte es nicht ausbleiben, daß sich die Mehrheit des Volkes hinter die Bewegung stellte. Damit würden die ungünstigen Faktoren zu überwinden sein. Man baute auf die Stimmung, die im ganzen Lande durch die für Herbst 1949 vorgesehenen Präsidentschaftswahlen erzeugt wurde.

Für die Liberalen kandidierte Quirino, dessen Politik selbst in bürgerlichen Kreisen nicht unumstritten war. Gegen ihn trat die Partei der Nationalisten an, die inzwischen weiter ehemalige bekannte Kollaborateure in ihre Reihen aufgenommen hatte. Nun aber trat etwas ein, was die revolutionären Kräfte nicht erwartet hatten. Während sie in ihrer Propagandaarbeit immer wieder daran erinnerten, welche Positionen Politiker wie Laurel oder Recto unter der japanischen Besatzung eingenommen hatten, spekulierten diese auf die Vergeßlichkeit der Bürger und ihre Aussöhnungsbereitschaft. Ihre Spekulation ging auf. Der Vorwurf der Kollaboration war nicht mehr so wirkungsvoll.

So gelang es José Laurel, dem Spitzenkandidaten der Nationalisten, eine erhebliche Anzahl von Stimmen auf sich zu vereinigen, zumal er ziemlich demagogisch gegen die Verträge mit den Amerikanern zu Felde zog, Maßnahmen zum Schutz der wirtschaftlichen Selbständigkeit der Philippinen forderte und überhaupt eine völlig andere Bauernpolitik verlangte. Er ging sogar so weit, sich zum Fürsprecher des Nationalen Bauernbundes zu machen, den Quirino verboten hatte. Seine Mittelsmänner redeten den Amerikanern zu, ihn zu stützen. Aber die Quirino-Lobby der Vereinigten Staaten war stärker.

Amerikanische Truppenteile auf den Inseln wurden — in altbewährter

Manier — in Alarmzustand versetzt; die Polizei zwang in den Dörfern die Leute, teilweise offen für Quirino zu stimmen. Alle Tricks, die die bürgerliche Betrugsmaschinerie bei »freien Wahlen« kennt, wurden benutzt: vom meistbietenden Verkauf der Stimmzettel bis zum Abbruch der Wahl, wenn in einem Wahllokal genügend Stimmen für Quirino beisammen waren. Die Manipulierung war so offenkundig, daß selbst amerikanische Beobachter, wie Reporter der »New York Times«, öffentlich zugeben mußten, Quirino habe die Wahlen mit Hilfe von massiven Fälschungen gewonnen.

Sergio Osmena, Oberhaupt der Nationalisten, trat aus Protest gegen die Wahlfälschungen von seiner Funktion als Staatsratsmitglied zurück, und die Empörung der Nationalisten machte sich stellenweise in bewaffneten Aktionen Luft. Trotzdem änderte sich nichts an der Präsidentschaft Quirinos, und er, der die Amerikaner hinter sich wußte, war entschlossen, den Widerstand seiner Gegner zu brechen. Dabei entging ihm nicht, daß die Erregung über die Wahlmanipulation indirekt der HMB zugute kam. Also richtete er sein Hauptaugenmerk erneut auf diese bewaffnete Widerstandsorganisation, bezeichnete sie als das einzige Hemmnis einer gesunden Entwicklung, letztlich auch als die Ursache dafür, daß die Veeinigten Staaten immer noch nicht mit ihrem Hilfsprogramm begonnen hätten, das »den Armen Wohlstand und den Besitzenden Gewinn« brächte. Quirino stellte eine ebenso einfache wie demagogische Alternative: Helft mir, die bewaffneten Linken auszuschalten, dann gibt es das Paradies für alle. Oder laßt mich im Stich, dann werden sich die Vereinigten Staaten von den Philippinen abwenden, und die HMB wird das Bürgertum liquidieren und den Kommunismus einführen!

Ende 1949 trafen sich das Politbüro der KP und die höchsten Kommandeure der HMB in dem versteckt liegenden Stützpunkt in der Sierra Madre.

Die Hütten waren solide gebaut und gut getarnt, sie schmiegten sich an einen dicht bewaldeten Abhang. Späher überwachten alle Zugangspfade. In der Luft war gelegentlich das Brummen einer Aufklärungsmaschine, aber vorerst suchten diese Maschinen vergeblich über dem undurchdringlichen Teppich mächtiger Baumkronen.

Casto Alejandrino kam gemeinsam mit Luis Taruc am Treffpunkt an.

Sie begrüßten Dimasalang, Saulo, die Brüder José und Jesus Lava, die bereits anwesend waren. Dann nahmen sie eine bescheidene Mahlzeit zu sich, die von den Lagerköchinnen zubereitet worden war: ein wenig Reis, Wildgemüse und sogar etwas Fleisch, das aus erbeuteten Konserven stammte.

Nach und nach trafen auch die Manilaer Teilnehmer der Beratung ein. Es sollten weitreichende Beschlüsse über das zukünftige Vorgehen gefaßt werden. Als man sich schließlich zusammensetzte, war es bereits dunkel. In der großen Hütte, die sonst als Schulungsraum diente, brannte eine Öllampe. Sie genügte, daß jeder den anderen gerade noch erkennen konnte.

Casto Alejandrino hörte schweigend zu, wie einer der Genossen aus Manila von der allgemeinen Empörung über den Wahlbetrug Quirinos berichtete. Er schwieg auch noch, als derselbe Redner aus Zeitungsberichten ein Bild über die Lage in China gab, wo Tschiang Kai-shek gezwungen war, dem Druck der revolutionären Streitkräfte zu weichen und auf der Insel Taiwan Asyl zu suchen. Dies alles, so meinte der Genosse, seien glänzende Voraussetzungen, um auch auf den Philippinen zu einem schnellen Sieg der Volkskräfte zu kommen. Die Bevölkerung stehe auf der Seite der Revolution, die Amerikaner steckten gegenwärtig in China eine Schlappe ein und würden sich von diesem Schock so schnell nicht erholen. Damit sei die Zeit zum entschlossenen Handeln gekommen.

Der Redner fand Zustimmung. Doch es gab auch einige Kommandeure, die skeptisch waren. Alejandrino fühlte, wie sich alle Blicke auf ihn richteten, als er schließlich sagte: »Genossen, wollen wir die Dinge nicht lieber einmal etwas nüchterner betrachten? Was Quirino an bewaffneten Kräften besitzt, wißt ihr. Wie viele amerikanische Soldaten mit Panzern, Geschützen und Flugzeugen hinter Quirino stehen, das ist euch auch bekannt. In den Streitkräften, auch in der Constabulary gibt es keinerlei Auflösungserscheinungen. Im Gegenteil. Sie sind ebenso hervorragend bewaffnet wie Tschiangs Truppen, aber sie sind nicht demoralisiert wie jene, sondern sie gleichen eher Bluthunden, die man auf unsere Fährte gesetzt hat.«

»Hast du Angst, Casto?«

Die Frage kam aus dem Halbdunkel. Alejandrino kannte den Fragesteller. Er wollte ihn nicht beleidigen, so sagte er nur ernst: »Junge, du solltest wissen, daß ich mich vor niemandem fürchte, solange ich nur noch einen Finger bewegen kann. Aber in meiner Abteilung haben über hundert Männer nicht einmal ein Gewehr. Wer eines hat, besitzt genau zwanzig Schuß Munition. Bist du schon mal einen Panzerwagen mit dem Bolo angegangen?«

Als keiner etwas sagte, fuhr Alejandrino mürrisch fort: »Einer meiner Leute hat es neulich gemacht. Er zerschlug ihm die Lampen, und während er auf die Räder einhackte, warfen sie aus dem Fahrzeug fünf Handgranaten auf ihn. Weißt du, was das heißt: fünf Handgranaten für einen Mann! Wenn wir nur eine einzige gehabt hätten, wir würden den Panzerwagen damit geknackt haben! Aber wir hatten keine. Ich schildere euch das, damit ihr nachdenkt. Wir haben Zorn und Mut. Aber die anderen haben Waffen. So ist die Lage. Davon müssen wir ausgehen, nicht von Überlegungen, was den Chinesen gelungen ist.«

Er brach ab, als fürchte er, etwas zu sagen, das nicht hierher gehörte. Seine Augen verengten sich; er griff in die Tasche, holte Tabak und Maisblatt hervor und rollte sich eine Zigarette.

Dimasalang schlug vor, Waffen und Munition in mehreren Großaktionen gegen Depots zu beschaffen. Aber man konnte sich nicht dazu entschließen. Die Lager waren zu stark gesichert, es würde katastrophale Verluste geben. Man erörtete auch die chinesische Taktik, befreite Gebiete zu schaffen, in denen Waffen hergestellt wurden und Munition. Die Versammeltn kamen überein, mit aller Kraft Kurs auf diese Taktik zu nehmen. Durch solche Gebiete könnte man auch die Versorgungsprobleme weitgehend lösen. Eine Karte wurde ausgebreitet, und man diskutierte über günstige Gegenden im Gebirge, in denen Versorgungsbasen angelegt werden sollten.

José Lava war zwar nicht gegen befreite Gebiete, aber er erinnerte daran, daß sich die entscheidenden Aktionen der chinesischen Volksbefreiungsarmee entwickelt hatten, nachdem die Sowjetarmee die Mandschurei, das industrielle Herz Chinas, freigekämpft hatte.

»Vergessen wir nicht, wir leben auf einer Insel«, warnte er. »Es gibt ringsum keinen befreundeten Nachbarn, der uns helfen könnte. Wir können nur das erreichen, wozu wir selbst in der Lage sind.«

Taruc, der hagere, wortkarge Oberkommandierende, sagte leise: »Meine Männer hungern. Unsere Vorräte sind aufgebraucht. Von drei Trägerkolonnen, die uns aus den Dörfern Lebensmittel bringen, werden zwei abgefangen. Die Constabulary ist nicht zu unterschätzen. Das sind keine unerfahrenen Leute. Sie verfügen über viele Informanten, und sie haben Sprechfunkgeräte. Dadurch können sie ihre Beobachtungen blitzschnell austauschen, und man kann sie schlagartig zu einer Stelle dirigieren, wo eine unserer Transportkolonnen unterwegs ist. Rund um meinen Stützpunkt lagern einige hundert alte Leute, die aus den Dörfern zu uns geflohen sind. Wir können sie nicht wegjagen, aber sie gefährden uns. Und sie hungern ebenfalls.«

»Genossen«, mahnte einer derer, die aus Manila gekommen waren. »Wollen wir uns nicht lieber den tatsächlichen Aufgaben zuwenden, statt hier über die täglichen Schwierigkeiten zu lamentieren?«

Alejandrino fuhr auf: »Hier lamentiert keiner! Und diese täglichen Schwierigkeiten bestimmen darüber, was wir an tatsächlichen Aufgaben lösen können!«

»Ja. Ich verstehe eure Bedenken. Aber gibt es eine andere Lösung als den Kampf? Es gibt sie nicht, es sei denn, wir würden aufgeben. Wollt ihr das? Also – nehmen wir unseren Mut zusammen und kämpfen wir!«

Alejandrino blickte den Sprecher böse an. »Ich wiederhole: Wir lamentieren nicht, wir überlegen, ob wir die Kraft haben zu siegen!«

Taruc legte ihm die Hand auf die Schulter. »Nicht hitzig werden, Casto, wir sind alle etwas erregt.«

Der Manilaer lenkte ein. »Niemand macht einem von euch einen Vorwurf, Genossen. Nur – wir müssen den Kampf ausfechten, zu dem uns das Volk aufruft. Die Situation ist schwierig, aber die Zeichen stehen für unseren Sieg. Das Volk ist kampfbereit, wir müssen es führen. Ganz Asien befindet sich im Aufbruch, also nehmen wir unseren Platz ein. Stimmen wir zuerst ab: Kämpfen wir, oder ergeben wir uns wie Feiglinge? Wer ist für kämpfen?«

In die Stille sagte Jesus Lava zweifelnd: »Kann man die Alternative denn so einfach stellen? Gibt es nicht für Kommunisten viele Arten des Kampfes. Warum reden wir nur über den Kampf mit der Waffe?«

Er bekam keine Antwort. Selbst Alejandrino senkte den Kopf. Niemand sollte ihm jemals nachsagen können, er hätte Feigheit gezeigt. Taruc starrte in die Flamme der Öllampe. Dimasalang schüttelte den Kopf und brummte: »Ich bin nie in meinem Leben dem Kampf ausgewichen!«

Wenig später kamen die Versammelten zu dem Schluß, die Situation im Lande erfordere den verstärkten bewaffneten Kampf und rücke den Sieg in greifbare Nähe. José Lava, Alejandrino und andere bestanden auf der Erörterung von Maßnahmen, die die HMB schlagkräftiger machen sollten. So wurde noch Stunden über Einzelfragen debattiert, Vorschläge wurden gemacht und verworfen, Methoden erwogen. Schließlich ging man auseinander, nachdem man sich grundsätzlich dafür ausgesprochen hatte, so gut wie alle noch möglichen legalen Aktionen zugunsten militärischer einzustellen. Der Bevölkerung sollte laufend die bewaffnete Macht der HMB demonstriert werden, um sie aufzurütteln. Für die Beschaffung von Waffen, Munition und Lebensmitteln sollten die Abteilungskommandeure selbst verantwortlich sein.

Casto Alejandrino schlief nach der Beratung ein paar Stunden, dann brach er auf. Taruc, mit dem er noch einmal zusammentraf, fragte ihn ernst: »Casto, sag mir ehrlich, können wir das schaffen?«

Alejandrino hatte keine Lust mehr, darüber zu reden, auch nicht mit Taruc. So sagte er nur, als er sich von ihm verabschiedete: »Die Mehrheit hat es beschlossen, wir haben es auszuführen. Ich selbst werde lieber ins Gras beißen, als mich einen Feigling schimpfen zu lassen.«

Damit stapfte er davon. Er hielt den Entschluß, unter den gegebenen Umständen alles auf den bewaffneten Kampf zu setzen, für eine Fehlentscheidung. Seiner Meinung nach gab es zwar Empörung im Lande, aber keine revolutionäre Situation. Er glaubte auch nicht, daß sich die meisten Einwohner in den Städten der HMB anschließen würden, nur weil diese ihre Gewehre schwenkte. Auch war er skeptisch, wegen der Lebensmittel, und er zerbrach sich den Kopf, woher er Munition bekommen könnte. Trotzdem, gestand er sich ein, habe ich nicht gegen die eigenartige Bewertung der Lage gestimmt. Keiner hat es getan, weder Taruc noch Lava noch Saulo oder Dimasalang. Warum nicht? Nun ja, wer will schon als Feigling dastehen, als Zauderer im entscheidenden Augenblick?

Alejandrino war nicht der einzige, der angesichts des schwerwiegenden Beschlusses Ende 1949 starke Zweifel hatte. In der Tat waren die Führung der KP und die HMB-Kommandeure zu einer Fehleinschätzung der Lage, zu einer Unterschätzung des Gegners und einer Überschätzung ihrer eigenen Möglichkeiten gelangt, die äußerst gefährliche Folgen verhieß.

Dennoch stellten sich Anfangserfolge ein. Die bäuerliche Bevölkerung Luzons unterstützte die HMB, so gut sie konnte. Freiwillige strömten ihr zu, so daß die Ausbildungszentren in arge Schwierigkeiten gerieten. Die

HMB organisierte sich nun in sechs Regionalkommandos, denen jeweils mehrere Kompanien angehörten. Außerdem schuf sich jedes Kommando ein eigenes Versorgungs- und Aufklärungsnetz. Insgesamt zählte die HMB bald etwa 10 000 Kämpfer. In den Dörfern verfügte sie annähernd über das Fünffache an Verbindungsleuten und Hilfskräften. Allerdings war die HMB nicht in der Lage, aus diesem Massenzulauf an kampfwilligen Männern und Frauen Nutzen zu ziehen. Die Aufgabe, die sie sich gestellt hatte, überschritt bereits die realen Möglichkeiten der Bewegung.

Trotzdem geriet ganz Luzon in den Strudel neuer bewaffneter Kämpfe. Plötzlich waren die Polizeistationen nicht mehr sicher. Trupps von Gendarmen, die sich auf die Straßen wagten, wurden überfallen. Strafexpeditionen, wie jene des Hauptmanns Sotero, erreichten ihre Bestimmungsorte nicht mehr. Haziendas von besonders brutalen Grundbesitzern wurden überfallen, die Verwalter verjagt und das Eigentum den Pächtern übergeben. »Luzon brennt lichterloh!« lautete eine Schlagzeile der »Manila Times«.

Mehrere Städte, darunter San Pablo und San Rafael, wurden im März 1950 für kurze Zeit erobert, die Polizei vertrieben. Auch in den Provinzen Pangasinan und Laguna wurden HMB-Einheiten aktiv. Sie erbeuteten Waffen, hielten Standgerichte über die Henker der Bauern ab und hinterließen an allen Mauern Aufrufe, mit der HMB gegen das System der Ausbeuter zu kämpfen.

In den Vereinigten Staaten organisierte der Staatssekretär im Außenministerium Dean Rusk eilig eine Kommission zur Niederwerfung der HMB. Noch im April bekam die philippinische Armee weiteres Material, vor allem aber Jagdflugzeuge, die für die Bekämpfung von Erdzielen im Tiefflug geeignet waren. Quirino verhängte den Ausnahmezustand über Luzon. In Manila herrschte während der Dunkelheit Ausgangssperre; Streifen kontrollierten auch tagsüber Einwohner und suchten nach Verdächtigen. Im Sommer sah sich Quirino gezwungen, die Vereinigten Staaten dezent an die Entsendung von Truppen zu gemahnen.

Neue Spezialisten trafen in Manila ein. Sie verstärkten den Apparat, den Edward Lansdale aufgebaut hatte. Eine Regierungskommission aus den USA nahm an Ort und Stelle in Augenschein, was sich im Lande abspielte. Sie meldete Truman, die HMB weite ihren Aktionsbereich von Zentralluzon nach Norden sowie in den äußersten Süden der Insel aus.

Daneben operierten Partisanengruppen bereits auch auf anderen Inseln, vor allem auf Mindoro.

Truman berief Lansdale zur Berichterstattung. Inzwischen war die »Aktion Korea« angelaufen, seit der letzten Juniwoche gab es einen Kriegsschauplatz, auf dem die Vereinigten Staaten den Versuch unternahmen, ihre Position auf dem asiatischen Festland auszubauen. Im Hinblick darauf war es noch dringlicher, die Philippinen als Hinterland abzusichern. Oberst Lansdale konnte dem Präsidenten und den Spitzen der CIA berichten, von seiner Seite seien alle Vorkehrungen getroffen worden, endgültig offensiv zu werden. Allerdings — und hier befand sich Lansdale in absoluter Übereinstimmung mit der eben aus Manila zurückgekehrten Sonderkommission — sei es nötig, sofort finanzielle und andere Hilfe an die Philippinen einzuleiten, um der dortigen Bevölkerung im richtigen Augenblick einen Vorgeschmack auf all das zu geben, was sie zu erwarten hatte, wenn sie die HMB nicht weiter unterstützte. Der Präsident stimmte zu.

So begann der Zustrom von Dollars, von Militärausrüstung, von Kaugummi und Coca-Cola, von Trockenmilch und Eipulver, Eiscreme und Camel-Zigaretten gleichzeitig mit der entscheidenden Offensive, die Edward Lansdale zusammen mit der philippinischen Armee eröffnete.

Der Oberst stieg guter Dinge aus der Sondermaschine, die ihn nach Manila zurückbrachte. Sein erster Besuch galt Quirino, mit dem er eine Stunde konferierte. Unmittelbar danach wurde plötzlich der Posten des Verteidigungsministers umbesetzt: Ramon Magsaysay übernahm das Amt. Er brauchte sich nicht einzuarbeiten. Alles, was er tun würde, hatte er seit Monaten immer wieder mit Lansdale und dessen Spezialisten besprochen. Es existierte eine umfassende Planung, die wie auf ein Klingelzeichen in Aktion gesetzt wurde.

Der erste Schlag Magsaysays galt dem Kopf der revolutionären Bewegung. Das Zentralkomitee der Kommunistischen Partei hielt sich in Manila auf. Obwohl in der Illegalität, vernachlässigten seine Mitglieder elementare Regeln der Konspiration. Magsaysay nutzte geschickt die Chance, die sich ihm bot: Eines der ZK-Mitglieder war beauftragt worden, auf eine entfernte Insel zu gehen und dort den Widerstand zu organisieren. Offenbar war ihm diese Aufgabe zu schwierig erschienen oder er zog das bequemere Leben in Manila vor, jedenfalls widersetzte er sich dem Auftrag. Daraufhin wurde er aus der Partei ausgeschlossen.

Verteidigungsminister Magsaysay mit seinem Leibwächter. Als Vertrauter des amerikanischen Geheimdienstes war er – im Zusammenwirken mit Edward Lansdale – entscheidend an der Bekämpfung der Huk beteiligt. Er arbeitete die taktischen Pläne aus, nach denen die von den Amerikanern ausgerüstete und aufgehetzte philippinische Nachkriegsarmee die revolutionäre Bewegung zerschlug

Magsaysay, der davon erfuhr, ließ diesen Mann zu sich bringen. Er bot ihm eine immense Geldsumme und absolute Verschwiegenheit. Wenig später lag eine Liste mit den Namen und Adressen aller Mitglieder des Zentralkomitees auf Magsaysays Schreibtisch. Dieser aber ließ sich zur Tarnung noch eine Geschichte einfallen, die publicityträchtig sein würde: Danach hätte ein Enkel des Nationalhelden José Rizal, ebenfalls Mitglied der KP, den Verrat begangen. Diese Geschichte, die sofort durch Zeitungen und Rundfunk verbreitet wurde, lenkte einerseits von dem wirklichen Verräter ab, andererseits konstruierte sie geschickt eine psychologische Differenzierung zwischen dem Kampf Rizals und den Zielen der HMB, auf die viele Leute hereinfielen. Lansdale war entzückt, als er die Zeitungen las. Mit Magsaysay hatte er doch den richtigen Mann gewählt!

Der neue Verteidigungsminister gliederte sofort die Polizei in die Armee ein, deren Führungskader zu dieser Zeit bereits ausnahmslos aus geschulten Antikommunisten bestanden. Im Gegensatz zu den Polizeikräften war die Armee auf strengste Disziplin gedrillt. Korruption wurde unnachsichtig geahndet. So stellte sie ein gefährliches Machtinstrument dar, nicht zuletzt auch durch ihre moderne Bewaffnung und die vielen amerikanischen Instrukteure, die in den einzelnen Truppenteilen arbeiteten. Magsaysay setzte Geldprämien für jeden getöteten oder gefangenen Angehörigen der HMB aus. Für die führenden Männer betrugen sie bis zu 150 000 Pesos. Überläufern der HMB versprach er ein Stück Land sowie Geld und versicherte ihnen, sie würden keinerlei Repressalien ausgesetzt sein, wenn sie sich zu friedlicher Arbeit zurückzögen.

Im Gegensatz zu den bisherigen Versprechungen verschiedener Präsidenten, eine Landreform durchzuführen, ließ Magsaysay keinen Zweifel daran, daß er sein Wort halten würde. Er scheute sich nicht, das öffentlich zu sagen, obwohl Quirino es nicht gern hörte.

Am 18. Oktober 1950 waren in den Wohnungen aller ermittelten Mitglieder des Zentralkomitees Militärstreifen erschienen und hatten die Genossen festgenommen. Am Abend befanden sich 105 führende Kommunisten, unter ihnen das gesamte Politbüro, einschließlich des neuen Generalsekretärs José Lava, in Haft. Damit war die Partei führungslos, und die HMB, zu der es ohnehin schon erhebliche Kommunikationsschwierigkeiten gegeben hatte, mußte nun völlig auf eigene Faust operieren.

Casto Alejandrino, Luis Taruc und einige andere erfahrene Kommandeure hatten die volle Verantwortung für die HMB, politisch wie militärisch. Aber sie waren in ihren Lagern im Dschungel und in der Sierra Madre von der Außenwelt isoliert. Die Versorgung wurde zunehmend schwieriger, und der Waffenbestand reichte noch immer nicht aus, um wenigstens alle Kämpfer mit Gewehren zu versehen. So entstand auf dem Höhepunkt der bewaffneten Volksbewegung plötzlich eine äußerst kritische Lage. Magsaysay forderte die Kapitulation. Die führenden Kommandeure drängten zur Weiterführung des Kampfes. Die Redewendung »kämpfen bis zum letzten Mann« hörte man jetzt öfter in den Bergen und im Dschungel. Aber man glaubte immer noch, die Masse der Bevölkerung hielte zur HMB, daher könnte es keinen Sieg für den Gegner geben. Außerdem rechnete man damit, daß die Amerikaner über ihrem Krieg in Korea das Interesse an den Philippinen verlieren würden. Doch die HMB-Führung unterschätzte die amerikanischen Absichten ebenso wie sie die Kampfbereitschaft der Bevölkerung überschätzte.

Magsaysays brutale »Säuberungsaktionen« entfachten nur kurze Zeit neuen Widerstandsgeist, dann schüchterten sie die Bevölkerung ein. Der Umstand, daß sich die HMB vor diesem massierten Ansturm der guttrainierten Armee nicht zeitweise zurückziehen, Schlägen ausweichen und sich umgruppieren konnte — bedingt durch den Inselcharakter Luzons —, begann sich auszuwirken. Vor allem aber machte sich der Verlust fast aller führenden Parteikader bemerkbar. So wurden die militärischen Entscheidungen immer subjektiver. Der Kampf der HMB, der in der Defensive begonnen und nur auf seinem Höhepunkt für einige Zeit den Anschein erweckt hatte, er sei offensiv, verlor sich trotz zeitweiliger Erfolge von Monat zu Monat immer stärker in der Selbstverteidigung der zielstrebig von Magsaysays Armee gejagten einzelnen Einheiten.

Roman Magsaysay konzentrierte seine weiteren Aktionen zunächst auf das Zentrum der revolutionären Bauernbewegung in den Provinzen Pampanga, Tarlac und Zambales. Über Nacht erschienen motorisierte Einheiten in den Dörfern, trieben die Leute zusammen und nahmen nach den vorher sorgfältig aufgestellten Listen die Vertrauensleute der HMB fest, ebenso die Frauen und Kinder von Kämpfern. Während erstere sofort erschossen wurden, brachte man die Familienangehörigen in spezielle Lager und verbreitete ihre Namen auf Flugzetteln, die über den Stützpunkten der HMB abgeworfen wurden. Der demoralisierende Effekt blieb nicht aus.

Wo sich Widerstand zeigte, ging die Armee sofort mit Artillerie und Napalm vor. Ganze Dörfer wurden eingeäschert. Entlang von unübersichtlichen Wald- und Berggebieten wurden breite Streifen Land durch Chemikalien unfruchtbar gemacht, um der HMB jede Möglichkeit zu nehmen, Lebensmittel von dort zu beziehen. Im Kampf gefallene Huk-Kämpfer wurden grundsätzlich enthauptet, ihre Köpfe auf Stangen zur Schau gestellt.

Wirksam aber war auch ein Befehl Magsaysays an die Truppen, auf dessen Einhaltung jeder Offizier streng zu achten hatte: Überläufern wurde sofort Verpflegung zugeteilt. Sie wurden in Unterkünfte gebracht und ärztlich behandelt. So zeichnete sich in der Bevölkerung bald die Meinung ab, man brauche sich nur von der HMB zu distanzieren, und die Armee benähme sich sehr freundlich.

Die in den Bergen und Wäldern versteckten Kämpfer hatten keinerlei propagandistische Möglichkeiten mehr, die Hintergründe dieser Taktik aufzudecken. Obwohl sie auf primitiven Abzugsmaschinen Flugblätter herstellten und Kuriere diese unter Lebensgefahr in Ortschaften brachten, blieb ihre Wirkung gering.

Magsaysays Soldaten machten jetzt immer mehr Gefangene. Sie wurden nach Mindoro gebracht. Hier stellte man sie vor eine Fläche ungerodeten Landes und erklärte ihnen: »Geh tausend Schritt geradeaus, wende dich dann rechtsum, geh wieder tausend Schritte, drehe dich erneut rechtsum, und wenn du noch einmal tausend Schritte gemacht hast, gehört alles Land in diesem Geviert dir!«

Zeitungsreporter fotografierten die ehemaligen HMB-Kämpfer, die nun »ein neues Leben« begannen. Flugzeuge warfen Hunderttausende von Flugblättern mit diesen Aufnahmen über dem Dschungel ab. Auch hier blieb der Erfolg nicht aus. In der HMB zeigten sich zunehmend Disziplinprobleme. Die Belastung für die Kämpfenden stieg ins Unerträgliche: Mit ihren Waffen waren sie unterlegen, ihre Schlupfwinkel durch eine intensive Luftaufklärung dem Gegner meist bekannt. Sie wurden erbarmungslos bombardiert. Lazarette gab es kaum. Die meisten Einheiten besaßen nicht einmal ausgebildete Sanitäter. Dazu kam der Hunger. Aus den Dörfern am Rande der von den HMB-Abteilungen beherrschten Gebiete wurden kaum noch Lebensmittel gebracht, die Leute waren entweder umgesiedelt oder sie hatten Angst vor den Militärposten. Die selbst angelegten Felder in den Bergen lieferten nicht genug Lebensmittel. Dazu kamen Transportschwierigkeiten. Die Entfernungen zwischen den Einheiten waren groß, jedes Pfund Reis mußte auf dem Rücken über Hunderte von Kilometern geschafft werden.

Trotzdem ließ die HMB nicht vom Kampf ab. Es gab aus der Sicht der militärischen Führung nur die Alternative Kapitulation, und diese Entscheidung wollte keiner der Kommandeure auf sich nehmen. So erfahrene Kämpfer wie Alejandrino, Taruc, Saulo und Dimasalang unternahmen alles, was in ihren Kräften stand, um den massiven Ansturm des Gegners zu bremsen, ihm auszuweichen und zurückzuschlagen. Allerdings engte sich ihr Spielraum immer mehr ein, und die Verbindungen der Abteilungen untereinander rissen ab.

Im Sommer 1951 brachte die »Manila Times« großaufgemachte Berichte über HMB-Kämpfer, die sich den Truppen Magsaysays ergeben hatten. Maria Flores erregte sich heftig, als sie mit Francisco Ramos zusammentraf. Sie war der Meinung, die Berichte seien gefälscht und alles, was den Überläufern in den Mund gelegt wurde, sei von Psychologen ausgeheckt worden.

Ramos wies diese Möglichkeit keineswegs von sich. Aber er war in den vergangenen Monaten noch nachdenklicher geworden. Er hatte die Verbindung zur Parteiführung verloren. Immer noch arbeitete er illegal unter den Arbeitern, vor allem in Tondo, und versuchte, sie zu Solidaritätsaktionen für die HMB zu gewinnen. Aber er konnte absehen, daß er scheitern würde. Die Regierung hatte die große Gewerkschaft CLO verboten und ihre Führer inhaftiert. Damit war gewerkschaftliche Tätigkeit unmöglich geworden. Sollte er auch in die Sierra Madre gehen? Das schien ihm nicht sehr sinnvoll, obwohl es ein heldenmütiger Entschluß gewesen wäre.

»Also Kapitulation?« Maria sah ihn verwirrt an. Er schüttelte den Kopf.

»Nein. Darum geht es nicht. Du wirst mich nie unter denen finden, die aufgeben. Aber ich glaube, es ist höchste Zeit, uns ernsthaft die Frage zu stellen, wie wir den Kampf weiterführen sollen. Es kann nicht unser Ziel sein, gemeinsam in den Tod zu gehen! Wir müssen uns auf unsere eigentliche Aufgabe besinnen, nämlich die Veränderung der gesellschaftlichen Verhältnisse. Das ist nicht zu erreichen, indem wir uns alle mit aufgeknöpftem Hemd vor die Gewehrläufe Magsaysays stellen.«

»Den Kampf aufgeben? Aber — das würde als Kapitulation verstanden werden«, meinte Maria.

Wie recht sie hat, dachte er. Aber sind wir nicht verpflichtet, die Kader für die nächste Etappe des Kampfes zu erhalten? Eine Revolution endet nicht mit dem Verlieren einer Schlacht oder eines Feldzuges. Möglicherweise fängt sie damit erst an.

»Mir geht einiges nicht mehr aus dem Kopf«, sagte er. »Ich wünschte nur, ich könnte mich mit Genossen beraten. Mit denen beispielsweise, die man in Manila inhaftiert hat. Manchmal fürchte ich mich, diesen oder jenen Gedanken zu Ende zu denken, angesichts der Opfer, die in den Bergen gebracht werden. Aber es führt kein Weg an der Wahrheit vorbei, Maria. Nur wenn man sich an die Tatsachen hält, kann man vernünftige Politik machen. Illusionen führen zu Niederlagen.«

Die Überlegungen stellten auch andere Kommunisten an. Selbst in den Gefängnissen wurde darüber debattiert, was man falsch gemacht hatte, wie man es besser machen konnte. Nach und nach begannen sich die teuer bezahlten Erfahrungen vieler Jahre legalen und illegalen Kampfes in eine neue Qualität politischen Denkens umzuformen. Nüchterne Erwägungen gewannen die Oberhand. Die revolutionäre Konzeption mußte neu durchdacht werden. Sie durfte nicht von irgendwelchen angenommenen oder tatsächlichen Bedingungen in anderen Ländern ausgehen, sondern von der jeweils konkreten Situation im eigenen Land. Und man mußte wohl endlich Anschluß an die internationale kommunistische Bewegung herstellen. Der bewaffnete Kampf war nicht mehr zu gewinnen. Es kam jetzt darauf an, die Revolution nicht im Sande verlaufen zu lassen, sondern sie in die nächste Etappe zu überführen. Offenbar hatte die revolutionäre Bewegung auf den Philippinen noch einen weiten Entwicklungsweg vor sich, bis sie politisch und organisatorisch stark genug sein würde, eine Aufgabe von der Dimension zu lösen, wie es die grundlegende Veränderung der Gesellschaftsordnung und die Ausschaltung des amerikanischen Imperialismus war.

Im Februar 1951 war in einem Lager der HMB in der südlichen Sierra Madre ein neues Politbüro gewählt wurden. Die Kommunistische Partei durfte nicht führungslos bleiben. Jesus Lava, der jüngere Bruder des in Manila inhaftierten Generalsekretärs, Casto Alejandrino und andere Kämpfer waren zusammengekommen.

Aber der Gegner kannte nicht nur dieses Lager, er wußte auch, was dort vor sich ging. So wurde ein erheblicher Teil der Streitmacht Magsaysays um die Sierra gruppiert, dann drangen Spezialtrupps in das Gebirge ein. Es waren kräftige, ausgeruhte Soldaten, hervorragend ausgerüstet, mit festem Schuhwerk versehen, mit Sprechfunkgeräten und Spürhunden. Die ausgehungerten, an Waffen- und Munitionsmangel leidenden Kämpfer der HMB konnten sie nicht aufhalten; das Lager mußte schleunigst verlassen werden.

Inzwischen war der Ring um sie enger geworden. An allen Zugängen standen Posten, Flugzeuge warfen pausenlos Bomben, und die Artillerie schoß Tag und Nacht.

Die neugewählte Führung der Kommunistischen Partei, die sich mit der HMB identifizierte, dachte nicht an Kapitulation. Jesus Lava, der neue Generalsekretär, gab nach langer Beratung mit den anderen Genossen die Losung aus, das Leben der Kämpfer zu erhalten. Die Angehörigen der HMB-Einheiten in der Sierra Madre erhielten als Verpflegung täglich eine Schale Brei, der aus Wildgemüsen, Gräsern und dem Mark verschiedener Bäume zubereitet war. Niemand wußte, wie lange man das noch aushalten könnte.

Die Einheiten wurden in kleinere Gruppen aufgeteilt, die sicher leichter durch die gegnerischen Linien schlüpfen würden. Die Kämpfer zogen sich nach Süden und Norden zurück, auf der Suche nach neuen Lagern, nach Stellen, an denen sie ruhen, ihre Kräfte regenerieren und dann nach und nach in die Legalität zurückkehren konnten.

Wenig später tauchte das Gerücht auf, Luis Taruc habe die Kapitulation angeboten. Niemand wußte Genaues. Nach und nach verebbte der Widerstand. Im Frühjahr 1952 gelang es der Armee, ein Lager zu stürmen, in dem sich eine größere Anzahl von HMB-Kadern befand. Aber zu diesem Zeitpunkt war der Kampf bereits bis auf kleine örtliche Gefechte beendet.

Andrew Conways Hazienda war zwei Jahre lang von Polizisten umstellt gewesen, nachdem ein Informant verraten hatte, daß dieser Haziendero Reis und Fleisch an die HMB lieferte, sozusagen eine Versorgungsbasis für sie aufgebaut hatte.

Nun wurden sie zurückgezogen. Wieder kam der Schwiegervater und appellierte an Conway, er solle sich endlich und öffentlich von den Kommunisten lösen, die auf den Philippinen nicht die geringste Chance mehr hätten. Conway erwiderte nichts. Er würde abwarten. Die Zeit würde ihr Urteil sprechen.

Francisco Ramos heiratete Maria, und sein Buchladen wurde nach und nach zum Treffpunkt derjenigen, die überlebt hatten und sich neu zusammenfanden.

Juan Tesos verschwand aus einer Kolonne Gefangener, die von Soldaten durch die Nacht getrieben wurde, konnte seine Frau ausfindig machen und ging dann mit ihr nach Bataan zurück, in sein Heimatdorf. Das erste Lied, das die beiden ihren Jungen lehrten, als er heranwuchs, war das alte Kampflied der Huk: »Ang Bandila Punit-Punit« (Das zerfetzte Banner).

Die meisten HMB-Kommandeure fielen im Kampf.

Alejandrino, Jesus Lava, Frederico Maclang und andere überlebten,

Panzer gegen Hütten. Magsaysays »Befriedungsaktionen« waren von äußerster Brutalität. Wurde bekannt, daß es in einem Dorf organisierten Widerstand der Huk gab, umzingelten es Truppen und schossen die Hütten zusammen

wurden von Magsaysays Militärgerichten zunächst zum Tode verurteilt, nach Massenprotesten aus aller Welt später zu langjährigen Freiheitsstrafen begnadigt, ebenso wie José Lava und die übrigen 1950 inhaftierten führenden Kader der Kommunistischen Partei.

Ein Kampf mit ungleichen Chancen war zu Ende. Die Huk gab es nicht mehr und auch die HMB nicht, obgleich sich Terroristen und Banditen aus dem Lumpenproletariat später nicht selten die Bezeichnung »Huk« zulegten. Mit der Kommunistischen Partei und der ehrenhaften Tradition der Huk hatte das nichts zu tun.

Es sollte rund zwanzig Jahre dauern, bis es der organisierten Arbeiterbewegung und ihrer Partei auf den Philippinen wieder gelang, legal ihr Wort zu sprechen. Inzwischen war das Land immer tiefer in die Abhängigkeit von den USA geraten. Doch die Erfahrungen des Korea- und Vietnamkrieges sowie die inzwischen auch unter dem Bürgertum gewachsene Unzufriedenheit mit einem »Verbündeten«, der auf

den Philippinen seine beiden größten auswärtigen Militärstützpunkte unterhielt, führten im Verein mit wachsenden wirtschaftlichen und sozialen Widersprüchen dazu, daß schließlich auch die
Kommunisten Schritte zu neuen Aktivitäten tun konnten. Eine Entwicklung, zu der letztlich die Bewegung der Huk mit einem hohen
Blutzoll ihren Beitrag geleistet hat. Das läßt ihre historischen Taten
trotz ihres Scheiterns unvergeßlich werden.

Anhang
Büffelhorn und Bolo

— Kurzer Abriß der historischen Entwicklung der Philippinen von den Anfängen bis zum Vorabend des zweiten Weltkrieges —

In den Pausen zwischen den Hahnenkämpfen berichten die Geschichtenerzähler auf den Märkten Luzons zuweilen über die Entstehung der mehr als siebentausend philippinischen Inseln: Einstmals gerieten die hoch über dem Meer thronenden Götter in Streit miteinander, griffen mit ihren langen Armen Felsbrocken vom Festland und bewarfen sich damit. Die Felsen fielen mitten in den Pazifik, und so bildete sich dort ein Gewirr von Eilanden, zunächst rauh und unbewohnt, bis Seevögel die ersten Samenkörnchen verloren, aus denen Gräser und Bäume sprossen. Über die Zeiten hinweg wuchs schließlich auf den Gesteinsblöcken, die der Zorn der Götter in die See geschleudert hatte, ein Paradies.

Wissenschaftler haben naturgemäß eine andere Vorstellung von den Veränderungen, die sich im Laufe der Jahrtausende auf dem Angesicht der Erde vollzogen. Ihrer Meinung nach waren die Philippinen vor etwa 25 000 Jahren eine Landbrücke zum asiatischen Festland, die später nach und nach überflutet wurde und Inselcharakter erhielt. Über diese Landbrücke, so scheint es, kamen die Ureinwohner, pygmäenhaft kleine Negritos, auf die heutigen Philippinen. Sie waren die ersten Siedler für viele Jahrtausende, bis dann von den südlichen Pazifikinseln Papuas mit ihren seetüchtigen Kanus eintrafen und sich ebenfalls niederließen. Noch später, etwa um die Zeit, als die Christuslegende entstand, brachen seefahrende Malaien nach den Inseln auf. Auch für sie gab es in dem Archipel reichlich Platz. Im zehnten Jahrhundert der modernen Zeitrechnung setzte dann schließlich eine starke Einwanderung von Chinesen ein, nachdem bereits lange zuvor chinesische Kaufleute aus den blühenden Niederlassungen am Perlfluß Handelsbeziehungen mit den philippinischen Küstenstädten entwickelt hatten. Auch die Japaner trieben Handel mit den Inseln, die sie Tukhara nannten. Arabische Kaufleute brachten den islamischen Glauben ins Land. Obwohl die Bevölkerung der Inseln keine einheitliche Religion besaß — ein Teil lebte in animistischen Vorstellungen, während andere Buddha oder Wischnu verehrten, je nachdem, aus welcher Gegend sie zugewandert waren —, konnte sich der Islam nur im südlichsten Teil ausbreiten.

Auf den Inseln Luzon und Cebu entstanden erste frühfeudale Kleinstaaten; doch sie waren nicht von Bestand. Offenbar behinderte das Fehlen eines einheitlichen Staatswesens aber die wirtschaftliche Blüte der philippinischen Inseln nicht. In einer später von José Rizal verfaßten Beschreibung jener Zeit heißt es: »Erzminen, Goldwäschereien, Gewebe aus Seide und Kattun, Schiffbau, Bauerngüter, Geflügel und Vieh, Brennereien und Waffenschmieden, Perlenfischerei, die Verarbeitung von Fellen und Häuten, der Tauschhandel und vieles dieser Art ist überall anzutreffen. An Zeit und Beschaffenheit der Inseln gemessen, herrscht reges Leben.«

Der paradiesische Zustand dauerte bis zum Anbruch des Zeitalters der Entdeckungen, das zugleich das Zeitalter der kolonialen Eroberungen war. Das 16. Jahrhundert riß die idyllischen Inseln jäh aus ihrer inneren Ruhe. Spanien und Portugal, beides Seemächte, die um die Weltherrschaft rangen, griffen nach den Reichtümern des Pazifik.

Fernando de Magellan, ein gebürtiger Portugiese, der in den Diensten der spanischen Krone stand, segelte 1519 mit fünf Karavellen aus einem südspanischen Hafen an der südamerikanischen Westküste entlang mit der Absicht, den Stillen Ozean auf diesem Wege zu erreichen. An Feuerland vorbei fand er eine Durchfahrt, die später seinen Namen tragen sollte. Auf seinem Wege entdeckte er die Marianen und Guam, und ein halbes Jahr nach seinem Aufbruch lag die Philippineninsel Cebu am Horizont vor ihm.

Zunächst wurden die fremden Männer von den Eingeborenen freundlich begrüßt. Aber sehr bald entdeckten diese, daß die neuen Besucher nicht gekommen waren, um sich hier anzusiedeln oder friedlichen Handel zu treiben. Magellans bewaffnete Landsleute, die in missionarischem Eifer das Kreuz schwangen und von den erstaunten Insulanern Tribut an die fremde, europäische Macht verlangten, mußten zu ihrer Verwunderung feststellen, daß sich die »unzivilisierten Wilden« nicht so ohne weiteres ihren Wünschen fügten. Es kam zu Kämpfen, die für die Spanier, obwohl sie mit moderneren Waffen ausgerüstet waren, verlustreich ausgingen. Magellan selbst, der gegen König Lapu-Lapu, den Herrscher auf der Insel Mactan, vor Cebu, in den Kampf zog, wurde dabei getötet.

Nachdem die Spanier endlich begriffen, daß sie hier wenigstens im Augenblick nichts erreichen konnten, gelang es schließlich einem einzigen der fünf Schiffe, in die europäische Heimat zurückzukehren. So hatten sie zwar die erste Weltumsegelung vollzogen, eine beachtliche seemännische Leistung — sie hatten die Passage bei Feuerland entdeckt —, aber die ursprüngliche Absicht, neuen Kolonialbesitz in den Weiten des Pazifik zu erwerben, war zunächst mißlungen.

Doch die Spanier gaben nicht auf. Zwar brauchten sie noch länger als vierzig Jahre, bis sie sich endgültig auf den Philippinen festsetzen konnten, aber als sie 1565 eine starke Flotte auf Cebu und Luzon landen ließen, waren sie auf das Unternehmen besser vorbereitet. Inzwischen hatte die Entwicklung moderner Feuerwaffen einen gewaltigen Schritt vorwärts getan. Lopez de Legazpi, Konquistador unter dem Kreuz, der die neue Landung anführte, hatte seine Soldaten nicht nur mit Musketen ausgerüstet, er führte auch Kanonen auf Lafetten mit sich, deren Brandkugeln und Kartätschen ungeheure Verheerungen an Land anrichteten.

Zunächst wurde Cebu erobert, einige Jahre später hatten die Spanier auch Luzon fest in ihrer Gewalt und dehnten ihren Machtbereich auf die übrigen Inseln des Archipels aus. Die Bucht von Manila, jener geschäftige Handelsplatz, gesäumt von meilenweiten Palmenstränden, hinter denen sich — stets vom Dunst verschleiert — der Marivelesberg erhebt, wurde endgültig zur Domäne Spaniens, nachdem hier so lange chinesische, japanische, indische und arabische Kaufleute heimisch gewesen waren. Der Umstand, daß es auf den Inseln kein einheitliches Staatswesen gab, erleichterte den Kolonialisten ihr Handwerk.

Sie versahen es allerdings nicht allein mit der Gewalt der Waffen. Bereits bei der Vorbereitung von Legazpis Expedition hatte die Kirche eine wesentliche Rolle gespielt. Die für ihren — von politischen und merkantilen Aspekten keineswegs freien — Missionseifer berüchtigten Orden der Jesuiten, der Augustiner, Franziskaner und Dominikaner waren — wie schon bei vorausgegangenen ähnlichen Unternehmungen — auch diesmal die geistigen Initiatoren des spanischen Kolonialismus. Kreuz und Schwert, Madonnenbild und Muskete drangen gemeinsam in die Inselwelt ein. Wo der Mönch mit seinem Bekehrungsversuch versagte, hieb der Konquistador mit dem Schwert zu. Wo es nützlicher war, ohne Schwertstreich und Musketenkugel zu operieren, dort schwang der Missionar das Kreuz. Diese unheilige Allianz wurde zum Charakteristikum der spanischen Macht auf den Inseln, die sehr bald zu Ehren König Philipps II. von Spanien Philippinen genannt wurden.

Die Inselbevölkerung widersetzte sich den Bekehrungsversuchen überraschend schwach. Das lag nicht zuletzt darin begründet, daß es im Lande zwar ein buntes Gemisch verschiedenster religiöser Bekenntnisse gab, diese aber alle nicht sehr tief im Geistesleben der Bewohner verwurzelt waren. So verwandelten die Spanier die Philippinen binnen relativ kurzer Zeit in das erste katholische Land Südostasiens. Es ist bis auf den heutigen Tag das einzige geblieben.

Lediglich Mindanao, die Sulu-Inseln und andere Teile im Süden und Südwesten des Archipels, in denen sich bereits vor Ankunft der Spanier der Islam fest etabliert hatte, widersetzten sich mit Erfolg den katholischen Durchdringungsversuchen.

Um einerseits das Land fest unter ihre Herrschaft zu bekommen und andererseits landgierige Kolonialisten in größerer Anzahl aus Spanien nach den Philippinen zu locken, wurde sehr schnell ein System eingeführt, das den Kolonialisten unter dem Kreuz maximale Profitchancen verhieß. So erhielten Siedler aus der iberischen Halbinsel das Recht, in einem von ihnen abgesteckten Bezirk Tribut in Form von Arbeitsleistungen und Naturalien zu erheben. Als Gegenleistung wurde ihnen zur Pflicht gemacht, ihre Untertanen in der christlichen Lehre zu unterweisen. Dies führte im Laufe der Zeit zur Herausbildung der Leibeigenschaft.

Dieses System verschaffte dem Klerus, der das Monopol auf die Verbreitung der christlichen Lehre beanspruchte, die einmalige Chance, sich neben einträglichen Positionen im Handel auch den größten Teil des bebaubaren Bodens anzueignen. Die Klöster der katholischen Orden wurden zu den größten Grundbesitzern auf den eroberten Inseln.

Knapp zwei Jahrzehnte später befand sich — nach damaligen Schätzungen — bereits die Hälfte der Einwohner in einem halbfeudalen Abhängigkeitsverhältnis zur Kirche. Die barbarischen Methoden, mit denen die frommen Mönche Arbeitsleistungen abforderten und materielle Güter eintrieben, ihr Hunger nach immer mehr Land, ihre skrupellose Besitzgier waren es, die breite Kreise der Bevölkerung nach und nach gegen die katholische Kirche aufbrachten. Oft nahm der Widerstand verzweifelte Formen an. Allein, er blieb zunächst wirkungslos angesichts der massiven militärischen Macht, die hinter den Klöstern stand. Zwar versiegte er nicht, aber er suchte sich für längere Zeit andere Kanäle. Sekten, Bruderschaften und Geheimorganisationen entstanden. Obwohl sie sich programmatisch fast ausnahmslos gegen das Kreuz wandten, lagen doch ihre Wurzeln im sozialen Bereich. So wurden die Philippinen keineswegs zu einer »ruhigen Kolonie« für die Spanier.

Die Herren der Inseln hatten nicht nur gegen äußere Bedrohungen zu kämpfen, wie sie etwa von ganzen Flotten chinesischer Seeräuber ausgingen oder später von den Holländern, die danach trachteten, Portugal seine asiatischen Besitzungen abzunehmen, wobei sie gelegentlich auch mit den Spaniern in Konflikt gerieten. Die Konquistadoren spürten auch, daß sich unter der Bevölkerung immer mehr Zündstoff anstaute, der ihnen diese lukrativen Besitztümer eines Tages ernsthaft gefährden konnte.

Dennoch, die Geschichte schrieb ihre Lettern nur träge. Fast dreieinhalb Jahrhunderte spielten die Philippinen eine bedeutsame Rolle innerhalb des spanischen Kolonialsystems, besonders weil sie sich durch ihre geographische Lage als Verbindungspunkt auf dem langen Seeweg zwischen dem asiatischen Festland und den spanischen Besitzungen in Amerika anboten. Nahezu alle Waren, die von Asien nach Spanien verschifft werden mußten, nahmen ihren Weg von chinesischen Häfen über Manila nach Acapulco, dem damals bedeutendsten Hafen der spanischen Kolonie Mexiko.

Von da wurden sie nach Spanien umgeschlagen. Im gegenläufigen Seeverkehr schafften die Spanier Unmengen von in Mexiko zusammengeraubtem Silber über Manila zu den asiatischen Häfen, wo es zur Bezahlung von Seide, Gewürzen und anderen in Europa begehrten Handelsartikeln diente. Durch diese Schlüsselposition, die die Philippinen im spanischen Handel einnahmen, entwickelte sich in der Kolonie, besonders in Manila, eine Schicht von einheimischen Zwischenhändlern, Kaufleuten und merkantilen Handlangern, deren Lebensbedingungen weit günstiger aussahen als die der von Klöstern und Grundherren ausgebeuteten Landbevölkerung.

Aber diese begünstigte und begüterte Oberschicht forderte bald, die ökonomische Ausbeutung der Philippinen nicht mehr allein den Spaniern zu überlassen, sondern wollte selbst die entscheidenden und einträglichsten Positionen besetzen. Nationalistische Ideen gewannen an Einfluß. Zusammen mit dem sozialen Aufbegehren der Landbevölkerung schufen sie die ersten Voraussetzungen für zukünftige politische und ökonomische Veränderungen.

Immerhin dauerte es bis zu Beginn des 19. Jahrhunderts, bevor sich die entscheidenden geistigen Einflüsse für ein eigenständiges Nationalbewußtsein auf den Inseln auswirkten. Sie kamen zu einem guten Teil aus Südamerika, wo Simon Bolivar die Unabhängigkeitsbewegung gegen die spanische Kolonialherrschaft anführte, aber sie kamen auch aus dem spanischen Mutterland selbst, das um diese Zeit seine erste bürgerliche Revolution erlebte und eine Verfassung mit ausgeprägten Bürgerrechten proklamierte.

Noch gelang es den Kolonialbehörden und dem Klerus auf den Philippinen, die Auswirkungen jener gewaltigen Umwälzungsprozesse einzugrenzen. Aber es formierten sich bereits deutlich die Kräfte, die auf die Dauer den Spaniern das ungehinderte Schalten und Walten in ihrer Kolonie verwehren würden. Die inzwischen heranwachsende Intelligenz strebte ebenso wie die Händler und Kaufleute radikale Veränderungen an. In der Bauernschaft der Kolonie hatten diese privilegierten Schichten einen verläßlichen Verbündeten, wenn es gegen die spanisch-klerikale Ausbeutung des Heimatlandes ging.

Nach einigen von den Spaniern noch blutig zusammengeschlagenen Erhebungen um die Mitte des 19. Jahrhunderts war es dann der Aufstand der philippinischen Hilfstruppen in der spanischen Garnison von Cavite im Januar 1872, der unübersehbar das Signal für den nationalen Befreiungskampf gab. Zwar wurde auch dieser Aufstand erstickt, und viele der Beteiligten starben in der Garrotte, aber damit war sichtbar geworden, daß es für die nationale Revolution keinen anderen Weg mehr gab als die allumfassende militante Aufstandsbewegung.

Das letzte Jahrzehnt des 19. Jahrhunderts sah diese Bewegung bereits in voller Aktion. Zu ihren geistigen Wegbereitern gehörte an erster Stelle der Arzt und Schriftsteller José Rizal, ein weitgereister, philosophisch gebildeter Mann, der in seinen beiden Romanen »Noli me tangere« und »El Filibusterismo« mit großer Sprachgewalt den Leidensweg seines Volkes schilderte. Er legte damit nicht nur das Fundament für eine moderne philippinische Nationalliteratur, die sich dem Gedanken der

Befreiung verschrieb, José Rizal sammelte Gleichgesinnte um sich und gründete die »Liga Filipina«, die erste organisierte Vereinigung philippinischer Patrioten.

Doch während sich Rizal und seine Gesinnungsgenossen noch in dem Glauben wiegten, die spanischen Herren würden sich zu Konzessionen bereit finden, die möglicherweise einen Abbau des unmenschlichen Kolonialregimes auf friedlichem Wege erreichen könnten, war das Wirken eines anderen Mannes bereits von der Überzeugung geprägt, daß nur ein radikaler revolutionärer Kampf die Verhältnisse wirklich von Grund auf ändern würde.

Andres Bonifacio, der Sohn eines Seemanns aus dem Armenviertel Tondo in Manila, einer Anhäufung von Elendsquartieren, scharte zur selben Zeit militante Gleichgesinnte um sich, die wie er von den Ideen der Französischen Revolution beflügelt waren, und schuf mit ihnen den Geheimbund »Katipunan« (Höchste und geachtetste Vereinigung der Söhne des Landes), das revolutionär-demokratische Element der antispanischen Befreiungsbewegung. Andres Bonifacio, der mit zu den Gründern von Rizals »Liga Filipina« gehört hatte, trennte sich von dieser, weil er die tiefe Überzeugung gewonnen hatte, daß der von Rizal und den meisten anderen führenden Mitgliedern der Liga angestrebte Weg nicht zum Ziele führen konnte. Rizal selbst erkannte wohl auch nach und nach den illusionären Charakter des von ihm befürworteten Weges zur Freiheit, war aber nicht mehr in der Lage, über seinen Schatten zu springen. So wurde die »Katipunan« zur treibenden Kraft des Kampfes gegen die spanischen Kolonisatoren und zugleich zur revolutionären Massenbewegung, die echte demokratische Veränderungen im Leben des Volkes erreichen wollte.

Der Autodidakt Bonifacio, der beharrlich an der Vervollständigung seiner Bildung arbeitete, war ein begabter Agitator. Unermüdlich bereiste er das Land und rief in den Barrios Bauern und Landarbeiter zum Widerstand auf. Bald hatte die »Katipunan« Tausende von Anhängern, und immer mehr Leute aus den unteren Schichten der Bevölkerung strömten ihr zu. Sie brachten es fertig, die Gleichgültigkeit zu besiegen, ihre bisherige Ergebenheit in ihr Schicksal verwandelte sich bald in Entschlossenheit und Mut. Die »Katipunan« drängte zur Aktion. Noch fehlte es ihr an Waffen, auch an den nötigen Geldmitteln, solche aus dem Ausland zu beschaffen. Aber die Bauern in den Barrios schärften ihre

Bolos, fertigten Speere und andere primitive Waffen an und waren entschlossen, nicht auf überirdische Hilfe zu warten.

Die Spanier begriffen sehr schnell, daß für sie eine ernste Gefahr entstanden war. Mit allen Mitteln versuchten sie, die anwachsende Volksbewegung zu unterdrücken. Sie fahndeten nach ihren Führern und schleusten Spione in die illegal arbeitende Organisation ein. Aber der »Katipunan« gelang es, den Spaniern zunächst das Nachsehen zu geben. Erst im Herbst des Jahres 1896 vermochten die Kolonialbehörden, einen gewissen Einbruch in die Bewegung zu erzielen. Sie konnten einige Hundert ihrer Mitglieder identifizieren, die sogleich verhaftet wurden. Aber damit war der »Katipunan« keinesfalls das Rückgrat gebrochen, wie die Spanier siegestrunken behaupteten.

Andres Bonifacio und die übrigen Führer der »Katipunan« erkannten, daß die Entscheidung nicht weiter aufzuschieben war. Wenige Tage nach dem Zugriff der Spanier versammelten sie mehr als tausend Anhänger der Organisation in der Nähe eines Dorfes nordöstlich von Manila. Auf dieser Generalversammlung sprach Bonifacio offen über die Lage und stellte den Anwesenden die schwerwiegende Frage, ob sie für oder gegen den sofortigen Aufstand seien.

Sie waren dafür.

Bald kam es zu den ersten Gefechten. Aufständische stürmten Waffenmagazine, sie rotteten sich zusammen und schlugen die von den Spaniern eilig in die Provinzen entsandten Truppen in blutigen Kämpfen zurück. Wer kein Gewehr erobern konnte, kämpfte mit dem Bolo, mit dem Bambusstock oder mit den nackten Händen. Siege wechselten mit Niederlagen. Entscheidend aber war, daß die spanische Kolonialherrschaft auf den Philippinen von nun an ernstlich um ihre Existenz zu ringen hatte.

In der »Katipunan«, die an vielen Orten des Landes in Kämpfe verwickelt war, kam es jedoch bald zu einer inneren Auseinandersetzung, die im gewissen Sinne bestimmend für den weiteren Weg der Befreiungsbewegung war. Emilio Aguinaldo, ehemals Bürgermeister der kleinen Stadt Kawit, der in der Aufstandsbewegung eine führende Rolle spielte, lehnte vor allem die sozialen Zielsetzungen Bonificios ab, und es gelang ihm, sich immer mehr Einfluß zu verschaffen.

Aguinaldos Bestreben lief im Grunde darauf hinaus, die Volksbewegung im Interesse der Grundbesitzer und des inzwischen herangewachsenen Bürgertums zu zügeln. Die Macht im Lande sollte, nachdem sie den Spaniern abgerungen war, nicht, wie von Bonifacio angestrebt, auf das Volk übergehen, sondern auf die neue Oberschicht, die sich unter der Hegemonie der Spanier hatte entwickeln können. Die Auseinandersetzungen um die einzuschlagende Richtung zogen sich lange hin. Sie wurden von Aguinaldo mit bemerkenswertem Geschick für Täuschung und Intrige geführt. So kam es schließlich im Jahr 1897 zur Ausschaltung des Revolutionärs Bonifacio und zu seiner Erschießung durch Beauftragte Aguinaldos.

Einige Monate später, im Oktober desselben Jahres, konnte Aguinaldo eine provisorische Nationalversammlung zusammenrufen, die in einem kleinen Ort der Provinz Pampanga tagte. Hier verabschiedeten die Delegierten die erste Verfassung, in der die Lostrennung der Philippinen von Spanien und die Schaffung eines unabhängigen Staates, der Philippinischen Republik, proklamiert wurde. Wenig später allerdings gelang es den Spaniern nochmals, die Entwicklung aufzuhalten. Aguinaldo, der schon zuvor über Mittelsmänner mit ihnen verhandelt hatte, erklärte sich unter dem Eindruck von militärischen Mißerfolgen bereit, den Kampf einzustellen. Die Forderungen, die er in diesem Zusammenhang an die Spanier stellte, hatten nicht mehr den Charakter eines Kompromisses, sie waren eine Kapitulation. Aguinaldo ging ins Exil nach Hongkong. Die Spanier jubelten. Aber die Freude währte nicht lange, denn viele Kommandeure der Aufständischen waren den Kapitulationsanweisungen nicht gefolgt und setzten den Kampf auf eigene Faust fort. Die Spanier versuchten eine Politik, die aus Zugeständnissen und Repressalien bestand. Doch es gelang ihnen nicht, die Flamme des Aufstandes völlig zu ersticken.

Inzwischen hatten sich auch in anderen Teilen des spanischen Kolonialreiches entscheidende Veränderungen vollzogen. Auf Kuba war zu Beginn des Jahres 1895 unter der Führung von José Marti der Volksaufstand ausgebrochen. Im Nachbarland, den Vereinigten Staaten von Amerika, wurden diese Ereignisse mit großem Interesse verfolgt. Der amerikanische Binnenmarkt reichte als Absatzgebiet des industriell rasch erstarkenden Landes längst nicht mehr aus, der Drang nach Expansion wurde stärker. Die vor der eigenen Haustür liegenden spanischen Kolonien boten sich als Märkte ebenso an, wie sie andererseits durch ihre Ressourcen zur Annexion reizten.

Im April 1898 billigte der Kongreß in Washington die Kriegserklärung an Spanien. Doch Kuba allein genügte den Vereinigten Staaten nicht. Seit langem hatten sich Wirtschaftsexperten der USA Gedanken über den ökonomischen Wert der Philippinen gemacht, und die Militärs sahen die strategische Bedeutung der Inseln. Der eben erklärte Krieg bot Gelegenheit, sich gleichzeitig die Philippinen einzuverleiben. So tauchte wenige Tage nach der Kriegserklärung an Spanien ein amerikanischer Flottenverband in der Manilabucht auf und vernichtete zunächst die hier ankernden unmodernen Schiffe der Spanier. Damit allerdings waren die Inseln noch lange nicht erobert. Für eine Landung und einen erfolgreichen Kampf gegen die Truppen der Spanier reichten die auf den amerikanischen Schiffen vorhandenen Soldaten nicht aus. Daher regte Washington seine Mittelsmänner in Hongkong an, den exilierten Aguinaldo zu bewegen, auf die Inseln zurückzukehren und dort unter Zusicherung amerikanischer Unterstützung den Aufstand gegen die Spanier erneut zu organisieren. Aguinaldo folgte dieser Aufforderung.

Schon im Juni, zwei Monate nach der Vernichtung der spanischen Flotte durch die Amerikaner, verkündete er die Unabhängigkeit der philippinischen Republik und ließ sich zum Präsidenten erklären. Um diese Zeit standen die Aufständischen vor Manila, das die Amerikaner bisher nicht hatten einnehmen können, und im übrigen Lande verloren die Spanier immer mehr an Boden. Jetzt aber begriff man in den Vereinigten Staaten, daß es höchste Zeit war, größere eigene Truppenkontingente zu entsenden, bevor Aguinaldo und seine provisorische Regierung die Macht endgültig erobern und festigen konnten. Tausende von eilig ausgebildeten amerikanischen Soldaten wurden innerhalb einiger Wochen an den Küsten Luzons gelandet.

Die Spanier sahen ein, daß sie verloren hatten. In Verhandlungen mit den Amerikanern erreichten sie die Zusage, daß sie nicht vor den Aufständischen zu kapitulieren brauchten. Der amerikanische Admiral Dewey verlangte kategorisch von Aguinaldo, daß sich die Aufständischen zunächst aus der Gegend um Manila, wo sich die Reste der spanischen Armee zusammendrängten, zurückzögen, um den US-Truppen die Eroberung der Stadt zu überlassen. Aguinaldo blieb nichts weiter übrig als zuzustimmen, obwohl viele seiner Kommandeure diese Entscheidung ebenso hart kritisierten wie seinerzeit die Kapitulation vor den Spaniern.

Mitte August endlich gingen die amerikanischen Truppen zum Angriff auf Manila über. Mit den Spaniern war zuvor insgeheim vereinbart worden, daß sich diese nur schwach verteidigen sollten, sowohl um unnötige Verluste als auch den Eindruck einer vorzeitigen Kapitulation zu verwischen. Wenige Stunden später wehten über Manila weiße Fahnen. 333 Jahre spanischer Kolonialherrschaft auf den Philippinen waren zu Ende, aber die Ära des Kolonialismus war damit für das Land nicht vorbei.

Die Vereinigten Staaten waren entschlossen, die Inseln, deren wirtschaftliche, politische und strategische Bedeutung sie voll erkannt hatten, nicht in die Freiheit zu entlassen, sondern ihrem eigenen Imperium einzuverleiben. Sie verschleierten ihre wahren Absichten in der Öffentlichkeit mit Erklärungen, daß sie lediglich auf den Philippinen bleiben würden, um der Zivilisation, der Erziehung des Volkes und der Übung in der Kunst des Regierens Vorschub zu leisten. Völkerrechtliche Bedenken, die hier und dort auftauchten, wiesen sie mit der Behauptung zurück, der philippinischen Bevölkerung fehle jegliche Fähigkeit, eine eigenständige Regierung zu bilden. Eine Praxis, die der amerikanische Imperialismus später noch des öfteren üben sollte, um seine Interessen auf Kosten anderer Völker zu wahren.

Etwa ein Jahrzehnt noch hielt der Volkswiderstand gegen die neuen Kolonisatoren an. Aguinaldo resignierte und zog sich zurück. Schließlich verebbten die bewaffneten Kämpfe, nachdem Generale wie Arthur MacArthur »Befriedungsaktionen« im Stile von Massenabschlachtungen wehrloser Bürger zur beherrschenden Form der Auseinandersetzung mit den Unabhängigkeitskämpfern gemacht hatten. In der Folgezeit brachte der USA-Kolonialismus den Philippinen eine modifizierte Form der von den Spaniern übernommenen halbfeudalen Verhältnisse. Der Binnenmarkt wurde mit amerikanischen Massengütern überschwemmt, während jede eigene ökonomische Entwicklung, die sich nicht den amerikanischen Markterfordernissen unterordnete, abgewürgt wurde. Völlig unverändert blieben die sozialen Verhältnisse auf dem Lande, wo das Regime der Hazienderos, von den Einheimischen Kaziken genannt, weiter ausgebaut wurde und den Verelendungsgrad der Landarbeiter, Pächter und armen Bauern weiter in die Höhe trieb.

Die Kehrseite dieser Ausbeutungspolitik war eine von den neuen Kolonialisten geübte Taktik der Konzessionen an die einheimische Oberschicht, die darauf zielte, sie für die Interessen der Amerikaner zu gewinnen. Privilegien verschiedenster Art, Bildungschancen, sogar die Erlaubnis zur Gründung von amerikafreundlichen politischen Parteien dienten dazu, ein Potential von Hörigen heranzuzüchten, das auf lange Sicht ein verläßlicher Sachwalter der amerikanischen Interessen zu werden versprach.

So überführten die Amerikaner sogar durch Gesetz den größten Teil der noch im Besitz spanisch-katholischer Orden befindlichen Ländereien in das Eigentum philippinischer Großgrundbesitzer. Diese und andere Maßnahmen verfehlten nicht ihren Zweck. Sie schufen krasse Klassengegensätze im Lande und machten die einheimische Bourgeoisie nach und nach völlig abhängig von ihren amerikanischen Herren. Der Lohn für sie bestand darin, fortan bei der Unterdrückung und Ausbeutung des eigenen Volkes einen — wenn auch bescheidenen, so doch durchaus lohnenden — Anteil für sich kassieren zu dürfen.

Bald zeigte sich allerdings, daß der tief im Volke verankerte Gedanke der Unabhängigkeit auch von den neuen Herren nicht zu ersticken war. Kaum zehn Jahre waren vergangen, als sich erneut starke Kräfte auf den Inseln bemerkbar machten, die Veränderungen des von den Amerikanern verhängten Kolonialstatus' anstrebten.

William Taft, der erste amerikanische Gouverneur auf den Philippinen, betrieb eine Politik, die den Einwohnern vortäuschen sollte, sie wären nicht »koloniale Untertanen im üblichen Sinne«. Durch verschiedene Manipulationen, die den Eindruck erwecken konnten, philippinische Bürger würden mehr und mehr an der Selbstverwaltung des Landes beteiligt, sollte den Verfechtern der Unabhängigkeit ihr stärkstes Argument genommen werden. So lösten die Amerikaner zunächst die Militäradministration in der neuen Kolonie formell durch eine zivile Verwaltung ab. Sie beteiligten Einheimische stärker als die Spanier an der Verwaltung, doch hatte das keinerlei Einfluß auf die administrativen Entscheidungen. Endlich stimmten sie sogar der Bildung solcher politischer Parteien zu, die nationalistische Ziele proklamierten. Und ab 1907 delegierten sie zwei philippinische Vertreter in den Kongreß nach Washington, selbstverständlich ohne Stimmrecht und ohne die geringste Möglichkeit, etwas an den Maßnahmen ändern zu können, die im Hinblick auf die Philippinen beschlossen wurden.

Inzwischen erlebte das Inselreich eine Art wirtschaftlichen Aufschwung. Er war auf die Bestrebungen der Amerikaner zurückzuführen, die neue Kolonie möglichst schnell zum lukrativen Objekt der Ausbeutung und andererseits zum aufnahmefähigen Markt für amerikanische Konsumgüter zu machen. Dazu mußte auch die Infrastruktur des Landes stark ausgebaut werden. Die Produktion einheimischer Kulturen, von den Spaniern übernommen, wurde angekurbelt. Transport- und Verkehrswesen entwickelten sich, Straßen wurden gebaut, Bahnlinien entstanden, der Schiffsverkehr nahm zu. Im Gefolge dieser Prosperität war es sogar möglich, aus den hohen Extraprofiten die nötigen Mittel für Schulen abzuzweigen. Das in der Vergangenheit arg vernachlässigte Gesundheitswesen wurde verbessert. Nicht wenige Besucher, die im ersten Jahrzehnt des zwanzigsten Jahrhunderts auf den Philippinen weilten, sprachen daher von einem aufblühenden Land, das den »Segen der amerikanischen Zivilisation und Technik« genoß.

Die »Manila Times« stellte noch vor dem ersten Weltkrieg fest, die Philippinen seien das Land mit den meisten Kraftfahrzeugen in ganz Südostasien.

Die größten politischen Parteien, die »Federalista« und die »Nacionalista«, unterschieden sich in ihren Grundanschauungen nur wenig voneinander. Während die »Federalistas« die politische Autorität der USA voll akzeptierten und die Frage nach der nationalen Unabhängigkeit hinausschoben, gab es unter den »Nacionalistas«, die in der erstmals abgehaltenen allgemeinen Wahl von 1907 die Mehrheit gewonnen hatten, ursprünglich einen Kern von politischen Führern, die stärker auf die Unabhängigkeit hinarbeiteten. Aber im Laufe der Jahre gewannen auch in dieser Partei immer mehr die von den Amerikanern abhängigen oder diesen ergebenen Schichten des Bürgertums an Einfluß. Sie fürchteten eine Volksbewegung, die sich letztlich auch gegen sie, die Nutznießer des Kolonialsystems, wenden mußte, und setzten deshalb auf einen langfristigen Ausgleich mit den Vereinigten Staaten. Sie entsandten zwar mehrere »Unabhängigkeitsmissionen« nach Washington, nahmen es aber im übrigen widerspruchslos hin, daß diese Missionen unverrichteterdinge zurückkamen. Die USA-Regierung wollte — obwohl ihr Präsident das Wort vom Selbstbestimmungsrecht der Völker bei jeder Gelegenheit strapazierte — »ausreichend davon überzeugt werden, daß die Philippinen fähig sind, ihren Platz unter den unabhängigen Nationen einzunehmen«. So einfach war die Sache: Solange die Vereinigten Staaten diese Überzeugung leugneten, blieb die Unabhängigkeit eine Illusion.

Unmittelbar vor dem Eintritt der Vereinigten Staaten in den ersten Weltkrieg erneuerte der amerikanische Präsident Woodrow Wilson allerdings feierlich sein Versprechen, den Philippinen die Unabhängigkeit zu gewähren, »sobald dort eine stabile Regierung geschaffen werden kann«.

Da dies ohne weiteres möglich gewesen wäre, mußte man die Erklärung Wilsons wohl eher unter dem Aspekt sehen, philippinische Soldaten als Kanonenfutter für das amerikanische Expeditionskorps zu gewinnen. So starb denn auch eine erhebliche Anzahl Filipinos auf den Schlachtfeldern des ersten Weltkrieges, und die finanziellen Beiträge, die die Kolonie zur Unterstützung der Amerikaner zu leisten hatte, erreichten eine beträchtliche Höhe.

Nach dem ersten Weltkrieg verschärfte sich die koloniale Ausbeutung auf den Philippinen. Amerikas Großindustrie verschaffte sich dadurch unter anderem im Weltmaßstab die Monopolstellung bei der Erzeugung von Kopra, Manilahanf, Rohrzucker, Chromit und anderen Produkten. Die Überflutung der Inseln mit minderwertigen amerikanischen Konsumgütern, vor allem mit billigen Baumwollstoffen, Konserven, Milchprodukten, Seife und Zigaretten stieg weiter. Bald begann auch die Goldgewinnung eine starke Rolle zu spielen. Die Philippinen wurden zu einem wahren Eldorado für Investoren und Spekulanten aller Art. Nach wie vor aber blieben sie in ihrer inneren Beschaffenheit ein rückständiger Rohstofflieferant der Vereinigten Staaten. Die eigene verarbeitende Industrie beschränkte sich auf wenige und zudem nur kleine Betriebe. Der größte Teil der arbeitenden Bevölkerung, über 70 Prozent, war in der Landwirtschaft tätig, deren feudalistischer Charakter sich schon dadurch ausreichend markierte, daß sich über 50 Prozent des bebaubaren und zur Bewässerung geeigneten Bodens in der Hand von Großgrundbesitzern befanden.

So waren es auch die ländlichen Gegenden auf den Inseln, vor allem auf Luzon, wo erneut Unruhen ausbrachen. Vereinzelte Aktionen von Bauern gegen die Maßlosigkeit ihrer Herren, das Aufbegehren von Pächtern gegen die zu hohen Abgaberaten, Streiks von Landarbeitern gegen die barbarischen Methoden der Ausbeutung wechselten einander ab. In den Barrios, besonders auf der fruchtbaren Insel Luzon, entstand eine revolutionäre Bauernbewegung, die nach und nach zu Organisationsformen fand, die geeignet waren, von den Großgrundbesitzern und der Regierung in Manila soziale Mindestforderungen zu erkämpfen.

Die Arbeiterklasse, auf die wenigen größeren Städte, vor allem die Hauptstadt konzentriert, blieb infolge der geringen industriellen Entwicklung zunächst zahlenmäßig schwach, und ihre politische Orientierung schritt nur langsam und unter großen Mühen voran. Die arbeitenden Schichten waren ja fast von jeglichen Bildungsmöglichkeiten ausgeschlossen. Amerikas Kolonialbeamte erkannten jedoch die Gefahr, die von der proletarisierten Landbevölkerung ausging; sie sahen vor allem deren politisches Gewicht, das sich in der Zukunft aus dem Zusammenwirken mit dem Proletariat der Städte ergeben konnte. Zu oft schon ertönte in den Barrios das Büffelhorn, dessen traditionelles Signal zum Kampf gegen die soziale Ungerechtigkeit aufrief, manchmal nur zum öffentlichen Protest, zuweilen aber auch zum verzweifelten Sturm auf die Hazienda eines der übelsten Ausbeuter. Zum Büffelhorn kam dann das Bolo, die Waffe der Bauern. Nicht selten ging es bei solchen Aktionen für den Gutsherrn um Leben und Tod.

Zunächst konterte die Kolonialverwaltung im Einvernehmen mit den Hazienderos solche Aktionen durch den massiven Einsatz der Constabulary, die absolut die Interessen der Grundbesitzer verteidigte.

Immer öfter wurde auch den Grundbesitzern stillschweigend die Erlaubnis erteilt, eigene bewaffnete Schlägertrupps zu unterhalten, die im gegebenen Falle gegen die Bauern ausgeschickt werden konnten. Aber Büffelhorn und Bolo blieben in jener entscheidenden Phase der Formierung einer revolutionären Bauernbewegung nicht die einzigen Waffen. Zu ihnen gesellten sich die Sirenen der Fabriken in den Städten, die die Arbeiter zur solidarischen Aktion aufriefen.

Mit dem Sieg der Oktoberrevolution verbreiteten sich revolutionäre Ideen und Theorien immer stärker auch in Asien, besonders in den Kolonialgebieten der großen imperialistischen Mächte. Obwohl die Arbeiterklasse, die allein die Richtung des revolutionären Kampfes bestimmen konnte, auf den Philippinen immer noch relativ schwach war, zeichneten sich doch in ihr bereits jene Kräfte ab, die gemeinsam mit der armen Bauernschaft und dem Landproletariat auf lange Sicht in der Lage sein würden, weitreichende soziale und politische Umwälzungen zu erzwingen. Der wichtigste Schritt auf diesem Wege war die Gründung der Kommunistischen Partei im Jahre 1930.

Amerika setzte auf die philippinische Oberschicht. Es beteiligte sie an der Ausbeutung, ließ ihren Kindern akademische Bildung zukommen und hoffte auf diese Weise, einen stabilen Verbündeten für die künftigen Auseinandersetzungen zu gewinnen. Zunächst bewährte sich diese Taktik. Aber auch unter der einheimischen Bourgeoisie und der neuen Intelligenz erstarb der Wunsch nach Unabhängigkeit nicht, wenngleich er oft nicht so sehr aus patriotischen Beweggründen erwuchs, sondern vielmehr aus der kühlen Überlegung, daß die Profite, die gegenwärtig noch von den amerikanischen Monopolen kassiert wurden, dann voll und ganz ihnen zufallen würden. Diese Entwicklung zwang die Amerikaner zu vorsichtigem Taktieren.

Immer wieder wurde versichert, die Vereinigten Staaten seien durchaus bereit, den Philippinen den Status eines unabhängigen Landes einzuräumen, es wären nur noch einige unerläßliche Voraussetzungen dafür zu schaffen. Im Grunde war dies eine Verschleppungstaktik, die ihren vorläufigen Höhepunkt darin fand, daß die Vereinigten Staaten unter der Präsidentschaft von Franklin D. Roosevelt den Philippinen im Jahre 1935 einen »Commonwealth-Status« zubilligten, der offiziell als eine Art Autonomie interpretiert wurde, obwohl durch ihn keine der ökonomischen oder politischen Vorrechte der USA im geringsten angetastet wurden.

Immerhin aber konnte die philippinische Bevölkerung ein Parlament wählen, das eine Verfassung verabschiedete. Sie war in ihren grundlegenden Zügen der amerikanischen Verfassung nachgearbeitet. Manuel Quezon, ein durchaus amerikahöriger Vertreter des besitzschweren Bürgertums aus der Partei der »Nacionalistas«, wurde zum ersten Präsidenten des Landes gewählt, das weiterhin den Status eines USA-Dominiums behielt und in dem sich die Klassengegensätze fortschreitend zuspitzten, während die Welt sich am Vorabend des zweiten Weltkrieges befand.

Bei der Erforschung vieler Zusammenhänge, die ich vor dem Schreiben dieses Buches begreifen mußte, hat mir José Lava, der ehemalige Generalsekretär der Kommunistischen Partei der Philippinen und Veteran der Huk geholfen.
Ihm gilt an dieser Stelle mein Dank.

Der Autor

Inhaltsverzeichnis

Im Militärverlag erschienen u. a. von

Harry Thürk

Pearl Harbor

– Die Geschichte eines Überfalls –

»Luftangriff auf Pearl Harbor! Dies ist keine Übung. Ich wiederhole – keine Übung!«
Dieser Funkspruch des Kommandierenden Admirals der USA-Pazifikflotte, den die Marinefunkstation von Mare Island bei San Francisco am 7. Dezember 1941 kurz nach dreizehn Uhr empfing, schlug in den Vereinigten Staaten wie ein Blitz ein. Der Stolz der amerikanischen Marine, die Pazifikflotte, lag in der Bucht von Pearl Harbor auf Grund, unfähig, in den von Japan begonnenen Krieg einzugreifen.
Der Autor erhellt in diesem Tatsachenbericht die Hintergründe dieses Geschehnisses.

Singapore

– Der Fall einer Bastion –

7. Dezember 1941. Japanische Konvois nehmen Süd-
kurs – auf die malaiische Küste. Ziel ist die stärkste
Bastion Großbritanniens in diesem Gebiet: Singapore. Ihr Besitz entscheidet über alle weiteren Operationen der Japaner in Niederländisch-Indien, in
Burma und Indien. Der Weg nach Singapore aber
führt durch Malaya, eine der reichsten Kolonien
Großbritanniens.
Und was tut die britische Führung angesichts der dro-
henden Gefahr? Warum wird Singapore nicht von der
Landseite her befestigt? Warum gibt man der einheimischen Bevölkerung keine Waffen, damit sie ihr
Land verteidigen kann?
Das Buch beantwortet diese und andere Fragen, die
seit dem Fall der Festung Singapore die Öffentlichkeit bewegt haben.

Straße zur Hölle

– Bericht über die Schlacht
an der Straße Nr. 9 in Laos 1971 –

Das Unternehmen »Lam Son 719«, wie die Codebe-
zeichnung für den Einfall der Saigoner und US-Truppen in Laos lautete, nimmt in der Geschichte des In-
dochinakrieges einen besonderen Platz ein. Der
Versuch, von Südvietnam aus quer durch Südlaos
zum Mekong vorzustoßen, mißlang auf spektakuläre
Weise, und selbst die geschicktesten Manöver, den
Mißerfolg zu vertuschen, blieben erfolglos. Es war
einer der bedeutendsten Siege der indochinesischen
Befreiungskräfte seit 1945.
43 Tage und Nächte dauerte die Schlacht, die in diesem Buch in packenden Szenen beschrieben wird.

Saigon

– Über das Ende des amerikanischen Krieges
in Indochina –

Saigon (heute Ho-Chi-Minh-Stadt) war die letzte Bastion des USA-hörigen Regimes in Südvietnam. Der Autor schildert in packenden Bildern die letzten Tage vor der Befreiung der Stadt und damit das Ende des amerikanischen Vietnamabenteuers im Jahre 1975. Erzählt wird abwechselnd aus der Perspektive der angreifenden vietnamesischen Volksarmee und dem Blickwinkel von in Saigon operierenden illegalen Aufklärern sowie aus dem der amerikanischen Agenten und einheimischen Kollaborateure, die hektisch an ihrer eigenen Rettung und an der Vernichtung von Beweismaterial arbeiten, aber auch an der Tarnung von verbleibenden V-Leuten, die im allgemeinen Chaos ihre Chance wahrnehmen sollten.